JN102743

行ケヤ海二火輪ヲ轉ジ

岩倉使節団四等書記官池田政懋略伝

渡邉志郎

好文出版

写真左)
「写真　池田　寛治」（裏面に呈木戸公閣下」と
墨書）国立歴史民俗博物館所蔵「旧侯爵木戸家
資料（資料番号 H-62-20-16-1-3027）岩倉使節
団でパリに滞在していた頃の撮影明治5年か6
年ごろ。

LANGEROOK Succ⁴ de　NUMA BLANC

写真右)
天津居留民團編『天津居留民團二十周年記念誌』
（天津居留民團・1930.6.29.）（国立国会図書館所
蔵）口絵から。

事領田池

上の写真は「フルベッキ氏東京へ出発ノ時」と題する写真。後列左から2人目が池田寛治。当時は呉常十郎。中段中央がフルベッキ。下の写真は「フルベッキ集合写真」フルベッキと致遠館の生徒。明治元年か翌年の撮影とみられる。いづれも長崎歴史文化博物館蔵。

行ケヤ海ニ火輪ヲ轉ジ

岩倉使節団四等書記官池田政懋略伝

一あるいは天津領事池田寛治
または長崎県仏学助教呉常十郎
もしくは阿蘭陀通詞名村常十郎について

渡邉志郎

目　次

　引用資料については、国立公文書館所蔵の史料は、「公文録」・「太政類典」は巻数と件名番号を、それ以外については請求番号を記した。国立公文書館デジタルアーカイブについては、必要なものはコマ数も示した。またアジア歴史資料センターはレファランス番号、長崎歴史文化博物館所蔵資料は、オリジナル資料番号を記した。外務省外交史料館所蔵は、所蔵番号を記した。国立国会図書館デジタルアーカイブについては、コマ数も示した。標題については国立公文書館の標題を使用し、常用漢字と現代仮名遣いを使用した。

　出典については、単著の書名は『』で示し、著者、出版社、発行年を記した。論文は「」で示し、発表誌あるいは収録書名を「」内に示すとともに、雑誌発行機関名、発行年を示した。

　また、日本では明治五 (1872) 年十二月にグレゴリオ暦に改暦が行われるまで、和暦であることから、和暦とグレゴリオ暦の差については、和暦からグレゴリオ暦に換算してわかる場合は、そのむね補足した。中国の明朝と清朝のそれについては、各元号にグレゴリオ暦を補うことで、その時代を理解する一助とした。また中国では 1911 年の辛亥革命後に、清朝の年号である「宣統」を廃し、伝説上の黄帝即位の年とされる癸亥の年を元年とする黄帝紀元を採用したが、翌年孫文が中華民国臨時大総統に就任する際に、黄帝紀元四千六百九年十一月十三日は西暦 1912 年 1 月 1 日中華民国元年 1 月 1 日と改暦したため、この年号にもグレゴリオ暦を補った。本稿では、和暦および明朝と清朝それに中華民国の年号については、漢数字で表記し、グレゴリオ暦についてはアラビア数字で表記した。

　また、キリル文字についてはラテン文字に変換し表記とした。キリル文字からの変換に誤謬がないとはいえないので読者諸兄にご教示をお願いする次第である。

　各機関などのホームページを閲覧した場合は、最終閲覧年月日を付記した。

　崩し字で書かれた文書は、筆者が判読できなかった文字は□とした。また、本文中の文献名および引用文は正漢字であれば正漢字を使うように努めたが、正漢字がないものは常用漢字を使うようにした。引用資料は原文が常用漢字であるものは常用漢字とした。翻刻された資料が常用漢字 (あるいは当用漢字）となっているものは、そのままとした。

　さらに原文が歴史的仮名遣いであれば歴史的仮名遣いとし、そのほかは新仮名遣いとした。変体仮名・合略仮名も表示できるものは表示した。

　敬称については、故人であるか否かを問わず特段付さなかった。付けずとも尊敬の心は変わらないと考えるからである。

　また引用資料に不適切な表現があるが、原資料が書かれた時代を考慮し、また作成者がすでに物故していることを踏まえ原表記のままとした。

はしがき

　池田寛治もしくは池田政懋という人物の名前を聞いたり、読んだりしたことがある人は現代ではほとんどいないと思う。かりに朧気にでも池田政懋または池田寛治の名前を記憶に留めている方は、たぶん岩倉使節団に随行していた岩倉使節団四等書記官に池田政懋という名前があったからであろう。あるいは明治六(1873)年の征韓論について調べているうちに、池田寛治の名前に接したことがあったかもしれない。

　本書が概成した頃、大学時代の知人で元大手出版社編集者に構成などの点検を依頼したところ、「(池田寛治の前名である)名村常十郎なんて知らない」と言って箱代込みの着払いで原稿が送り返されてきた。さすがに、著名な岩倉使節団の一員である四等書記官池田政懋を知らないことを憚って副題にある同一人物の名村常十郎の名前を出したと思われるが、そのことは池田政懋については知られていないということの証左だろう。このことは池田寛治もしくは池田政懋が、現代では全く無名の人物だと言うことに他ならないだろう。

　令和五(2023)年は、池田政懋が参加した岩倉使節団のうち本隊が米欧回覧から横浜に帰着した明治六(1873)年から150年にあたるが、筆者がその池田寛治の名前を知った事情は、偶然である。幕末の外交交渉は、日本開国を求めて来航してきたアメリカのペリー提督(Matthew Calbraith Perry,1794-1858)が合衆国第13代大統領ミラード・フィルモア(Millard Fillmore,1800-1874)の親書を携えて嘉永六年六月三日(1853年7月8日)に、浦賀に到着したことに始まる。この時浦賀詰め通詞であったであった長崎の阿蘭陀通詞・堀達之助(1823-1894)はペリー艦隊の旗艦サスケハナ(USS Susquehanna ／ 2,450tons)号に向け、"I can speak Dutch." と叫んだとされる。このため、日米交渉はオランダ語での交渉が可能となったと伝えられている。この時はペリー提督は幕府から猶予を求められたため浦賀に向かう前の1853年5月に寄港した琉球に一旦引き上げた。翌嘉永七年一月十六日(1854年2月13日)に再び浦賀に来航し、日米和親条約締結などの交渉を行った。ペリー再来航時に首席通訳を担当したのが森山栄之助(のちに多吉郎／1820-1871)という長崎の阿蘭陀通詞だった。森山は幕末の外交交渉に活躍したことで長崎の阿蘭陀通詞としては多少なりとも知られている。

　森山は嘉永元(1848)年に現在の北海道利尻島に偽装漂着したアメリカ捕鯨船船員のラナルド・マクドナルド(Ranald MacDonald,1824-1894)という英語の母語話者から英語を習得。嘉永六年のロシアのプチャーチン(Jevfimij Vasil'jevich

1

Putjatin,1803-1883）来航時の通詞を、ペリー再来航時の首席通訳を務め、日米和親条約の締結交渉にあたる。文久二(1862)年には開港延期問題で渡欧した竹内保徳遣欧使節団の通訳として、イギリスの初代駐日公使のオールコック(Sir Rutherford Alcock KCB,1809-1897)と同船でイギリスに赴き、使節一行とロンドンで合流。帰国後は通弁役頭取、外国奉行支配調役などを勤めたが、オールコックは「森山はオランダ語を流暢に話すので、数人のオランダ人船客とまったく打ちとけているようだった。そしてイギリス人とも、情報の交換ができるほど英語を話し理解した」[1]と述べている。

　これに対して、イギリス公使館通訳官のアーネスト・サトウ(Sir Ernest Mason Satow,1843-1929)は「同日朝、外国使臣と老中の間に立って通訳をやっていた旧いオランダ学者森山が、慶喜が京都から退去したという報道を伝えにやってきた」[2]と述べている。「旧いオランダ学者(the ancient Dutch linguist;古くさいオランダ語を話す人」と、ある種蔑んだような形容詞は、森山に対して冷ややかな視線を感じさせる。

　一方で、日英修好通商条約を締結したエルギン伯爵の秘書であるオリファント(Laurence Oliphant,1829-1888)は森山について「彼は通訳森山 Moriyama［外国奉行支配通弁森山多吉郎］で、しばらく長崎に滞在していたことがある。彼はほとんど日本語と同じくらいに、ぞうさなくオランダ語を書いたり、話したりした。そしてヒュースケン氏と委員たちの間に立って伝達に当たった。森山は滑稽な態度を装いながら、その陰に限りない老練で、機敏な常識を秘めていた。彼はまさにタレイラン流 Talleyrand school の外交官で、いつも物やわらかで笑みを浮かべながら、自分はとるにたらない通訳にすぎないということを、印象づけようと気を配っていた。しかしそのおとなしい遠慮を通じて、すべてのことを自分の思い通りにしようとする隠れた野心と、彼自身の実力に対する完全な信頼とを見分けることは容易だった」[3]と記している。タレイラン(Charles-Maurice de Talleyrand-Périgord,1754-1838)はフランス貴族でフランス革命以降に活躍した老獪なことで知られる政治家・外交官で、森山はそのタレーランに例えられた。

　森山の活躍を長々と述べたが、森山を以て長崎の阿蘭陀通詞の幕末における活躍の程度が知られよう。その森山が町人身分である長崎の阿蘭陀通詞から幕臣に取り立てられた時に、長崎の阿蘭陀通詞家を継がせるべく養嗣子に森山幸之助を迎えている。池田寛治に至ったのは、この人物を調べていたのがきっかけである。有り体に言えば偶然である。森山幸之助(1843-1914)は幕末に阿蘭陀通詞となり長崎から横浜(神奈川)に派遣され、維新後は神奈川県などに勤めて明治十(1877)年頃には官を辞し、その後の事績は不明である。この森山幸之助が横浜でも一緒だったのが阿蘭陀通詞仲間の吉雄辰太郎である。吉雄は明治四(1871)年の岩倉使節団に大蔵理事官随行として、四等書記官の池田政懋とともに海を渡っている。森山幸之助と同じ長崎の阿蘭陀通詞仲間の、この吉雄の人物にも興味をもつとともに、岩倉使節団について田中彰『岩倉使節団『米欧回覧実記』』所収の「出発時の岩倉使節団」一覧表[4]をあたった。それによっ

て、米欧回覧後の経歴が不明な人物は、吉雄辰太郎と富田命保（1838-1914）の 2 人だけだった。

　多士済々のなかから選抜されて米欧回覧をしたのに、新政府の要職に名を残さず、顕官にも昇らず帰国後の経歴が不明というのは不思議だったので、その後の 2 人の経歴を調べた。そのうちの 1 人富田命保は別名冬三ともいい、この人物は旧幕臣だとわかった。また、一覧表では吉雄と同じく肥前出身となっている人物 8 人のうち、長與専斎（1838-1902）は、肥前大村藩出身だとわかる。副使の山口尚芳（1839-1894）、大使随行兵庫県権知事中山信彬（1842-1884）、大使随行久米邦武（『米欧回覧実記』の著者／1839-1931）、文部理事官随行文部七等出仕中島永元（1844-1922）、それに司法理事官随行権中判事中野健明（1844-1898）はいずれも肥前とはいうものの、旧佐賀藩出身とわかった。それゆえに大蔵理事官随行吉雄辰太郎は、肥前出身であるが、長崎の阿蘭陀通詞出身であるのは事前にわかっていたので、佐賀藩出身ではなく、その後も調査が可能となった。

　旧国名の肥前国出身では池田政懋だけが帰国後の経歴はわかるが、それ以前の経歴が不明であったことに興味を抱いた。このため各種人名事典などをあたってみたが、その履歴はこれが区々としているのには呆然とするほどだった。旧国名の肥前国にあたる地域は、現在の佐賀県と長崎県の壱岐・対馬を除いた部分にあたり、先の長與専斎の大村藩、いわずもがなの佐賀藩、佐賀藩の支藩である蓮池藩、鹿島藩、小城藩がある。細かく言えば対馬藩の飛び地が現在の鳥栖市東部と基山町にあった。さらに唐津藩、平戸藩、平戸新田藩、島原藩、福江藩があり、さらに幕府直轄地の長崎があった。池田寛治がいづれの出身なのか、同定する作業が必要となった。戦国時代の人物などであれば伝記が不明であってもやむを得ないとも言えるが、近代に入った 150 年ほど前の人物にもかかわらず、しかも最終官職が第 3 代長崎税関長というそれなりの顕職だったのに、官途に就いてからはともかくその前半生はほとんどわからないのが不思議であった。

　池田寛治の最後の職は第 3 代長崎税関長であったので、長崎税関にも問い合わせたが、履歴はほとんどわからないとのことだった。長崎税関長に至るまでの手がかりを探すため、岩倉使節団関連の書籍をあたり、参考文献や各種記録を探し出すことから始めた。どの文書に池田寛治につながる情報の破片が転がっているのか、あるいは埋まっているのかはわからないので、行き当たりばったりの作業だった。それでも公文書など同時代の文書や記録に潜んでいるであろう欠片を公文書や日記類などの探索をはじめ、刊行された本や公開された論文にもあたり、さらにはインターネットも使って引っかかりがありそうな事柄を探しだし、本稿ではその生涯を再構成することを目指した。それゆえ断章取義の謗りは免れないとは思うが、海容のほどをお願いする次第である。

　また当時の駐日イギリス公使館通訳官のアーネスト・サトウが、通訳について「当時日本では通訳の役柄は家僕のように最も低い階級の者がする仕事と思われていた。いやしくも侍階級の者は、身を屈して外国の言葉をしゃべるの

潔しとしなかったのである」[5]と述べているのに気がついた。先にも引用したが、幕末に日本を訪れ日英和親条約を締結したエルギン卿（James Bruce,8th Earl of Elgin and 12th Earl of Kincardine, KT, GCB, KSI, PC,1811-1863）の訪日誌である『エルギン卿遣日使節録』[6]の口絵には、通訳をしている阿蘭陀通詞の姿が見出せる。日英の交渉者が椅子に腰掛けてテーブルについているのに、阿蘭陀通詞はそのテーブルの間に畳の上に這いつくばって通訳をしている。その身分的な低さは、その姿をみると現在との懸隔の大きさに驚く。現代では20世紀後半の昭和四十四（1969）年にアポロ11号月面着陸の中継放送の同時通訳にあたった通訳者は言うまでもなく、これまでも同時通訳者が目覚ましく活躍する姿を目にして久しい。現在でも海外から生中継で送られてくる記者会見などのニュースでは、テレビ画面に「同時通訳〇〇」と画面にその名前がスーパーされて、その存在を示している。それゆえ幕末明治初年の通訳の身分的な低さに思いが至らないことが多い。幕末維新期の状態と現代を比較して考えると、これは「現代における常識からの見方は疑え」ということだろうと、当然のことながら認識を新たにした。

　このほか、長崎生まれのサダキチ・ハートマン（Carl Sadakichi Hartmann,1867-1944）をめぐって気になることがあった。サダキチ・ハートマンは慶応三（1867）年に日本人女性とドイツ人武器商人の間に生まれ、のちアメリカに渡り美術家・評論家・詩人として知られることになる。その伝記でサダキチのドイツ人の父オスカーについて、「オスカーの存在を知るのは「外国人名員数書」[7]においてである。その資料の文久二年（一八六二年）十月の箇所に、大浦上等三番の居住者として、「亜人、ハルトマン」の名前が記入されている。「亜人」とは人間と似て非なる生き物のことだが、当時は外国人を総称して「亜人」と呼んでいたのである」[8]と書かれていることに気がつく。しかし「亜人」のことは、「外国人名員数書」にあたればすぐにわかることだが、「人間と似て非なる生き物」のことではなく、亜米利加人の略に過ぎない。また外国人を総称して「亜人」と呼んでいたこともない。この言説は何が根拠なのかはわからないが、この評伝からは、思い込みは足下を掘り崩してゆく危険が潜んでいることが実感できた。これによって改めて我が身のこととして自戒をしたことであった。

　「常識は疑え」という言葉をも肝に銘じながら、思い込みには重ね重ねも自戒しながら、落ち穂拾いするように片々たる事実を拾い集め、その欠片から池田寛治の短かった人生の再構築に務めた。長崎に生まれアメリカ・ヨーロッパを経巡り、中国・天津に駐在し、長崎に死んだ池田寛治の30年あまりの生涯の日々が再構成できたかどうかはわからないが、池田寛治の30年余りの短い生涯のラフ・スケッチは多少なりとも出来たのではないかと思う。

註）
1）オールコック／山口光朔訳『大君の都』（下）（岩波文庫・1962.10.6.）p.324.
2）アーネスト・サトウ／坂田精一訳『一外交官の見た明治維新』（下）（岩波文庫・1960.10.5.）p.102.

（原文によると、"That morning Moriyama, the ancient Dutch linguist who used to interpret between the foreign ministers and the Rôjiû, came to communicate the news of Keiki's withdrawal from Kioto. [p.298.]"）

3）ローレンス・オリファント／岡田章雄訳『エルギン卿遣日使節録』（新異国叢書［雄松堂書店］9・1968.11.10.）p.97.

4）田中彰『岩倉使節団『米欧回覧実記』』（岩波現代文庫・2002.12.13.）

5）前後も含めて『一外交官の見た明治維新』（下）p.49.から引用すると「われわれの泊まる部屋部屋の扉には、各人の官職が書きつけてあった。私の部屋には、通訳を婉曲に言いまわして「舌役」（タング・オフィサー）と書いてあったが、私は直ちにそれを消させて、姓名に書きかえさせた。なぜなら、当時日本では通訳の役柄は家僕のように最も低い階級の者がする仕事と思われていた。いやしくも侍階級の者は、身を屈して外国の言葉をしゃべるのを潔しとしなかったのである。私はしばしば日本の高位の役人を相手にして、かなり苦労したものだが、それでも従者や従兵などよりはいくらかましな人間だとぐらいにしか扱われなかったのである」と述べている。「舌役」（タング・オフィサー）というのは、推測するに「舌人」という通弁・通訳を意味する旧い言葉であったのであろう。現在の通訳にあたる語としては「象胥」、「訳史」、「訳官」、「訳語」、「通弁」、「通事」などの語がある。同じ事は、初代駐日フランス公使ベルクール（Gustave Duchesne, Prince de Bellecourt,1817-1881）も本国へ報告しているから、サトウ一人の考えではないだろう。ペリー再来航時の応接掛・徒目付平山謙次郎の日記［平山省齋掌録］に「天下之大事、決於象胥一人之舌、其危猶累卵、官吏環視而不能容一辭、殆褎若充耳」（東京大学史料編纂所編『大日本維新史料第二編ノ五』（東京大学出版会・1943.11.20.／［覆刻］1985.4.10.）p.462.とあり、通訳一人の舌先の動きによって天下の大事が決まると慨嘆しているが、通訳を下に見ている意識があからさまに見える。『大日本維新史料第二編ノ五』所収［平山省齋掌録］には「殆裒 若充耳」とあるが、「裒 」は誤りで、「褎 」が正しい。「褎 如充耳」は「詩經邶 風旄丘」に見える。「［着飾ってはいるが］耳に玉を詰めたような木偶の坊」と同じだということになる。「若」と「如」は同義だから、「詩經邶 風旄丘」に基づくべきだと考える。早稲田大学古屋昭弘元教授のご教示による。

6）『エルギン卿遣日使節録』　同書の口絵。

7）外国人名員数書　「外国人名員数書」と「外国人井支那人名取調帳」はともに長崎県立長崎図書館編『幕末・明治期における長崎居留地外国人名簿』Ⅰ・Ⅱ・Ⅲ（長崎県立長崎図書館・［Ⅰ］2002.3.31.［Ⅱ］2003.3.31.［Ⅲ］2004.3.31.）に所収。幕末・明治初期の長崎居留地の外国人の居住状況を調査したもの。

8）原文は「それによれば、私達が最初にオスカーの存在を知るのは「外国人名員数書」においてである。その資料の文久二年（一八六二年）十月の箇所に、大浦上等三番の居住者として、「亜人、ハルトマン」の名前が記入されている。「亜人」とは人間と似て非なる生き物のことだが、当時は外国人を総称して「亜人」と呼んでいたのである。さらに、別の資料「外国人井支那人名取調帳」の慶応二年（一八六六年）十月より十二月の箇所には、「出島上等五番、仏、ヒク子トル借地」の居住者として「字人、ハルトマン」の名前が記入されている。「字人」とはプロシャ人のことだが、当時ドイツはプロシャと呼ばれていたので、これは正しい呼称である」（田野勲『演技する道化　サダキチ・ハートマン伝—東と西の精神誌—』（ミネルヴァ書房・2018.1.30.）p.34.）とあり、プロシャ人の略が「字人」なら「亜人」がアメリカ人とは考えなかったようである。

序　　章
― 池田政懋とは誰か

明治初年の岩倉使節団と言えば、明治維新直後の明治四年十一月十二日（1871年12月23日）に横浜を解纜してから、令和三（2021）年には150周年を迎えた。岩倉使節団は、東回りでアメリカを経由してヨーロッパを繞る。そして岩倉大使らは1869年11月に開通したばかりの地中海とインド洋を結ぶスエズ運河を通過し、シンガポール、上海などを経由して、和暦からグレゴリオ暦に改まった明治六（1873）年九月十三日に横浜に帰着した。それゆえ令和五（2023）年は帰着後百五十年にあたる。

　使節団の主な目的は、不平等条約の改訂、訪問国との友好親善、および欧米先進国の文物の視察と調査にあった。海外経験のない特命全権大使岩倉具視や特命全権副使大久保利通らの明治政府の首脳陣が、自らの目で西洋文明を直接に見て、その思想を体感し、しかも多くの訪問先の国々の状況を体験する機会を得たことは、「漢書」趙充國傳「充國曰百聞不如一見兵難踰度」（充國曰く百聞は一見に如かず兵は踰かにして度り難し）という人口に膾炙した成句をひくまでもなく、彼ら発足したばかりの明治政府の首脳らに与えた影響は強烈だったと推測できる。それは現在の我々が、アメリカやヨーロッパにビジネスや観光で手軽に出かける感覚のとは大きく異なる。我々が持っている感覚は、嘉永六（1853）年のペリー来航以来の海外についての様々な知識や体験の蓄積が齎した結果であるが、岩倉使節団が明治四年に海外に出かけた時、ほとんどの人々にとってはその体験は驚愕の連続であっただろう。

　岩倉使節団大使随行の久米邦武はこの足かけ三年に及ぶ行程における行動記録の書記役ともいえるが、その久米がアメリカ・ヨーロッパでの見聞をつぶさに記録した『米欧回覧実記』[1]は明治十一（1878）年に刊行され、現在は岩波文庫[2]でも読むことが出来る。それだけでなく岩倉使節団についての研究は数多い。それは『岩倉使節団の研究』[3]をはじめ『欧米から見た岩倉使節団』[4]『「米欧回覧実記」の学際的研究』[5]などの研究書があり、岩倉使節団に関する研究論文も多い。一般書も『岩倉使節団「米欧回覧実記」』[6]をはじめ『白い崖の国を訪ねて岩倉使節団の旅・木戸孝允のみたイギリス』[7]『明治維新と西洋文明　岩倉使節団は何を見たか』[8]など数多くある。

　これらの先行研究などにもとづいて、使節団のメンバーをみてゆくと、時期によって増減があるが[9]、出発時の人員は正使の岩倉具視を始め、副使の大久保利通らあわせて46人[10]である。特命全権大使副使や理事官などの主要なメンバーは旧薩摩・旧長州出身が中心で、書記官などは旧幕時代に海外経験のある旧幕臣出身が多く、通訳や庶務など実務を担うという構成である。海外への使節団であるから、訪問国に明治天皇からの国書を奉呈したり、条約改正などの交渉したりするにしろ、様々な西洋の事物を調査・研究するにしろ、通訳や翻訳が出来る人々がいなくては成り立たないことは、論を俟たないであろう[11]。だから使節団派遣にあたっては、他言語との意思疎通を図る通訳担当者を留学

先から現地に呼び寄せるなどの対応策をとることも視野に入れていた。実際に訪問先の現地に呼び寄せたり、現地で同行させたりして活用している。

　そこで横浜出港時の使節団のメンバーを、通訳という職務からみてゆくと、旧幕時代に欧米留学などを経験して通詞（通訳）としての役目も果した人材は多い。この時代の直前まで国内では攘夷に沸騰していたが、同時に洋学への情熱も沸き立っていた時代で、オランダ語に替わって英語やフランス語などが学ばれていた。この岩倉使節団の書記官でみればアメリカで合流する一等書記官塩田三郎（1843-1889）、二等書記官の林董（1850-1913）と小松済治（1848-1893）、三等書記官の川路寛堂（1845-1927）らがいる。塩田三郎は、文久三（1863）年に開港場だった横浜を再度閉鎖を求めるための遣仏横浜鎖港談判使節団[12]随行および慶応元（1865）年外国奉行柴田剛中の英仏派遣に随行している。川路寛堂は勘定奉行などを務め、ロシアの使節プチャーチンの応接に当たった川路聖謨の孫で、慶応二（1866）年にイギリス留学、林董は川路寛堂とともにイギリス留学を経験している。小松済治は幕末に会津藩からドイツに留学をしている。

　これらのヨーロッパ派遣の留学経験者だけでなく、使節団には江戸時代海外に窓を開いていた長崎の出身者も見られる。長崎は、江戸時代に対馬（現在の長崎県対馬市）、松前（現在の北海道）、琉球（現在の沖縄県）の四つの海外への窓口のうちの一つ[13]で、幕末にオランダ語をはじめとするヨーロッパ系言語の通訳・翻訳などの人材を輩出してきたことはよく知られている。長崎の唐通事と阿蘭陀通詞の語学は、その職掌柄から文章は言うに及ばず口頭によって相互に意思の疎通が可能であることが前提である。特に阿蘭陀通詞は「通弁ヲ業トシテ、其伝訳ヲナスニハアラズ」とする訳読中心の江戸蘭学とは異なり[14]、話しかつ聞きそして書くことができる仕事柄から、幕末の外交交渉の第一線で通訳にあたる通弁や欧米への使節団の随行の訳官がでてきたわけで、先にも触れた森山多吉郎と堀達之助、それに万延元（1860）年の遣米使節団通弁の名村五八郎（1826-1876）や立石得十郎（1829-1867 ?）[14]らの名前が挙げられるだろう。

　そのことを踏まえて使節団のメンバーで、長崎ゆかりの人物を拾い出すと、一等書記官・福地源一郎（1841-1906）、同・何礼之（1840-1923）、田中光顕理事官随行・吉雄辰太郎（諱、永昌）それに四等書記官・池田政懋の名前があがる。二等書記官・長野桂次郎（1843-1917）は万延元年の咸臨丸による渡米時の通弁である長崎の阿蘭陀通詞立石得十郎[15]の養子斧次郎で、その一人と言えるかもしれない。しかし、立石斧次郎は旗本・小花和度正の次子であり、咸臨丸から 3 年後には旗本の実兄から弟が丈夫に育っていると幕府に届け出がされていることから、立石家とは別の家にいたことになり、実際は立石得十郎への「養子」は咸臨丸に乗り組むための方便であったと考えられる[16]。それゆえ、長崎生まれでもなく直接の長崎出身とはいえないので、本稿ではとりあげない。

　その 4 人のうち、一時期長崎阿蘭陀通詞名村八右衛門（1802-1859）の養子だった福地源一郎は、文久二（1862）年の幕府使節団に随行し渡欧したほか、慶応元（1865）年には外国奉行柴田剛中の英仏派遣に随行し、万国公法（国際法）を学んでいる。さらに岩倉使節団の派遣の前年明治三（1870）年には、当時大蔵省出

仕であったが、貨幣制度を調査する大蔵少輔・伊藤博文に従って渡米している。岩倉使節団の一等書記官に選ばれるにあたっては、福地の残留を図る大蔵大輔・井上馨と伊藤博文との間で、争いになったほどであった。福地は後世には「忘れられた大記者」[17]と形容されるが、評伝も多く、令和二(2020)年には新しい評伝も出版されている[18]。

　また、長崎の唐通事出身の何礼之は、独学で英語を学んだだけでなく、長崎で英語私塾を開き英語を教えた。教え子には「郵便制度の父」と呼ばれる前島密(1835-1919)、外務大臣時代に不平等条約の改正をした陸奥宗光(1844-1897)、消化剤のタカジアスターゼ(Taka-Diastase)[19]とホルモン兼神経伝達物質のアドレナリン(adrenaline)[20]発見で知られる化学者高峰譲吉(1854-1922)などを育て、その名を後世に残している。この時までに海外経験はないものの、その後元老院議官や貴族院勅選議員などを務めていて、評伝こそないが、文久二年から大正十(1921)年までの日記類などの貴重な史料を残している。福地と何の2人は当時にあっては高名な海外事情に詳しい人物であったと考えられる。

　しかし、使節団会計担当の田中光顕理事官に随員として岩倉使節団に参加した吉雄辰太郎(諱は永昌)についてはその経歴などはこれまで知られることが少なかった。この吉雄永昌は、田中彰『岩倉使節団「米欧回覧実記」』所収「第一表　出発時の岩倉使節団」[21]では、生没年ともに不明になっているほか、帰国後の経歴も不明となっている。さらに菅原彬州「岩倉使節団のメンバー構成」[22]でも生没年ともに不明となっている。そのほかには、令和元(2019)年に刊行された米欧亜回覧の会／泉三郎『岩倉使節団の群像―日本近代化のパイオニア―』[23]の「資料　岩倉使節団団員ミニ列伝」には主要メンバーではないのか、名前も掲載されていない。

　とはいうものの吉雄辰太郎は、阿蘭陀通詞として名高い吉雄家の七代目であり、江戸詰通詞も務めた吉雄家六代目吉雄作之丞(1817-1851)の長男である。祖父は、幕末長崎で多くの蘭方医を育てたオランダ商館医シーボルトの鳴滝塾で通訳を務めた阿蘭陀通詞吉雄権之助(1785-1831)、曾祖父は安永三(1774)年刊行の杉田玄白・前野良沢『解体新書』[24]の序文を書いた長崎の阿蘭陀通詞で蘭方医として名高い吉雄耕牛(1724-1800)である。吉雄辰太郎は阿蘭陀通詞としては『オランダ通詞会所記録安政二年　萬記帳』[25]収載のオランダ通詞の略伝集「安政二年のオランダ通詞」にその名前は載るが、没年墓所ともに不明となっている。吉雄辰太郎の事績などが知られていない原因はわからない。しかし吉雄辰太郎の事歴については、曾孫である上田はるが近年「曾祖父達の明治」[26]と『私の史料探訪　2（石橋家の人々）』[27]で吉雄辰太郎の生没年やその事績などをすでに明らかにしているものの、それが多くの研究者の目に触れることが少なかったため世に知られなかったと考えられる。吉雄辰太郎の事蹟については、上田はるの論考に詳しいのでそれに譲り、ここでは触れないが、吉雄と池田政懋との間は縁が深いものがあったことは、後述する。

　そして本稿の主題である岩倉使節団の池田四等書記官については、久米邦武が『久米博士九十年回顧録』[28]のなかで、「フランス語の達人」と書き残して

いるので、フランス語に堪能であったことが知られる。また王政復古以後明治初頭における官僚の履歴を知る上において欠くことのできない史料である『百官履歴』[29]などからその経歴が多少なりとも知ることができる。しかし、先行研究ではその出身や経歴それに事蹟などは尚不明な点が多い。このため本稿では岩倉使節団に四等書記官として参加した池田政懋を取り上げ、管見に入った限りの史料を基にその人物像を描くことを目指したい。

標題の「岩倉使節団四等書記官池田政懋略伝—あるいは天津領事池田寛治、または長崎県佛學助教呉常十郎、もしくは阿蘭陀通詞名村常十郎について」に名前を挙げている池田政懋、池田寛治、呉常十郎、名村常十郎の 4 人は、結果として同一人物と考えて間違いはないと思われる。明治五（1872）年八月二十四日太政官布告[30]以前の日本にあっては、その役職などによって名前が異なることはしばしばあるうえ、一人の人物が名前を二つ持っている[31]など、現代の日本人からは理解できないことも多い。そのため、その個人間の連接が辿りにくく、大名・旗本などのように個人の名前（諱なども含む）の変遷が辿りやすい例を除けば、同定は難しい。しかし、池田政懋、池田寛治、呉常十郎、名村常十郎という人物が、同一人物であることを裏付ける資料は少ない。特に名村常十郎と呉常十郎を結びつける資料はほとんどないが、4 人が同一人物であるという同定作業も進めながら、本稿ではまず池田政懋の岩倉使節団時代の行動をできる限り追跡するとともに、その生涯にわたる人物像を再構成してゆくことを目的とする。

池田政懋の維新前の履歴ははっきりしない点が多い。各種人物事典にあたると、没年は一致しているが、生年は弘化三（1846）年生まれと嘉永元（1848）年生まれとする説があり、区々として一致しない。さらに、出身地は、長崎（現、長崎市）を始め長崎県大村や佐賀藩と出身地もまちまちであることがわかる。このため、まずこれまでに刊行された各種人物事典の類のうち、池田政懋あるいは池田寛治が立項されていることがわかった 12 種についていくつかの項目をたてて比較することで、どのような項目で人物情報が一致し、また不一致なのかを明らかにすることで、池田寛治の当時にあっても短かったその足跡を明らかにしたい。比較する人物事典の類は管見に入った限りではあるが以下の 12 種類である。それぞれを比較するために一覧表にして 12 ページに掲出する。

1）長崎縣教育會編『長崎縣人物傳』（長崎縣教育會・1919.5.5.）以下の表中では「人物」と略記。
2）長崎市小學校職員會編『明治維新以後の長崎』（長崎市小學校職員會・1925.11.10.）以下の表中は「以後」と略記。
3）修史局編『百官履歴』（下）（日本史籍協會・1928.2.25.）以下の表中では「百官」と略記。
4）對支功勞者傳記編纂會編『対支回顧録』（對支功勞者傳記編纂會・1936.4.18.）以下の表中は「対支」と略記。
5）大植四郎編『明治過去帳〈物故人名辞典〉新訂版』（東京美術・1971.10.20.）以下の表中は「過去」と略記。

6）大蔵省百年史編集室編『大蔵省人名録－明治・大正・昭和－』（大蔵財務協会・19
73.3.25.）以下の表中は「大蔵」と略記。

7）日本歴史学会編『明治維新人名辞典』（吉川弘文館・1981.9.10.）以下の表中では
「維新」と略記。

8）手塚晃／国立教育会館『幕末明治海外渡航者総覧』（柏書房・1992.3.21.）以下
の表中は「渡航」と略記。

9）田中彰『岩倉使節団の歴史的研究』（岩波書店・2002.6.24.）以下の表中では
「歴史」と略記。

10）富田仁編『新訂増補海を越えた日本人名事典』（日外アソシエーツ/紀伊國屋書
店［発売］・2005.7.29.）以下の表中は「人名」と略記。

11）「航西日乗」人名注・索引（『海外見聞集』新日本古典文学大系明治編 5」
（松田清／ロバートキャンベル／堀川貴司／杉下元明／日原傳／鈴木健一／
堀口育男／齋藤希史／「航西日記」を読む会校注・岩波書店・2009.6.26.）以下
の表中では「航西」と略記。

12）「資料岩倉使節団団員ミニ列伝」（小野博正）『岩倉使節団の群像－日本近
代化のパイオニア－』（米欧亜回覧の会・泉三郎・ミネルヴァ書房・2019.2.10.）
所収。以下の表中は「群像」と略記。

　この 12 種の人物事典によって、比較する項目は以下の九項目。
①名前　　　　　　　名前は漢字表記についての比較。
②名前の読み　　　　名前の読みは、この時代まではさまざまな読みがあり得
　　　　　　　　　　るので立項した。
③諱・先名　　　　　この時代までは幼名、諱などがあり、維新直後までは改名
　　　　　　　　　　が多いため立項した。
④出身地　　　　　　人定に役立てるため立項した。
⑤生年月日　　　　　この項目も人定に必要だと考え立項した。
⑥出自　　　　　　　出自は、族籍など。
⑦没年月日　　　　　この項目も生年月日と同じく人定に必要だと考え立項した。
⑧最終官歴　　　　　人定に必要な項目と考え立項した。
⑨出典・参考文献　　原典に当たりやすくするため、掲出した。

　取り上げた 12 種類の人名辞典の類のほか、臼井勝美／高村直助／鳥海靖／
由井正臣編『日本近現代人名辞典』[32]と 平凡社編『新撰大人名辞典』[33]、そ
れに阿蘭陀通詞の地元である長崎県の長崎新聞社長崎県大百科事典出版局編
『長崎県大百科事典』[34]に安岡昭男編『幕末維新大人名事典』[35]についてもあ
たったが、いずれも池田政懋あるいは池田寛治については立項されていなかっ
た。

　ほかに、各種参考文献にあげられている石附実『近代日本の海外留学史』[36]
や渡辺實『近代日本海外留学生史』（上）（下）[37]にもあたった。しかし、『近代
日本海外留学生史』（上）には岩倉使節団の一員として池田政懋の名前が挙がっ
ていたが、伝記や評伝の類いは見当たらなかった。そのほか池田寛治もしくは
池田政懋について個人伝記・評伝など情報が得られるようなものはなかった。

	名前	読み	諱・先名	生年月日	出身地	出自	没年月日	最終官歴	出典／参考文献
人物	池田寛治	記載なし	記載なし	記載なし	長崎市	記載なし	記載なし	長崎税関長	頴川君平談
以後	池田覧治	記載なし	記載なし	記載なし	記載なし	記載なし	明治14年3月	長崎税関長	記載なし
百官	池田覧治	記載なし	呉常十郎政穆	記載なし	記載なし	長崎県士族	14.1.8.	大蔵少書記官	記載なし
対支	池田寛治	記載なし	記載なし	記載なし	長崎	記載なし	不詳（記載なし）	大蔵少書記官	記載なし
過去	池田覧治	記載なし	記載なし	嘉永元年	長崎県	記載なし	14.1.7.	長崎税関長	記載なし
大蔵	池田覧治	記載なし	記載なし	嘉永元年	長崎	記載なし	14.1.7.	長崎税関長	記載なし
維新	池田寛治	いけだかんじ	呉常十郎政穆	記載なし	記載なし	長崎県士族	14.1.8.	大蔵少書記官	長崎県人物伝・対支回顧録・百官履歴
渡航	池田寛治 池田政穆	いけだかんじ いけだせいぼう	記載なし	不明	長崎県大村	記載なし	14.1.8.	記載なし	大政類典／明治維新人名辞典
歴史	池田政穆	いけだまさよし	寛治	1846	佐賀	記載なし	1881	長崎税関長	近現代人名辞典・大人名辞典・明治維新新名辞典・明治過去帳・近代日本の海外留学史・海を越えた日本人名事典
人名	池田政穆	いけだまさよし	寛治	？ 14.1.8.生まれ	長崎大村	記載なし	14.1.8.	長崎税関長	近代日本の海外留学史・明治維新新名辞典・近代日本海外留学史・幕末明治海外渡航者総覧
航西	池田寛治	いけだかんじ	政穆（まさよし）	1848	長崎	記載なし	1881	長崎税関長	新訂増補海を越えた日本人名辞典・明治維新新名辞典・新訂明治過去帳
群像	池田政穆	いけだまさよし	寛治、弥一	1846	佐賀	記載なし	1881	長崎税関長	記載なし

以上の公刊されている 12 種の人名事典等から見えてくる池田政懋あるいは池田寛治は、どんな人物であろうか。まず前述したように生年にばらつきがある。生年を弘化三年とするのは、『岩倉使節団の歴史的研究』と「資料　岩倉使節団団員ミニ列伝」でその出典は明らかではない。このほかは嘉永元年が主である。『新訂増補海を越えた日本人名事典』は生没年の欄では「？〜明治 14 年 1 月 8 日（1881）」としながら、本文では「明治 14 年 1 月 8 日生まれ」としている。これは没年と混同したものではないかと思われる。

　また没年については、記載がないもの以外、明治十四年で一致しているが、死去した日にちが一月七日と一月八日と二種類に分かれている。一月七日とするのは『大蔵省人名録－明治・大正・昭和－』と『明治過去帳〈物故人名辞典〉』であるが、その出典の由来はわからなかった。

　そのほか、これとは別にアジア歴史資料センターの「岩倉使節団〜海を越えた 150 人の軌跡〜」（平成三十年十一月インターネット公開）には、「1846（弘化 3）年生」となっている。アジア歴史資料センターに問い合わせたが根拠は不明とのことだった。令和五（2023）年四月二十七日現在も「1846（弘化 3）年生」となっている。

　最終官歴については、不詳としている文献以外は「長崎税関長」もしくは大蔵少書記官としている。「長崎税関長」は職位で、「大蔵少書記官」は官僚としての階級なので、どちらで表記してもそれ自体は不整合なものではない。

　出身地についてみると、長崎（現、長崎市）もしくは長崎県とするものが多いが、このうち『幕末明治海外渡航者総覧』は、長崎県下の長崎県大村としている。これは『新訂増補海を越えた日本人名事典』が、長崎大村としているのに引き摺られた可能性がある。『幕末明治海外渡航者総覧』より刊行が早い、「新訂増補」する前の昭和六十（1985）年十二月に刊行された『海を越えた日本人名事典』の記述に基づいたのかと考えられる。長崎市には大村町がかつて存在していたので、長崎大村としたのではないかと思われる[38]。しかし、池田寛治の出身地が「長崎大村」であることの出典は詳らかにしえなかった。大村町は幕末の砲術家高島秋帆の居宅があったところ。また、『岩倉使節団の歴史的研究』と「資料　岩倉使節団団員ミニ列伝」は、池田寛治の出身を肥前（佐賀藩）とするが、長崎などが「肥前国」であるのに引きづられたのかはわからないが、その由来を探し出せなかった。

　この佐賀藩出身ということについては、佐賀県教育史編さん委員会編『佐賀県教育史　第一巻資料編（一）』[39]所収の「佐賀出身海外視察者留学生一覧」に池田政懋の名前が見える。明治四年に行き先は米欧になっているので、ここで取り扱っている池田政懋であることに間違いはないだろう。さらに佐賀県教育委員会編「中学生向け郷土学習資料『佐賀巡り』」（第 3 章佐賀県の人物）[40]には、岩倉使節団で米欧に渡った佐賀県出身者として池田政懋の名前があがっている。何に拠ったものなのかはわからないが、池田が早逝したことが出身地をめぐる誤解を生んだのであろうか。

　また、名前の読み方については、多くは池田政懋は漢字音読みの「せいぼ

う」、あるいは「まさよし」としている。しかし、岩倉使節団訪米当時在ワシントンの日本公使館書記官だったチャールズ・ランマン（Charles　Lanman）の著書『米国在留日本人（The Japanese in America）』[41]に収載されている岩倉使節団の公式メンバー表「The official list of officers composing the Embassy」[42]によると、「Fourth　Secretary.」（四等書記官）には、「Massatsné　Ikeda」[43]とある。池田政懋は四等書記官であるし、ほかに池田姓はいないので「Massatsné Ikeda」は、池田政懋本人に間違いないであろう。これを考えれば池田政懋本人は「政懋」を「まさつね」と読ませていた可能性が高い。「つね」と読ませるのは前名の「常十郎（つねじゅうろう）」との関連があるのかもしれない。また前述のアジア歴史資料センターの「岩倉使節団～海を越えた 150 人の軌跡～」には「いけだまさつね」となっている。しかし、「懋」を「つね」と読ませるのかどうかを、漢字の人名に使われる読みである名乗から調べると、諸橋轍次（鎌田正・米山寅太郎修訂増補）『大漢和辞典』第二版[44]では「懋」の名乗には、「よし」はあるが、「つね」はないので、何に拠って「まさつね」としたかはわからない。

　このほか、「資料　岩倉使節団団員ミニ列伝」には、通称として「弥一」が挙げられているが、これは旧佐賀藩出身の司法官僚・池田弥一と混同したためではないかと思われる。池田弥一は富田仁編『新訂増補海を越えた日本人名事典』によれば、天保二（1831）年に肥前藩士の家に生まれ、明治二（1869）年にドイツ留学し、のち判事などを経て東京裁判所長、大審院第一局長などを務め、明治二十一（1888）年十月十四日に死去している。池田姓と肥前出身あるいは佐賀藩出身ということによる錯誤ではないだろうかと思われる。

　如上によって、池田政懋あるいは池田寛治は、嘉永元年ごろ長崎に生まれ、明治十四（1881）年に没した人物だといえるであろう。池田は幕末に長崎でフランス語を習得し、維新後は新政府に出仕して、文部大助教などを務めた。そして、岩倉使節団には四等書記官として随行し、アメリカ・ヨーロッパを回って帰国した後は内務省、文部省に籍を置き新政府で働いた。そして中国・天津に副領事として赴任し、その後領事に昇任した。さらに帰国しては長崎税関長になり在職のまま死去した人物だということになる。この人物の生涯について、資料を繙きながらさらに実証的に見て行くこととしたい。

　長崎の「阿蘭陀通詞」の一方で、「唐通事」は古来よりの「通事」という名称を誇り、「阿蘭陀通詞」とは異なるとして「唐通事」と称した。ただ、「通事」「通詞」とは言っても、商務官の役目も果たしており、外交問題にも関与するなど単なる言語の通訳者ではないことを忘れてはならない。「通事」「通詞」は異なる文化を往復するものたちであり、あるいは文化の伝達者である。そうでなければニュートンの万有引力や地動説などを紹介した志筑忠雄の『暦象新書』[44]やオランダ語文法を明らかにした『和蘭詞品考』[46]などという研究は出てこなかったであろう。阿蘭陀通詞は思想の伝達者でもあったのだから。『暦象新書』やコペルニクスの地動説を紹介した阿蘭陀通詞の本木良永の『和蘭地球図説』[47]（明和八（1771）年や『天地二球用法』[48]（延享元（1774）年）もある。こうした動きについて、大分大学の鳥井裕美子教授は「18 世紀の後半，一番有

名なものが『解体新書』の刊行で，これは 1774 年ですが，この 30 〜 40 年前に長崎ではオラン
ダ通詞の中に優れた学者が出てきています。ですから，蘭学の初めを『解体新書』からとする教
科書が今でも多いのですが，最近は長崎のオランダ通詞が蘭学を始めたとする説もあります。そ
れは 18 世紀の前半です」と「「小中華」から「半開」へ——蘭学者の自他認識」（南山大学におけ
る公開セミナー・2008.6.14.)[49]で述べている。

註 ）

1）久米邦武編『特命全権大使米欧回覧実記』全百巻（五編五冊）各冊とも明治十一（1878)年十月、
　博聞社刊行。

2）田中彰校注『特命全権大使米欧回覧実記』（岩波文庫・[第一巻]1977.9.16.[第二巻]1978.10.16.
　[第三巻]1979.12.17.[第四巻]1980.8.18.[第五巻]1982.5.17.)岩波文庫第一巻の 15 刷以降には
　「解説追記」として「横浜出航時のメンバー表」が追加掲載されている。

3）大久保利謙編『岩倉使節団の研究』（宗高書房・1976.12.1.)

4）イアン・ニッシュ(Ian Hill Nish)編／麻田貞雄ほか訳『欧米から見た岩倉使節団』（ミネルヴァ
　書房・2002.1.25.)

5）田中彰・高田誠二編『「米欧回覧実記」の学際的研究』（北海道大学出版会・1993.3.25.)

6）田中彰『岩倉使節団「米欧回覧実記」』（岩波現代文庫・2002.12.13.)原著は『岩倉使節団－明治維
　新のなかの米欧』（講談社現代新書 487・1987.10.20.)

7）宮永孝『白い崖の国を訪ねて　岩倉使節団の旅・木戸孝允のみたイギリス』（集英社・1997.3.19.)

8）田中彰『明治維新と西洋文明　岩倉使節団は何を見たか』（岩波新書[新赤版]862・2003.11.20.)

9）岩倉使節団の構成員については、しばしば変更があったようで、詳らかでない部分があるが、
　出発時の人員については菅原彬州「岩倉使節団のメンバー構成」（「法學新報」[中央大学法学
　会]91-1・2・1984.6.30.)による。

10）註 9）参照

11）「岩倉特命全権大使締盟各国訪問ニ関スル件　七〇」（外務省調査部編「大日本外交文書」四
　（明治四年・日本国際協会・1938.12.15.)p.70.に「其使節一行ノ人員ハ別紙ニ附ス〇（略)此書記官
　中通辨ヲ能スルモノハ三人ヲ要スベシ（略)使節附従ノ通辨官ハ一等ハ二等書記官ト同等二等ハ
　理事官一等書記官ト同等ナルヲ要ス」とある。

12）仏横浜鎖港談判使節団　外国奉行の池田長発を正使として、文久三（1863)年十二月から元治元
　（1864)年七月にかけて幕府がフランスに派遣した外交団。攘夷勢力を抑えるため開港場であっ
　た横浜を再び鎖港するなどの交渉を目指したが、目的を果たせなかった。岩倉使節団に参加し
　た塩田三郎、田辺太一、原田一道も参加している。

13）江戸時代海外に開かれていたのは長崎だけではない。長崎をはじめ、対馬、松前、薩摩藩を
　通しての琉球の四つの口が開かれていたとされる。

14）大槻玄沢『蘭学階梯』に「殊ニ吾ガ門ニ游ブ徒ハ、通弁ヲ業トシテ、其伝訳ヲナスニハアラ
　ズ。惟其書ヲ翻訳セントノ業ナレバ、アルタケ一語ヅ、モ言辞ノ数ヲ覚ヘ、読書ノ間、助語等
　ニ心ヲ著ケ、其文章、前後・上下ノ語　脈ヲ貫通シ、語路ノ連属等ノ趣キヲ熟シ得ベシ」沼田
　次郎・松村明・佐藤昌介編『洋学　上』（日本思想大系 64）（岩波書店・1976.11.5.)pp.358.-359.とあ
　る。

15）立石得十郎の没年は、これまで不明であったが、慶応三年頃に末期婿養子に通弁御用出役の田上彦三郎を迎えたことが、加藤英明「徳川幕府外国方：近代的対外事務担当省の先駆−その機構と人−」（「名古屋大学法政論集」93・1982.10.12.）p.44. に見える。また、国立公文書館（請求番号多 704040）「 桑原広吉え諸入用被下方之儀御留守居組通弁御用出役立石彦三郎同様被下可然旨」という「卯年 12 月」の下げ札がある資料があり、立石得十郎は慶応三年ごろに、没していたようだ。

16）桜井成広「日光奉行小花和内膳正父子」（大日光［日光東照宮］52・1980.6.15.）に「彼は立石得十郎の養子斧次郎教之という名義で（引用者註：咸臨丸で）随行を許された。その時はまだ弟丈夫届が出ていなかったから、公式にはこの人間は居なかったからであろう」とあるので、養子というのは形だけだったと言うことになる。桜井成広の母が長野桂次郎（立石斧次郎）の長女。また、立石得十郎が慶応三年頃に末期婿養子に田上彦三郎を迎えたこともそれを裏付けるだろう。

17）小山文雄『明治の異才 福地桜痴―忘れられた大記者』（中公新書 743・1984.10.25.）

18）山田俊治『福地桜痴 無駄トスル所ノ者ハ実ハ開明ノ麗華ナリ』（ミネルヴァ書房・2020.10.10.）

19）タカジアスターゼ Taka-Diastase(タカは高峰の高、ジアスターゼは Diastase から)薬に含まれる成分のひとつ。消化作用があり健胃薬などに含有。酒の醸造に利用される澱粉消化酵素剤の商標名。創製者である化学者、高峰譲吉の名にちなむ。

20）アドレナリン Adrenalin 副腎髄質より分泌されるホルモンの一種で、ストレス反応の中心的な役割をはたす薬物。神経節や脳神経系における神経伝達物質でもある。アドレナリンとエピネフリン epinephrine は同様の物質を指すが、医学的にはエピネフリンという名称が用いられることの方が多いようである。

21）田中彰『岩倉使節団「米欧回覧実記」』（岩波現代文庫・2002.12.13.）

22）菅原彬州「岩倉使節団のメンバー構成」（「法學新報」［中央大学法学会］91-1・2・1984.6.30.）

23）米欧亜回覧の会・泉三郎『岩倉使節団の群像−日本近代化のパイオニアー』（ミネルヴァ書房・2019.2.10.）

24）『解体新書』安永三(1774)年に刊行。杉田玄白訳・中川淳庵校・石川玄常参・桂川甫周閲・小田野直武図。序文は長崎の阿蘭陀通詞吉雄耕牛。原本とされる「ターヘル・アナトミア」は、日本での俗称で、"Ontleedkundige Tafelen"（1734 年）のこと。ドイツ人医師ヨハン・アダム・クルムス(J.A.Kulmus)の解剖書「アナトーミッシェ・タベレン」（Anatomische Tabellen:1722 年初版・1732 年再版）をオランダ人医師ヘラルト・ディクテン（G.Dicten）がオランダ語に訳したもの。cf.東京医科歯科大学図書館 HP［
ターヘル・アナトミア」（https://www01s.ufinity.jp/tmdu/?page_id=600［最終閲覧日：2022.1.16.］）

25）長崎県立長崎図書館編『オランダ通詞会所記録安政二年萬記帳』（長崎県立長崎図書館・2001.3.31.）

26）上田はる「曾祖父達の明治」（「洋学史研究」［洋学史研究会］20・2003.4.25.）

27）上田はる『私の史料探訪 2（石橋家の人々）』（上田英三・2004.6.1.）

28）久米邦武述『久米博士九十年回顧録』（早稲田大学出版部・（上）1934.7.20.（下）1934.10.20.）のうち下巻 p.179.

29）修史局編『百官履歴』（日本史籍協会・1927.10.25.） 明治初頭における官省の廃置、上級役人の任免を知る上において欠くことのできない史料で計四百五十八名につき、その出身地・身分・通称・官途の進退を明記したもの。修史局において各人から履歴書を提出させて編集された。

『百官履歴』は明治十五（1882）年に編纂されているが、この時に池田寛治は前年に死亡してい
るで、遺族が提出したものか。

30）太政官布告　第二百三十五号「華族ヨリ平民ニ至ル迄自今苗字名並屋號共改稱不相成候事」
（『法令全書』明治五年八月二十四日）

31）尾脇秀和『壱人両和　江戸日本の知られざる二重身分』（NHK BOOKS1256・2019.4.25.）

32）臼井勝美／高村直助／鳥海靖／由井正臣編『日本近現代人名辞典』（吉川弘文館・2001.7.1.）

33）平凡社編『新撰大人名辞典』1（平凡社・1937.5.15.）

34）長崎新聞社長崎県大百科事典出版局編『長崎県大百科事典』（長崎新聞社・1984.8.10.）

35）安岡昭男編『幕末維新大人名事典』（新人物往来社・2010.5.21.）

36）石附実『近代日本の海外留学史』（ミネルヴァ書房・1972.9.5.）

37）渡辺實『近代日本海外留学生史』（上）（講談社・1977.9.16.）（下）（講談社・1978.4.10.）

38）大村町　嘉村国男『長崎町づくし』（長崎文献社・1986.7.1.）によると、大村町は元亀二（1517）
年の長崎開港当初に建てられた六町のうちの一つ。昭和三十八（1963）年の住居表示で万才町の
一部となった。現在も長崎の官庁街。

39）佐賀県教育史編さん委員会編『佐賀県教育史　第一巻資料編（一）』（佐賀県教育委員会・1989.
3.30.）所収の「佐賀出身海外視察者留学生一覧」p.153.

40）佐賀県教育委員会編「中学生向け郷土学習資料『佐賀を「知る」、「発見する」、「好きにな
る」佐賀巡り』」（佐賀県教育委員会・2018.8.31.）のうち「第3章佐賀県の人物」p.40. cf.https://
www.pref.saga.lg.jp/kiji00366322/3_66322_123025_up_z8c8ebvw.pdf（最終閲覧日:2023.4.27.）

41）チャールズ・ランマン “The Japanese in America”（New York:University publishing company・18
72.）

42）チャールズ・ランマン「米国在留日本人（The Japanese in America）」p.8.

43）吉雄辰太郎は、このリストの “Officers attached to the said Commissioners” に “NAGAMASSA
Yo Io……T reasury Department” と表記されている。

44）諸橋轍次（鎌田正・米山寅太郎修訂増補）『大漢和辞典』第二版（大修館・2000.5.10.）

45）『暦象新書』　阿蘭陀通詞出身で蘭学者の志筑忠雄（のちに中野柳圃,1760-1806）が、イギリス
人ジョン・ケイル（John Keill,1671-1721）が著した “Introductiones Ad Veram Physicam Et Veram
Astron omiam” のオランダ語版を翻訳し、自説を加えたもの。コペルニクスの地動説、ニュ
ートン力学、ケプラーの法則や、真空などの概念について述べられている。cf.国立天文台 HP
『暦象新書』（https://www.nao.ac.jp/gallery/weekly/2016/20161129-rekisyo.html:[最終閲覧日;2022.
1.16.])

46）『和蘭詞品考』中野柳圃が文化元（1804）年頃に著したオランダ語文法書。この書によって日
本におけるオランダ語理解が飛躍的に向上し、蘭学者に多くの影響を与えた。cf.大島明秀「蘭
文和訳論の誕生ー志筑忠雄「蘭学生前父」と徂徠・宣長学ー」（近世文学研究誌「雅俗」[雅俗の会]18・2
019.7.16.）

47）『和蘭地球図説』（安永元（1772）年　一節でコペルニクスの地動説の紹介。

48）『天地二球用法』（安永三（1774）年　序文でコペルニクスの地動説の内容が具体的に紹介。
（寛政四（1792）年ごろ）の『星術本源太陽窮理了解新制天地二球用法記』において詳しく地動説
を紹介。
詳しくは、国立天文台天文情報センター暦計算室 HP　https://eco.mtk.nao.ac.jp/koyomi/wiki/C3C

FC6B0C0E2.html（最終閲覧日：2022.9.29.）

49）「「小中華」から「半開」へ―蘭学者の自他認識」（南山大学における公開セミナー・2008.6.14.）*cf.* https://www.ic.nanzan-u.ac.jp/ASIAPACIFIC/documents/08houkoku080614torii.pdf（最終閲覧日：2023. 4.27.）

第　一　章

　―岩倉使節団と池田政懋

池田政懋はしばしば改名をしていることは序章で触れた。岩倉使節団書記官発令の時には「池田政懋」という名前が使われていることから、本章を含め帰国まではこの名前を使うことにする。ただ、池田政懋自身は、四等書記官発令前の十月には「池田寛治」という名前を使い始めていることが東京大学所蔵の「池田寛治外七十四人職名ノ件」[1])によって確認できる。また使節団での公文書は初期には池田政懋でありながら、途中からは池田寛治を使う頻度が高くなり、パリ滞在の頃にはおおむね池田寛治を称している。副使であった木戸孝允の日記『木戸孝允日記』[2])では「池田寛治」で登場している。この点に注意しながら、叙述をしていきたい。

　池田政懋の生涯全体を振り返るのは第四章以降に譲り、第一章では、まず、資料がほとんどないものの池田政懋が岩倉使節団の四等書記官に選ばれるまでの過程を推測してみる。そして四等書記官に任命されアメリカで「宮内省御用取調通辯御用兼勤」を命じられて宮内理事官随行の業務を兼勤し、使節団本隊より先行してアメリカからイギリスに渡るまでを取り扱う。

第　一　節―池田政懋はなぜ使節団四等書記官に

　まずは、池田政懋が四等書記官任命されるまでを扱う。文部大助教[3])の池田政懋は旧幕臣で外務大録の安藤太郎（任命書には諱の忠經と記載）とともに明治四(1871)年十月二十二日付で岩倉使節団四等書記官に任命された。それは以下の『大使全書』十六号[4])によって、十月二十二日付で発令され使節団の一員となったことがわかる。

　　　　　文部大助教池田政懋
　　　　　外務大録安藤忠經
　　　今般特命全權大使歐米各國ヘ被差遣二付四等書記官
　　　トシテ随行被　仰付候事

　この同文（「外務大録安藤忠經」は当然ない）が東京大学所蔵の十月二十二日付「木村繁生外百五十二名進退ノ旨太政官ヨリ達書」[5])にも見られる。明治四年七月十八日に文部省が発足するとともに、大学が廃止となったことで、池田政懋がもともと所属していた大学南校も「南校」となり、文部省の管轄下に入

ったたため、文部省発足三か月がたった時の任命でも、現在の東京大学に史料が遺っていたのであろう。最末端とは言え、大使随行の書記官に任命された池田政懋にとっては、初の海外体験となる。

　池田政懋が岩倉使節団書記官に選任された経緯については、それを知りうる資料に缺ける。それにしても池田政懋は、なぜ岩倉使節団書記官に選ばれたのだろうか。

　岩倉使節団の書記官などの選抜過程についてははっきりしないことが多い。他薦自薦はあっただろうが、全権大使の岩倉具視の従者として自費随行した高辻修長（1840-1921）と香川廣安（1839/1841?-1915）は使節団出航後に正式な使節団員になっている例もある。自薦で使節団員になった例を見ると、例えば後に外交官などとして活躍する林董（董三郎）は、副使となる伊藤博文に自薦して採用されている。また帰国後に明治の医学界、特に公衆衛生の面を主導して行く医学者・官僚である長與専齋は維新政府の顕官のツテを頼って売り込みをして、使節団に理事官随行となったことは、それぞれの回顧録に遺されている。

　林董が口述筆記した自伝『後は昔の記』[6]に岩倉使節団に二等書記官として随行に至った経緯が述べられている。自分を売り込んだ経緯を記しているので、林董からそれを見てみる。林董は当時神奈川県に勤務していたので、最後は神奈川県令の陸奥宗光（1844-1897）に伊藤博文に随行の話をつけてもらっている。長くなるがその経緯を自伝から以下に引用する。

　　　縣廳に在ること一ヶ月許り嘗て大阪にて陸奥方にて識る人となりたる小松濟治陸軍省に出仕せるが横濱に來りて曰く近日政府は岩倉右大臣公を正使として使節を欧米に派遣するの擧あり自分も之に隨行する積なれば足下も隨行することを運動すべしと告げ知らせたり其時陸奥知事は出京して不在なりしが伊藤大藏少輔は一日横濱に來りて佐野茂と云ふ料理屋に在り豫て大阪にて面識ありしを以て直に往て使節隨行を依頼す伊藤氏は副使の一人たることを聞きしが故なり氏は書節を以て陸奥氏に依頼す之に依て十一月四日外務省七等出仕拝命二等書記官として欧米大使隨行を仰付れり。

　林董三郎は小松濟治から欧米派遣使節団の話を勧められるや、かねて顔見知りの伊藤博文が横浜にやってくるのを捉まえて売り込み、使節団に採用される。ここに出てくる小松濟治は、旧会津藩士で、維新前にドイツ留学、帰国後紀州藩出仕を経て岩倉使節団に二等書記官として採用されている。引用文に出てくる「陸奥知事」は、陸奥宗光のことで旧紀州藩士、勝海舟に指導を受け、坂本龍馬の海援隊に参加するなどし、明治三年にヨーロッパに渡り、明治四年神奈川県知事。「伊藤大藏少輔」は旧長州藩出身の伊藤博文のことで使節団全権副使。

　また、長與専齋はその回想記『松香私志』[7]で自薦の有様を次のように回顧している。これも長いが下記に引用する。

（前略）一日友人島村氏（鼎甫）の許にいたり、二、三の知人も来たり合わせて四方山の物語なしける内、今度政府より使節を欧米各国に派遣し各省の理事官も同行するよし話せる人ありけるに、驀然として心に浮かぶことのありしかば急にその席を辞し、直ちに車を飛ばして井上伯を開運橋の邸に訪いけるに、芳川（顕正、子爵）先だちて客室にあり、主人は多客の応接中にてひとり待ち合わせ居たり。余が入り来たるを見て何用なりやと問いかけたる語気のあやしかりければ、余も君は何用なりやと問い返したり。子は、再び君は大使随行の志願にあらずやと問いければ、包むべきにもあらざれば、然りなり、君も同じ望みにやと言いけるに、微笑して点頭きたり。さては後れたり、他に志願の人も多かるべきに二人の周旋は主人にも迷惑なるべし、一人なれば彼に先鞭の利あり、むしろ今打ち明けて相談するこそよからめと、つぶさに当時の境遇を陳べ、かかる困難の事情なれば今度の洋行は枉げて一着をゆずり、君よりも辞を添えて某の希望を遂げしめられよと他事もなく頼みければ、初めの程は、かにかくといなみけれども、ついに承引くこととなれり。折から他客も去り二人打連れて便室に延かれたれば、事の次第を陳し依頼しけるに、今度の事は一切伊藤（侯爵）の引受けなり、往て恳談せらるべし、余は心得たりとありければ、再び車を馳せて高輪の邸を訪いけるに、留守なりければ一泊を乞い、侯の帰邸を俟ちて面会を遂げ、その指図にて翌朝さらに九段坂に木戸侯を訪い事の次第を陳べければ、侯も承諾せられ、幸いにいまだ医家出身の人には志願ありとも聞かず、文部理事官として田中（不二麿子爵）命ぜらるるはずなり、この人と大木（喬任、伯爵。当時文部卿たり）とに面会して依頼すべし、余も話すべけれども速やかなるに若かず、直ちに趣くべしとのことなりければ、それより二氏を歴訪し、一昼夜の奔走にて事大方は調いたりき。さて半月余を経て九月二日文部理事官随行として欧米派遣の命を拝せり。

　引用が少し長くなったが、長與專齋は前年に伊藤博文とともに欧米視察をした芳川顕正（1842-1920）の志望を取り下げてくれとまで言って押しのけるなど獅子奮迅の動きで、使節団の文部理事官随行をかちとっている。岩倉使節団という、当時は洋行ができるという願ってもないチャンスに誰しもが、自薦他薦で売り込んだであろうことは、想像に難くない。林董と專齋の場合は岩倉使節団発遣の情報を聞くやいなや機敏に自薦運動を始めて、強力に自己を売り込んでいる。林董の場合は自薦で岩倉使節団に採用されたわけだが、岩倉使節団の随行員の選任に当たっては、井上馨が「今度の事は一切伊藤（侯爵）の引受けなり」と言うように、当時工部大輔の任にあった伊藤博文に力があったことがよくわかる。ここに出てくる島村鼎甫（1830-1881）は幕末から明治にかけての医家、「井上伯」は旧長州藩士の井上馨、「伊藤（侯爵）」は旧長州藩出身の伊藤博文で使節団副使、「大木（喬任）」（1832-1899）は旧佐賀藩士、「田中（不二麿子爵）」（1845-1909）は、旧尾州藩士で、使節団文部理事官で参加している。

　しかし、池田文部大助教には伊藤工部大輔との接点がこの時点であったかは

わからない。それでも推挽される理由を考えてみると、池田大助教は大学南校で日本語を用いてフランス語を教える変則学級 [8] で教えていて、フランス語という当時の国際語ができるということから、自薦をしたかどうかはわからないが、それ故に選に入ったのではないかと思われる。とは言うものの、フランス語の先達塩田三郎もアメリカから使節団に加わるので、理由としてはもう一つ弱いようである。

そこでもう一つ理由を考えてみると、池田政懋は明治四年五月に樺太の国境画定をめぐるロシアとの交渉に旧佐賀藩出身の参議副島種臣(1828-1905)に随行して [9]、ロシア領ポシェット湾(英語表記:Posyet Bay) [10] に向かっていることである。樺太は幕末の日露交渉でも国境が画定できず日露雑居状態が続いていたため、新政府でも国境の画定を急ぎ、参議副島の交渉発起となったのであろう。このときに池田政懋はフランス語要員として随行していたと見られる。このときの派遣については「諸官員差遣副島参議樺太境界談判ノ為メ同田辺外務少丞外七名随行」 [11] によると明治四年五月十三日に副島が全権使節に命じられ、随行に外務少丞田辺太一／外務権大録上田畯／開拓少主典留守永秀／文書少佑諸岡通義／外務史生柴田清熙が選ばれている。五人の随員のうち、外務少丞田邊太一(1831-1915)は旧幕臣で文久三(1863)年にフランスに派遣された幕府使節団に随行し、さらに慶応三(1867)年にはパリ万国博に参加する幕府使節団に随行した経験を持ち、この年の岩倉使節団にも一等書記官として随行する。外務権大録上田畯(1817?-1879)も、旧幕臣で慶応二(1866)年の遣露使節団に随行した経験をもつ。岩倉使節団に随伴した女子留学生五人のうちの一人上田悌子(1855?-1939)はその娘。文書少佑諸岡通義(栄之助とも。生没年不詳)は、長崎でロシア語を学んだロシア語通訳。それに開拓使の開拓少主典留守永秀(生没年不詳)と外務史生柴田清熙(生没年不詳)が加わる。さらに同日に別途、旧幕時代から樺太を踏査するなど北辺に強い関心を持ち、明治三(1870)年に新設された樺太開拓使判官であった徳島藩の岡本監物が随行を命じられている。岡本監物は、岡本監輔(1839-1904)の誤記であろう。ただ、岡本の名前は、『日本外交文書』には見られないし、この時の函館往復を記録した「北雪兎日記」 [12] にもその名前が見られないので、実際には随行していないと見られる。池田政懋はその五日後の十八日に全権使節副島参議の随行が命じられている。このほか二十三日にも横浜仏語伝習所出身でフランス語が出来る神奈川県少属中島謙益(才吉とも。1846-1925) [13] が外務省文書少佑に任じられ、随行を命ぜられている。中島謙益は神奈川県からの出向で、終了後は神奈川県に復帰している [14]。

前に引用した「諸官員差遣　副島参議樺太境界談判ノ為メ同田辺外務少丞外七名随行」 [15] には、池田の辞令が以下の通りに示されている。

　　○四年五月十八日丁未
　　　　　　　　　　大學大助教池田政懋ヘ達
　　副島参議魯國ポシェット灣ヘ被差遣候ニ付随行被仰
　　付候事

この時の日露交渉について函館往復の記録が「北雪兎日記」で、副島参議らの動きがわかるものとなっている。「北雪兎」とは「ポシェット」に漢字を充てたものだと思われる。

　この辞令に「魯國」とあるのは、当時のロシア帝国を漢字表記した「魯西亜」の略で、中国語で現在の山東省を指す「魯」とも違う。明治五(1872)年ごろから「露西亜」と表記するようなった[16]。この辞令は大学側にも残っていて以下のようにある[17]。こちらは2日遅れの五月廿日の日付になっている。

> 　　　　　大學大助教池田政懋
> 　　副島参議魯國ポシエット灣へ被差遣
> 　　候ニ付随行被　仰付候事
> 　　　　辛未五月廿日　　　　　　太政官

　この二つのそれだけでなく明治四年六月の「大學南校一覧」(辛未六月改)[18]の海外派遣・留学中の教員の名前を示した「洋行」欄に「魯　池田政懋」とあることからもポシェット湾への随行をしたことは確認できる。

　ポシェット湾は現在のロシア連邦の、北朝鮮に接する日本海側にあり、北東にウラジオストクがある。参議副島種臣は函館で[19]ロシアへの渡航を目指したが、交渉相手が到着しないことを知り、函館での待機は無益だとして東京に引き揚げている[20]。それゆえ池田政懋には函館での滞留経験はあるが海外渡航の経験はないことになる。

　随行の理由は当時リンガ・フランカ(lingua franca)[21]であったフランス語ができるということであっただろう。この時のロシア語通弁は諸岡通義であるが、対ロシア交渉にはロシア語だけでなく、当時のリンガ・フランカであったフランス語が必要だとこの時は認識され、池田政懋はフランス語要員として随行に選ばれたと推定できる。その背景としては、対ロシア交渉の歴史のなかで、文化三・四(1806／1807)年にロシアの外交使節だったニコライ・レザノフ Nikolai Petrovich Rezanov,1764-1807)が、部下のフヴォストフ(Nikolai Aleksandrovich Khvostov,1776-1809)に命じて日本側の北方の拠点を攻撃させた事件が起きている。日本では文化露寇[22]と呼んでいるが、この時にフヴォストフが択捉島シャナに遺したフランス語で書かれた書簡が読み解けずに狼狽したということがあったため、尾を引いていたかとも考えられる。ロシアの貴族階級などではフランス語が出来ることは当然であったという認識があったのかもしれないが、五十年以上もの昔のことではある。あるいは、ロシアの箱館領事オラロフスキー(Alexander E. Olarovsky,生没年不詳)からの示唆があったのかも知れない。また明治三年十一月三日(1870年12月24日)に副島参議が来日中の駐清代理公使のエヴゲーニイ・カルロヴィチ・ビュツォフ(Evgenii K. Biutsov,生没年不詳)と会談した際に外交交渉でのフランス語の重要性を示唆されたのかもしれない。

　ただ「北雪兎日記」を見ると、五月二十九日にロシア領事ら三人が副島らの

滞在先にやってきた時の会見では「田邊少丞池田大助教列席」とあって、池田は外務省の田邊少丞と会談の席に着いていて、兼務だったかはわからないが、通弁はしていないようである。また、「諸岡少佑通辯外官員一同侍席ス」とあり、池田は通弁とは別の扱いになっているようである。フランス語の中島謙益は、六月十二日及び二十四日にロシア領事館に赴いて通弁をしているが、池田の通弁は見られない。

　日本政府はこの会談でビュツォフがニコラエフスク[23]の沿海州軍務知事クロウンとの交渉をすすめるたため、ポシェット湾への使節の派遣を決めた。副島参議の派遣については、前年十一月二十六日にロシアの函館領事オラロフスキーはロシア外務省に通告を約したが、回答を得られないまま、新政府は冬の日本海は荒れるため航海の時期として難しくなることを考慮して函館に使節を派遣し、回答を待つことにした。副島参議らは五月二十八日に品川から函館に到着し回答を待ったが、ニコラエフスクからの函館領事のオラロフスキーのもとに返事が届いたのは、六月二十九日のことであった。交渉相手となる沿海州軍務知事クロウン（E.A.Crown, 生没年不詳）が、首都に上っており対応できないし、来春樺太問題談判の任を受けてビュツォフが横浜を訪れるという知らせに接した。このため、副島参議はやむを得ず函館を引き揚げた。また、このポシェット湾派遣時のメンバーにはのちに岩倉使節団一等書記官・田邊太一がいたので、五か月後の岩倉使節団に関係する人々との間には面識があったということになるだろう。これによって池田政懋は北海道・函館で滞留した経験はあるが、留学を含めた海外経験はないのに、池田政懋が書記官に選任されたのはそれにしてもどういった理由なのか。

　人的な面から見ると、樺太国境交渉のときには、まず特命全権使節の副島種臣についてみる。副島は、旧佐賀藩出身で長崎における佐賀藩の語学学校であった致遠館[24]監督となるが、それ以前に大隈重信と共長崎で英語塾を開いていたにフルベッキ（Guido Herman Fridolin Verbeck,1830-1898）から英語を習っている。フルベッキは致遠館で教え始める前の元治元(1864)年から長崎の幕府洋学所である済美館[25]で英語を教えていたから、済美館と致遠館という長崎の狭い円環のなかで、しかも当時の長崎は東西およそ一キロメートル南北およそ二キロメートル程度の狭い地域だったことを考えると、第六章でも述べるが、副島種臣と大隈重信は少なくともフルベッキを通じて池田政懋とのつながりがあったと考えるほうが自然であろう。フルベッキはオランダ生まれの米国オランダ改革派教会の宣教師で安政六(1859)年に長崎にやってきてしばらくしてから、佐賀藩の大隈重信や副島種臣が英語を学びに来ている。

　それだけでなく、先にも触れたが「近代日本の養父」と言われるフルベッキとの長崎における関係も可能性としてありうるのではないかと考える。フルベッキは明治二(1869)年二月に新政府に呼ばれ長崎から東京に移る。その際に、フルベッキが教えていた幕府直轄学校・済美館は新政府に接収され広運館[26]と改称していたが、その学生や教員と一緒に撮影した写真が残っている（口絵写真参照）。この写真にはフルベッキを始め門人など 23 人が写っている[27]が、

そのなかに池田政懋も後列の左から 2 番目に写っている。送別記念写真にともに写っているのだから、フルベッキと池田政懋は同じ学校にいたわけで、親しさはわからないが日々顔を合わせていた間柄だったと思われる。フルベッキは大隈重信に岩倉使節団のもととなる献策をしている [28] し、使節団発遣にあたって正使岩倉具視がフルベッキと相談しているので、この円環のなかのどこかに池田政懋がいたことは確実であろう。この経路からの推薦もありえたのではないかと考えられるが、このことを明確に支持する史料は見出せていない。しかし、フルベッキと思われる人物の回想がある。それは篠田鉱造『明治百話』の「外人の見た明治話」[29] である。一部を以下に引用する。

　　　（前略）ここに二枚の写真があります（チョンマゲ大小の書生三十名ばかりと、他に五十名ほどの人々主人を取巻いて写る）、ハイ日本第一の写真師でしょう、上手でした。長崎の上野と申す写真師です。私は長崎に居りまして、この書生は皆長崎で教えたのです。一方は立山で、一方は新町。新町のは佐賀藩のお侍、立山のは幕府のお侍。どうも顔付に直ぐ見えます。幕府の方は余程進んで居りました。どうも幕府の侍の方は文明向の顔して居ります。

　立山は、長崎奉行所の所在地名。新町は、現在の興善町の一部。奉行所のあった立山から出島に近い西役所に至る途中にあった。現在でも立山の奉行所があった長崎歴史文化博物館から興善町までは徒歩で 10 分ぐらいである。ただ、大村町にあった幕府直轄学校の語学所が慶応二年に新町に移転して、済美館に改称しているうえに、佐賀藩の致遠館は五島町で開校しているので、所在地に関してはフルベッキの記憶違いではないかと思われる。
　2 枚の写真のうち「チョンマゲ大小の書生三十名ばかり」という写真は、グリフィス（William Elliot Griffis,1843-1928）の著作 "Verbeck of Japan" [30] の 122 ページに（STUDENT IN THE GOVEMENT SCHOOL AT NAGASAKI）と題して挿入されている写真で、長崎歴史文化博物館でもほぼ同じ写真を所蔵している（口絵写真参照）[31]。多少トリミングされているが、裏には写っている人物の名前が書き込まれている。このなかに池田寛治の名前もある。また「他に五十名ほどの人々主人を取巻いて写る」というのは、佐賀藩の長崎致遠館の学生とフルベッキら 46 人が写っている写真で、いわゆる「フルベッキ群像写真」と言われているもののことであろう [32]。この写真は大隈重信編『開国五十年史』[33] に収載されている。「フルベッキ」の話をさらに引用する [34]。

　　　副島サンも大隈サンも長崎で私のところへ参りました。副島サンは漢学者で、米国の独立宣言にある自由の話をしても、よく解りません。大隈サンは年も若いし、喜んで私の話を聞きました。

　この「外人の見た明治話」の話し手は語り口や内容から言ってフルベッキで

あることは間違いないだろう^{35）}。フルベッキが、幕府直轄学校と佐賀藩の致遠館を往復しているうちに、フルベッキを介して池田が副島や大隈と面識をもつことになっても不自然さはないと思われる。

　このフルベッキと池田寛治との関わりについてフルベッキの側からみてみる。フルベッキは岩倉使節団発遣にあたって、そもそもの端緒から関わっていることがわかっている。"Verbeck of Japan"（「日本のフルベッキ」）には、使節団出発の翌年の1872年8月1日付（『フルベッキ書簡集』^{36）}では、8月6日付）のフルベッキから、アメリカ・オランダ改革派教会外国伝道局総主事であるニューヨークのフェリス博士（John Mason Ferris,1825-1911）宛の書簡が収録されている。そのなかに、フルベッキは使節団が発遣されるおよそ2か月前の十月のある日に、使節団の大使となる岩倉具視から呼び出されたとある（原文は "On the 26th October,1871,Iwakura requested me to call on him." ）^{37）}。明治四年九月十三日のこの時、フルベッキは、2年前に大隈重信に献策しながら忘れていた使節団派遣について、岩倉に問われて、やっと思い出し、岩倉に改めてそれを示し、使節団について相談にのったと書いている。使節団の目的とする計画や主な使節団の移動経路についても、自分の提案がプランのもとになっているとしている。

　それだけではなく、使節団が出発したばかりの1871年12月21日付のニューヨークのフェリス博士宛書簡には、「この船便でわたしの友人たちが渡航するので多忙です。トリビューン紙で使節団についての詳しい記事をご覧になるでしょう。名前が挙がっているうち、八、九人はわたしの元教え子です」（原文は、"I am very busy for my friends going abroad by this mail. In the Tribune you will see the best account of the embassy. Eight or nine of the names are of former scholars of mine."）^{38）}とあり、46人の使節団の構成員のうち、フルベッキの元教え子が「八、九人」もいるというのであるから、フルベッキの使節団への影響力の大きさがわかると言えよう。

　また、フルベッキの書簡は使節団随員の選抜にも触れていて、先に引用した1872年8月1日付の書簡には、使節団随員を推薦したと述べている。この書簡で "I had the appointment of two of the members of the embassy, though not chief members."（主要な役割を担う随員ではないものの、使節団の随行員に2人を推薦した）^{39）}と 書き記している。フルベッキが推薦したという使節団随員2人は "not chief members"（重要ではない随員）というから、下位の随行員だったと思われる。

　このフルベッキが推薦したという2人に池田寛治が該当しているかをみてゆく。出帆時46人の団員のうち、"chief members" は、大使一人副使4人、一等書記官3人、二等書記官4人、理事官6人の18人にあたるだろう。大副使は別として、一等書記官の職務は「大使全書九号」^{40）}によると「使事ヲ代理スル権ヲ有ス」とある。また、二等書記官の職掌は「一等書記官ニ亞グ」とあり、一等書記官に準ずる。それに理事官の職掌は、「一科ノ事務ヲ担当弁理スルノ権ヲ有ス」とあるので、やはり "chief members" と言えるだろうから、この十

八人は除外できる。

　さらに公家出身の式部助五辻安仲（1845-1906）もフルベッキとは接点が見出せないので除外できるだろう。旧藩別でいうと薩摩藩の村田経満（「村田新八」が有名。1836-1877）の一人、長州藩は野村靖（1842-1927）、内海忠勝（1843-1905）の2人、佐賀藩は中山信彬（1842-1884）、久米邦武、中島永元、中野健明の4人。特に中島永元と中野健明は、長崎の致遠館に学んでいてフルベッキから教えを受けているが、フルベッキに頼らずとも、大隈に随行の推薦を取り付けられただろう。土佐藩は岡内重俊（1842-1915）、今村和郎の2人はそれぞれの藩出身の出頭人から推薦を受けたり、自薦が出来るだろうから、この9人も除外できる。

　旧幕臣の9人のうち、三等書記官長野桂次郎、三等書記官川路寛堂、四等書記官安藤太郎の3人は、いずれも海外経験があるうえに、経歴上はフルベッキとの接点が見出せないので、この3人も除外の対象になる。残る5人のうち、田中光顕大蔵理事官随行阿部潜（1839-1895）は、旧幕時代は旗本で目付を勤め長崎遊学の経験もなく、維新後徳川家の駿河移封に随行するなどしていて、安政六（1859）年の末に長崎にやってきたフルベッキとの接点はない。同じく冨田命保は昌平黌出身で、万延元（1860）年外国奉行書物御用出役、外国奉行支配調役を経て、慶応元年柴田剛中（1823-1877）の遣欧使節団随行などで維新後は静岡に移住し、明治三年に大蔵省出仕の経歴で、長崎遊学の経験もなくフルベッキとの接点は見いだせない。また杉山一成（1843-1880）は維新前の経歴がわからないが、「故内務少書記官杉山一成へ祭粢料下賜」[41]に族籍が「東京府士族元静岡県」とあることから旧幕臣であり、徳川家の静岡移封に従っていたと思われる。明治四年に大蔵省に出仕する履歴で、明治四年の出仕までの履歴が不明なので、フルベッキの接点が全くないとは言い切れない。山田顕義兵部理事官随行原田一道（1830-1910）はもともと岡山新田藩藩医に生まれ、蘭学を学び西洋兵法によって幕府に召され、池田使節団に随行し渡仏。維新後は兵学大教授などを勤めていて明治四年までの経歴にフルベッキと出会った形跡はない。文部理事官随行近藤昌綱（鎮三とも。1849-1894）は、旗本の生まれで幕府開成所においてドイツ語を学び、開成所教授手伝並出役、外国方通弁御用出役など。維新後は静岡移住を経て、明治二年大学南校に入り大学中助教などの経歴。この五人のうちで、フルベッキとのつながりがありそうなのは大学南校を経験している近藤昌綱であるが、ドイツ語学習者は稀なのでドイツ語要員として選ばれているようだ。

　このほかの諸藩の出身者では、細川藩の安場保和（1835-1899）は、熊本藩藩校時習館に学び、戊辰戦争に参加し、維新後は酒田県大参事、熊本藩少参事を経て明治四年に大蔵省入りしていて接点がない。若山儀一（1840-1891）は江戸の医家の出身で緒方洪庵の適塾で学んだ後、長崎でフルベッキらに学び、維新後は大学中助教などの経歴で、フルベッキとの関係があると認められる。沖守固（1841-1912）は文久三（1863）年から鳥取藩の周旋用務で京都江戸を往復し、弟の暗殺事件で幽閉されるなどして、明治元年に京都留守居など。維新後は鳥

取藩権大参事であり、長崎遊学などをしている余裕はなかったようで、フルベッキとの接点は認められない。内村公平（良蔵とも。1849-1910）は米沢藩医に生まれ、慶應義塾を経て明治三年に大学南校入学でフルベッキとの接点はあるが、期間が短すぎる。大島高任（1826-1901）は盛岡藩医に生まれ、鉱山開発や製鉄に取り組み、新政府に出仕後は大学大助教や鉱山権正でフルベッキとの接点はありそうだが、鉱山権正という高官でもあるから縁は薄いしその地位と職位から参加したと見られる。瓜生震（1853-1920）は慶応三年に長崎に遊学し英学をフルベッキと何礼之に学び、明治三年に鉄道寮出仕となっていて、フルベッキとの縁は深いと言えるだろう。平賀義質（1826-1882）は福岡藩出身で、安政五年学生を連れて長崎に遊学し、慶応三年福岡藩からアメリカ留学、帰国後の明治三年に司法省判事になっているが、時期的にフルベッキと重なっているのだが、フルベッキが自分より年齢が4歳上の人物を推薦するとも思えない。長野文炳（1845-1882）は、旧高槻藩出身だが、明治元年新政府の刑法官書記試補などを経て、刑部大録となっているが、維新前の履歴がわからず、使節団参加の時も18歳とフルベッキとの繋がりは見出せなかった。残る吉雄辰太郎は長崎の阿蘭陀通詞ではあるが、旧幕時代に神奈川詰通訳になったあと神奈川県に勤務しており、フルベッキとの面識がなかったと思われる。

　結局、フルベッキと縁がありそうなのは、若山儀一、瓜生震、それに池田政懋の4人にまで絞り込みができた。池田政懋がフルベッキから使節団書記官への推挽を受けた可能性があるが、これ以上の絞り込みは難しい。

　ここまで絞り込んできたところで、フルベッキからのちに使節団二等書記官になる渡邊洪基宛の書簡があることを知った[42]。それは日付は辛未九月（明治四年九月）で訳文のみであるが、「岩倉具視関係文書」（国立国会図書館憲政資料室所蔵）[43]に含まれていた。それは視察旅行に必要な「道中案内」数冊と「欧州旅案内」を送ったという記述の後に次のようにある。

　　　又通辨役二名保薦仕候佛語二付ハ池田可然候者以前外務省之御用も相勤
　　　居候處英二ハ若山氏別紙名札之人名と御申友人共絶終勉強いたし随分有名
　　　之人物二付若尚御入用候はば御用□相奉添保薦候以上

　この書簡で、フルベッキは池田寛治がフランス語については使節団通弁にしかるべき人物であるので保薦（推薦）するし、外務省でも勤めていた経験があると述べている。英語は若山儀一を推薦している。推薦理由のところは崩し字が読み取れず意味が取れないが、2人とも始終勉強しているので友人間ではかなり有名な人物です。もし必要とあらばさらに調べて推薦しますと述べているようだ。

　これによって、池田寛治が使節団四等書記官に任命されたのは、フルベッキの推薦によるものであることが確定できる。長崎の済美館と広運館時代だけでなく、大学南校時代までを含むフルベッキの保護を受けて、池田寛治は使節団に滑り込んだと言えるであろう。フルベッキの庇護の元にあったとも言えるの

ではないか。

　もう 1 人の若山儀一は後年の回想で「偶々明治四年ノ冬今ノ大蔵大輔松方君カ厚意ニ依リ全権大副使ニ隨ヘル大蔵理事官田中光顕君カ後ニ隨フテ米國ニ航スルヲ得タル事」(「分権論」)[44]と述べているので、フルベッキの推薦を受けていたという認識はなかったようである。松方正義(1835-1924)が薩閥のルートで頼ったことは間違いないだろうが、フルベッキの推薦にも力があったと言うことかもしれない。瓜生震は、何礼之の推薦だったかもしれない[45]。

　二人を推薦した書簡は、使節団出発の翌年の 1872 年 8 月 1 日付のアメリカ・オランダ改革派教会外国伝道局総主事フェリス博士宛の 2 人を推薦したというフルベッキ書簡に対応している。池田寛治の使節団入りには、フルベッキの推薦があったという推測は間違っていなかったということだろう。日付が辛未九月(明治四年九月)となっていることから、渡邊洪基宛となっているのは、『木戸孝允日記』明治四年九月三十日条「十字参　朝洋行の儀紛紜却て議論の不得決局依て伊藤俊山口範に其調らへを専任し岩卿大久保余等其大目を相議せんと欲す故に大久保と謀り岩卿へ告け其議に決す(中略)洋行の内命を田邊　　、渡邊　　に傳ふ」[46]とあり、田邊太一、渡邊洪基の 2 人が派遣準備の事務万端を取り扱ったからだと見られる。ただ日数的には厳しいかもしれない。

　ところで「全権大使欧米囘覧關係資料」(『岩倉具視關係文書』)[47]に、日付は明らかではないが「横濱出張使節之義内談之事」に相談すべき事柄など 25 項目があるなかに「佛語譯司之事」という一項がある。フランス語通訳は誰にするべきかということのようである。「但鹽田福地之外壹両人安藤太郎田中周太郎山内文次郎池田寛治中島才吉山田六三郎」とあり、「鹽田(三郎)福地(源一郎)之外に壹両人」を選ぼうと候補者の名前 6 人を挙げている。6 人の内池田寛治以外では、安藤太郎はともに岩倉使節団四等書記官になっている。安藤以外の 4 人では、田中周太郎(弘義,1847-1888)は幕臣出身で、フランス学の開祖・村上英俊にフランス語を学び、フランス公使通訳、造船研究のため渡仏。幕府の横須賀製鉄所の後身である海軍工廠が所属する海軍横須賀鎮守府がまとめた『横須賀造船史第 1 巻』[48]に「慶応二年五月七日軍艦組田中周太郎ヲ製鉄所伝習生兼訳官ニ」とある。維新後は沼津兵学校二等教授、大学南校教官など。文部省、陸軍省勤務。山内文次郎(1847/1848-1912)は旗本出身で、横濱仏語伝習所でフランス語を学び、パリ万国博に通訳として渡仏。維新後は外交官だった人物。山田六三郎は山内六三郎(1838-1923)のことだろう。山内は幕臣出身で、文久三年の横浜鎖港談判遣仏使節(正使は池田長発(1837-1879))に随行、フランス語を習得しパリ万博には通訳として随行した。維新後は、工部省農商務省、鹿児島県知事、初代八幡製鉄所長官など。中島才吉は同じく横浜仏語伝習所で学んでいる。田中周太郎以下は幕臣の出身で、田中を除けばいずれも横浜仏語伝習所出身であり、しかも中島以外は渡仏の経験もあるフランス語の使い手である。池田寛治は通訳の候補者としては、すでに名前が挙がっていたが、フルベッキによる推薦でさらに後押しされることで、フランス語通訳に選ばれて潜り込んだと言うことではないか。

人選にあたっては、当時のことでもあるので、先に述べたように人的要素を抜きには考え難いところも確かだろう。そうは言うものの、海外に使節を派遣する以上語学が出来ないと現地での相互の意思疎通が出来ずに困ることから、当時のリンガ・フランカであり外交用語であったフランス語に一定の需要はあったと考えられる。幕府がフランスと深い関係にあったことから、維新後はフランス語を忌避することもあったかもしれないが、それでも使節団発遣にあたって、フランス語の需要がやはり捨てがたいものであったことがわかる話がある。この時、一等書記官になる福地源一郎の場合には、副使伊藤博文と留守政府の大蔵大輔井上馨の間で駆け引きがあったことも先に述べた。その過程における木戸孝允の明治四年十月十九日付の井上馨宛て書簡[49]の追伸部分には以下のようにあり、フランス語の人材不足がわかる。

　　　尚々佛語の出來候もの無之よしに而旁福地之處もやケ間敷申候別に心當り之人ともは無御座候哉一人は佛語之出來候人を連参り候方可然と存奉候（大意：なおフランス語ができるものがいないことから福地源一郎のところもやかましく言ってきている。フランス語が出来る人物を知らないでしょうか。使節団の通訳の一人はフランス語が出来る人物を連れて行くのが妥当だと考えています）

　主要なヨーロッパ系言語の習得は、幕末にオランダ語から英語中心に切り替わってはいたが、フランス語の講義は長崎だけでなく、幕府蛮書調所[50]で万延元（1861）年六月から始まっていた。そして、フランスの軍事顧問団[51]による幕府陸軍の訓練が始まるのに伴い、元治二（1865）年に軍事訓練のための通訳養成などの必要から「横浜仏語伝習所」（横浜仏蘭西語伝習所とも）[52]が設立され、フランス語の学習が始まっていた。この「横浜仏語伝習所」においては、かつて箱館でフランス語を教授していたフランス人神父のメルメ・カション（Eugène-Emmanuel Mermet-Cachon,1828-1889）らが教えていたが、このとき箱館での教え子・塩田三郎が助手として呼ばれている。
　塩田三郎は岩倉使節団にはイタリア・ローマで開催された万国電信会議からアメリカで合流するが、メルメ・カションに箱館でフランス語・英語を習っており、文久三（1863）年の横浜鎖港談判使節団[53]、慶応元（1865）年には横須賀の製鉄所建設と軍事調査のため外国奉行柴田剛中に従い再び英仏に渡る2回の海外経験がある。このほか岩倉使節団には「横浜仏語伝習所」出身でイギリス留学経験もある三等書記官川路寛堂もいた。このため、木戸の言うところの「一人は佛語之出來候人を連参り候方可然と存奉候」ということで、池田政懋はリンガ・フランカで外交用語でもあったフランス語ができる人材として書記官に推挙する人物がいたのではないだろうか。

　ここからは少し横道に逸れるが、池田政懋が務めた書記官の仕事について述べる。池田政懋が任命された岩倉使節団における書記官の権限・身分については、「大使全書九号」[54]に以下のようにある。

　一等から四等の書記官の職掌として挙げられているのは以下の通りである。

　　　一等書記官　　　四等／五等
　　　　使事ヲ代理スル權ヲ有ス
　　　　文書法案通辯會計ノ事務ヲ分掌又ハ兼任ス
　　　二等書記官　　　六等／七等
　　　　一等書記官ニ亞グ
　　　　職掌前ニ同シ、
　　　三等書記官　　　八等／九等
　　　　職掌前ニ同シ
　　　四等書記官　　　十等／十一等
　　　　前ニ同シ

　一等書記官の職掌としては「使事ヲ代理スル權ヲ有ス」とある。これは大使・副使の仕事の代理するというのであるから、大使副使が出席すべき会合に代理で出席するなど大使副使の権能をも代理すると言うことであろう。代表権をもっているといったところか。また二等書記官については「一等書記官ニ亞グ」とあるので、一等二等書記官は「使事ヲ代理スル權ヲ有ス」ということになり、代表権を有して交渉ごとにあたることができたということだろう。三、四等書記官にはこれがない。職掌については職掌は一、二等書記官も「文書法案通辯會計ノ事務ヲ分掌又ハ兼任ス」で同じであることがわかる。さらに三等書記官は「職掌前ニ同シ」で四等書記官は「前ニ同シ」とあるのみである。これから、一等から四等までの書記官に共通するのは、「文書法案通辯會計ノ事務ヲ分掌又ハ兼任ス」ということで、やはり書記官は事務作業のうちには、「通辯」という業務があることがわかる。つまり「通辯業務」ができなくては書記官は務まらないということが裏返しで言えるようだ。海外への使節団であるから、相手との相互の意思疎通には欠かせないのが通訳というのがここでもよくわかる。

　また「四等／五等」などとあるのは官僚としての地位である官等[55]かどうかはわからない。『大使全書』第十五号[56]に載せる官等とここの等級は別のものを指しているのかもしれない。しかし、四等書記官の官等は七等というのは、「特命全權大使附書記官等級旅中御手當向等伺」[57]のうちの十月廿日付の「書記官等級左ノ通可心得事」のなかでは、「官等七等」とある。池田は明治三年十二月四日に従七位に叙されて八年十月二十四日に正七位に叙されるまでは変わらないので、四等書記官は高等官手前の判任官ではあるといえるだろう。官

吏の身分を表す等級である「官等」は、大使は一等だが、「書記官官等左ノ通可心得事」（明治四年十月廿日特命全権大使書記官理事官ヲ設ク・三条）[58]によると、福地桜痴らが任命された一等書記官は官等四等で二等書記官が五等、三等書記官が六等、池田政懋が任命された四等書記官は七等である。

　また、少し本題とは外れるが、支度金や手当などについてみてみると十月二十四日付では「大使　支度料　九百両一時限／別段手当　六百両同断／月手当　五百　弗」に始まって、一等書記官は「支度料　三百七十五両一時限／別段手当　百五十両同断／月手当　二百五十弗但前同断」、四等書記官は「支度料　百八十両一時限／別段手当　七十両同断／月手当　百七十弗但前同断」とある。

　しかし、これが十一月三日には三等書記官は「別段手当」が百両から八十両に減額される一方で、「月手当」は百七十弗から百八十弗に増額されている。四等書記官は「月手当」が二十弗減額され百五十弗になっている。これは、海外経験の有無の差が月手当に反映されたのかと考えるのは無理があるだろうか。あるいは、十一月三日付の改訂による減額などの措置は五等書記官が新設されていることによるものかもしれない。あるいは、使節団入りする前の官僚として地位に依ったのかもしれない。語学力の面からは欧米に渡航経験をもつ一等書記官といまだ海外渡航に経験がない四等書記官では差があると言うことのようである。参考に以上のことを整理して表にして示した。

役職	費目	10月24日	11月3日 改訂	備考
大使	支度料	九百両一時限		但従前ノ一日ニ付八弗八都下船賃旅費ハ其外八不被下旅費規則通リ候事
	別段手当	六百両同断		
	御手当	五百弗		
副使	支度料	五百四十両	三百七十五両	一時限
	別段手当	五百両	三百五十両	同前同断
	月手当	四百弗	三百弗	同前同断
一等書記官	支度料	三百五十両	二百七十五両	一時限
	別段手当	三百両	二百両	同前同断
	月手当	三百弗	二百五十弗	同前同断
二等書記官	支度料	三百両	二百五十両	一時限
	別段手当	二百五十両	二百両	同前同断
	月手当	二百五十弗	二百弗	同前同断
三等書記官	支度料	二百五十両	二百両	一時限
	別段手当	二百両	百五十両	同前同断
	月手当	二百弗	百八十弗	同前同断
四等書記官	支度料	二百両	百七十両	一時限
	別段手当	百八十両	百五十両	同前同断
	月手当	百八十弗	百五十弗	同前同断
五等書記官	支度料	百七十両	百五十両	一時限
	別段手当	百五十両	百三十両	同前同断
	月手当	百三十弗		但前同断

こうした選抜過程を経て、十一月四日には特命全権大使発遣式 [59) が行われ、正使副使以下理事官書記官に至る迄参内し、大使副使に勅語を賜ったあと、「理事官以下随従ノ官員進ンテ天顔ヲ拝ス勅奏任官ハ一ノ間判任官ハ廂」[60) とある。判任官の池田政懋は、廂から明治天皇に拝謁したのであろう。ついで、理事官以下随従の官員にも「今般汝等海外各國ニ赴カシム朕汝等カ能ク其職ヲ奉シ其任ニ堪ユヘキヲ知ル黽勉事ニ従フヲ望ム遠洋渡航千萬自重セヨ」（今度汝等を海外の各国に赴かせるが、朕は汝等がよくその職を遂行しその任務に堪えられる能力があると考える。努力をしてその使命を果たすことを望む。遙か遠方の海を渡りゆくのだから重々自重して事に臨むように）[61) と勅語を下賜される。

　十一月六日には太政大臣三条実美邸で送別の宴が開かれ、正使副使のみならず理事官書記官も招かれた。この送別の宴で三条実美は「(前略)行ケヤ海ニ火輪ヲ轉シ、陸ニ汽車ヲ輾ラシ、萬里馳驅英名ヲ四方ニ宣揚シ、無恙歸朝ヲ祈ル」（さあ行け！海にあっては黒煙を上げる外輪蒸気船に乗り、陸にあっては蒸気機関車で各地を経巡り萬里を走り回って各地にその輝かしい名前を広めて、恙無く帰国することを祈る）と送別の辞 [62) を岩倉大使に送る。

　明治四年十一月十日に岩倉大使以下の使節団一行は、東京を出発して横浜に至り、翌々十二日十時に小型蒸気船で沖合のアメリカ太平洋郵船（The Pacific Mail Steamship Company)のアメリカ号（SS *America*/4,454tons）に乗船する。午後 1 時に抜錨してアメリカに向け出帆する。この時、台場や停泊中の軍艦が 19 発の礼砲を打ち、港に停泊している各国の軍艦は乗組員を舷側に整列させて敬意を表する登舷礼で見送り、岸壁の送別の人々は脱帽して一行を見送った [63)。

第　三　節―池田政懋アメリカへ出発

　これ以降はアメリカへ出発以降のことについて叙述する。前節で述べたように岩倉使節団は明治四年十一月十二日（1871 年 12 月 23 日）に横浜からアメリカに向けて出発する。この時の使節団の人数は 46 人で、このほかに日本にアメリカ・ヨーロッパの文物・制度などを齎すことになる多くの留学生などが乗船していた。

　岩倉使節団の一行は出港から 24 日目にアメリカ・サンフランシスコに到着する。この 24 日の船旅において、四等書記官である池田政懋の船中の行動は全くわからないが、アメリカに第一歩を印した明治四年十二月六日（1872 年 1 月 15 日)の翌日 16 日付の地元の新聞 "San Francisco Chronicle" に池田政懋の名前が見られるという [64)。これ以外では、岩倉使節団に随行中の行動については不明なことばかりで、明らかなことはない。

　とは言え、使節団の航海中はさしたる業務もなかったとみえ、模擬裁判騒ぎ

の話が伝わる。この件については、田中理事官随行の近藤鎮三「欧米回覧私記」十一月二十日条 65) から引用する。

　（前略）奇談尠からす、開拓使より亞國に留学を命せられたる女生徒十七八のを頭に七八人ありて同船せり、或夜大使書記官米田敬二郎と云へるが酔たるまぎれに此年嵩の女に戯れたりとて、女より副使大久保公に訴出られたる抔ハ奇談なり、剰伊藤副使抔が徒然のあまりに此事の曲直を審判せよとて戯れに裁判所を開き、伊藤博文君自ら判官となり福地源一郎其書記官となりて米田を調べたる抔の事ハ、一時の坐興とハ申なから外國抔の目より見たれハあまり馬鹿たる事にて副使なと云ふ人の為すべき事にあらすと私に誹謗せし人もありき

[大意] 航海中は吃驚するような話が少なくなかった。北海道開拓使からアメリカに留学を命じられた女子学生が17,8歳を筆頭に7,8人［引用者註：実際は 4 人］いて同じ船に乗船していた。ある夜のことだが大使附属の二等書記官・米田敬二郎（長野桂次郎）が酔っ払って女学生のうち年嵩の少女に絡んだと女学生から大久保副使に訴え出たのは奇談であった。あまつさえ伊藤副使などが無聊のあまりにこの事の曲直理非を審判しようと悪戯心から裁判所を開いて、伊藤副使自身が裁判官になり、福地源一郎がその書記官となって米田を取り調べたことなどは、一時の座興とはいえ、外国人の目から見たら馬鹿げたことだろうと副使などと言う高位の人間がすることではないと密かに誹謗する人もいた。

　米田敬二郎とは、同行の二等書記官長野桂次郎のことで、司法理事官佐佐木高行もその編年体伝記史料『保古飛呂比　佐佐木高行日記』66) に日付はないものの十一月のところで「書記官連中退屈ノ餘リニ」としたうえでこの事件を書き留めている。「女ハ素ヨリ、長野モ恥辱也、両人ノ恥辱使節ノ恥ナリト思フニツキ、其席ニテ談シタレ共、歌米人モ右様ノ事ハ能クナスコトニテ、何モ不苦トイヘリ、其レヨリ大久保ニモ談シタレ共、最早事ヲ始メタル故、此度ハ致シ方ナシ、後日ハ篤ト談ジ置クトノコトナリ」（女子学生はいうまでもなく長野書記官にとっても恥辱であり、両人の恥辱はすなわち使節の恥だと思ったので、その場でかけあったが、欧米人も同じようなことはよくやることで、気にすることもあるまいと言われたので、大久保副使にもねじ込んだが、もう始まっているので今回は仕方がないので、あとでしっかりと説諭するとのことだった）と憤懣やる方がない書きぶりをしている。この騒ぎに四等書記官池田寛治がかかわっていたかは不明だ。

　このほか、ユタ州ソルトレークでの話が伝わる。四等書記官池田寛治の名前も出てくるが、この話は同行者の日記ではなく、明治二十九年四月二十六日から同年八月十一日まで 81 回に亘って読売新聞に連載された「松菊餘影」67)（松菊は木戸孝允の雅号）である。使節団派遣から 20 年以上経過してから維新の元勲らへの聞き書きによる記事なので、信頼性については疑問が残るが、一片の

事実はあると思われるので取り上げる。

　記事は明治二十九（1896）年七月二十七日付読売新聞「松菊餘影」（六十六）「欧米廻覧（三）（一行と忠臣蔵の役割）」である。以下は記事による。使節団はサンフランシスコを発ってユタ州ソルトレークで前路の大雪に阻まれ、十二月二十六日から一月十四日まで20日ほども滞留し、無聊をかこっていた。この時、岩倉大使の「物事に剣突きて小言多きを諷　刺りて薬師寺次郎左衛門」（「松菊餘影」）と渾名をつけたのをきっかけに、甲評乙議して使節団の人々を歌舞伎の忠臣蔵である「仮名手本忠臣蔵」の登場人物に割り振っている。

　副使木戸孝允は大星由良之助、副使大久保利通は水主河本蔵（加古川本蔵）、副使山口尚芳は石堂右馬之允などで、池田寛治はお軽勘平のお軽を割り振られているが、池田寛治のどのような性格がそのもととなったのかはわからない。夫のために身売りも厭わなかったと言うお軽のような性格が見られたのかも知れない。悲劇のヒーローである勘平については「其他勘平の如きは最も人撰に困窮し『己がならん』と名乗り出でたる候補者は多かりしも皆採用せられず」（「松菊餘影」）と、格好良さからなり手がたくさんいたようだが・・・。しかし山田顕義のみが役割を振られなかったとのことである。この件は前記近藤鎮三「欧米回覧私記」や佐佐木高行『保古飛呂比』『木戸孝允日記』『大久保利通日記』にはみえない。

　航海中の業務などについてはこのエピソードの類いしか見当たらないが、書記官の行動が一端がわかる記事が一つある。岩倉使節団の行動を本国政府に知らせる『大使信報』明治四年十二月六日条 [68]にはサンフランシスコに安着したことを伝えた上で以下のようにある。下線は地名を示すためのもので原文のまま。

　　マーケットストリートト、モントゴメリー、スークートノ角二築立セル大旅館「クランドホテル」二入ル時二十一字十分ナリ旅館中私房ノ外別二一公會局ヲ設ケテ書記一統爰二集マリ諸公務ヲ辨シ理事官以下ハ朝十字ヲ以テ爰二伺候ス

　この叙述ではホテルの一室に書記官の事務のために各自の部屋とは別に部屋を設けて、「爰二集マリ諸公務ヲ辨シ理事官以下ハ朝十字ヲ以テ爰二伺候ス」と事務作業をすすめたことがわかる。ここで池田政懋も、事務を執ったことであろう。しかし、池田政懋の仕事を窺わせる資料はない。

　池田のアメリカにおける行動は、上記の一端しかわからないが、ここからは、岩倉使節団の行動を知らせる『大使信報』だけでなく、それに加えて使節団の各種の記録である『在米雑務書類』[69]『在英雑務書類』[70]『在佛雑務書類』[71]『各國帝王謁見式』[72]『發佛後雑務書類』[73]などを捜索してゆくことにする。

　このほか『宮内省式部寮理事功程』[74]についても後述の理由から見てゆくが、その頭書には「先般欧米各國ニテ實際取調ノ條件英佛兩國ニテ質問ノ書類三冊指出候其他齎歸候左ノ標目ノ書籍中ニテ巨細可取調ノ處去ル五月京城炎上ノ□

39

節於省中總テ焼失シ候間再應必要ノ書籍各國都府ヨリ取寄候上取調可指出候事」(大意:先般欧米各国を実際に調査をした報告と英仏両国での問答書三冊を提出しその他持ち帰ってきた。左記の題名の書籍で詳細に調べていたところ、五月に皇居が炎上したため宮内省に収蔵していたものはすべて焼失してしまったため、必要な書籍を各国から取り寄せた上で再び提出します)と書かれている。「理事功呈」は宮内理事官東久世通禧と式部寮理事官心得五辻安仲[75]の名前で報告されている。これから考えると、『理事功程』から宮内理事官と式部寮理事官心得の行動は辿ることができる史料は皆無だと思われるので、池田政懋の足跡の追躡も困難であろう。

　まず『在米雑務書類』から見て行くと岩倉使節団は、前述のようにアメリカ・サンフランシスコには明治四年十二月六日(1872 年 1 月 15 日)に着き、途中大雪のためロッキー山脈の山中で足止めをされるなど難渋しながらワシントンには明治五年一月廿一日（1872 年 2 月 29 日)に到着している。この間の池田政懋の動静はやはりつかめないが、ワシントン到着後の明治五年二月に宮内理事官から池田政懋に関する以下のような兼勤願いが出されている[76]。

池田四等書記官

宮内省御用取調通辯御用兼勤被　仰付度奉存候也

宮内理事官

別紙宮内理事官申立之趣承届可然存候右及囘達候

大久保利通

（大意:池田四等書記官を宮内省調査にあたるため兼勤を命じるようにお願い致します／宮内理事官／別紙の通り宮内理事官から申し立ての件は了承したので周知するように／大久保利通）

　この二月という日付を少し絞り込んでみる。承認をした副使大久保利通は同じ副使の伊藤博文とともに明治五年二月十二日に、全権委任状が条約改正交渉をするために必要だとアメリカ側から指摘されたことを受けて、日本に向け出発している。このことから、池田政懋が宮内理事官付の「宮内省御用取調通辯御用」を兼勤するようになるのは、大久保利通が日本に向け出発する二月十二日までの間でないと、承認を与えられないことから、二月上旬のことと考えられる。

　それに『大使公信』の二月九日付の「正院第三號」[77]に以下にあることからも裏付けられるだろう。

各省理事官之儀モ當國滯留曠日相成候ニ付テハ調物都合モ有之候ニ付鄙職等一同同行難致候間各自所任之課目自立ニ取調候様申渡當國各部ハ勿論歐洲ヱモ先行爲致候事ニ御座候

（大意:各省理事官にあっては、アメリカに滞在しているが役に立たずむな

しく日を過ごしているが、調査の都合もあるであろうから、各自所定の調査科目について独自に調査をするよう申し渡しアメリカについてだけでなくヨーロッパへも使節団本隊より先行して調査するように）

　これは大久保副使伊藤副使が一旦帰朝するにあたっての文書で、条約改正の交渉は遅延するので各理事官はそれぞれ先発し、欧州にも先行してかまわないとしている。それは条約改正交渉にからんで副使大久保利通と副使伊藤博文が全権委任状を取りに日本に戻り、交渉が決着するまで(実際には六月中旬に交渉打ち切りになる)、各理事官が与えられた使命である調査もしないままワシントンで「當國滞留曠日相成候」（アメリカに滞在しているが役に立たずむなしく日を過ごしている）と無為に過ごすことはできないと使節団としても判断したのであろう。これは推測だが、この二月九日の日付で池田政懋も宮内理事官兼勤に発令されたのではないかと思われる。池田政懋は使節随行の書記官から宮内理事官の書記官を兼ねるということになった。理事官付の書記官は、大使随行書記官とはやや性格を異にし、俸給も違ったようであるが、池田は兼勤のままの四等書記官であった。

　そこで宮内理事官は帰国後の報告書『宮内理事官式部理事官理事功程』に「華盛頓府ノ行儀」[78]の書名が記載されているようにワシントンでの調査も終わり、欧州へ出立しようとして、池田政懋が宮内理事官に兼勤となったわけだが、その事情は使節団派遣から 30 年が過ぎた時に参加者が回想した「三十年前岩倉大使一行洋行の夢」[79]という明治三十五（1902）年に読売新聞に掲載された記事が参考になるだろう。このとき侍従長で宮内理事官として派遣されていた東久世通禧の回顧談がこの記事の四月三十日から五月二日にかけて三回連載されている。東久世の回顧には以下のようにある。

　　　勿論私が米國から一足先へ欧羅巴へ渡るに就ては大使から池田書記官を
　　通辯に附けられたので其以後は旅の都合も悉く好かつた

　これによって、池田の兼勤認可の署名は副使大久保利通ではあるが、正使岩倉具視が同じ公家同士の侍従長に配慮したと言うことであろうことがわかる。
　侍従長の回顧にあるように宮内理事官は大使一行とは別れて先にヨーロッパに渡る予定という文書がある。これは先に引用した各理事官が使節団に先行して調査するようにという文書に基づいて、行動を起こしたと言うことであろう。これ以降池田政懋は宮内理事官らとともに行動をともにすることになる。
　さらに示せば以下の通りである [80]。

　　　來十八日華盛頓發足新約克ヨリボストン夫ヨリ乗船英
　　　吉利ヘ罷越佛蘭西独乙魯西亞伊太亞墺太利亞等之
　　　都府ヘ罷越御用取調可致ニ付右旅費手當等御渡被下度

```
　　候事
　　　二月　　　　　　　　　　　　　　　　　池田政懋
　　　　　　　　　　　　　　　　　　　　　　香川廣安
　　　　　　　　　　　　　　　　　　　　　　高辻修長
　　　　　　　　　　　　　　　　　　　　　　五辻安仲
　　　　　　　　　　　　　　　　　　　　　　村田經滿
　　　　　　　　　　　　　　　　　　　　　　東久世通禧
```

（大意:来る十八日に華盛頓（ワシントン）を出発して新約克（ニューヨーク）経由ボストンから乗船してイギリスに向かい、フランス・ドイツ・ロシア・イタリ・アオーストリア等の首都など寄って宮内省関連の調査を行いたいので、その旅費や手当などを支給をお願いします／二月／池田政懋／香川廣安／高辻修長／五辻安仲／村田經滿／東久世通禧）

　この文書にも日付はないが、宮内理事官東久世通禧らの一行は明治五年二月十八日（1872 年 3 月 26 日）には使節団とは別に一足先にワシントンを出発してボストンからイギリスに向う予定だったことは認められる。実際にこの通り出発したかは確認はとれないが、池田政懋を含めた宮内理事官一行 6 人アメリカ・ボストンからイギリスへ向かったのは確実だろう。

　イギリスに向かった式部理事官を含む宮内理事官の一行 6 人のうち、村田経滿は旧薩摩藩士で通称新八。宮内大丞でもともとの宮内理事官随行である。のちに西南戦争で西郷隆盛に殉じ自決している。五辻安仲は公家の出身で、皇室の式典などを扱う式部助。使節団には式部寮理事官心得で随行していたが、宮内理事官に附庸して行動するよう使節団から指示されている [81]。

　香川廣安と高辻修長は、岩倉大使に自費で随従していて、十一月十二日の使節団発遣前十一月十日に侍従長東久世通禧から村田宮内大丞だけでは、調査に手が回りかねるので、宮内理事官に随行させて欲しいと申請が出され、翌年二月九日に香川廣安と高辻修長の 2 人を宮内理事官に随行するよう申し渡したと『大使公信』にある [82]。香川廣安は旧水戸藩の神官出身。京都で志士活動をし、戊辰戦争では東山道軍総督府大軍監。のち宮内省に移り、使節団随行を願ったが、選に漏れて宮内省を退官、私費で随行していた。高辻修長は文章博士の家柄の公家出身。追放されている尊攘派公家の復帰・朝政の改革など訴えるため岩倉具視の養子と長男を含む公家 22 人が朝廷に押しかける廷臣二十二卿列参事件に参加した。維新後は明治天皇の侍従を務めている。

　この使節団での宮内理事官の調査項目は、『大使全書』二十一号 [83]に「一帝國帝權之差等／一親兵之體裁并年費／一帝王公務之外年費定額／一海陸軍巡視之體裁／帝王貴族交際接見之式／一公使謁見之式」など十七項目で、式部寮の取調項目は「一帝國帝權之差等」「一親兵之體裁」「一海陸軍巡視之體裁」などで重なる部分も多いが、式部寮理事官の項目は「帝居及後宮之模様」「帝王服飾并常膳之品」など 21 項目に上っている。これらの調査項目を取り調べるためには、当然通弁が必要だったと思われ、特に宮中儀式などはフランス語がヨ

一ロッパ各国では通用していたであろうから池田政懋が不可欠だったといえるだろう。

　ヨーロッパに使節団の大副使より先行する理由として宮内理事官としては王制をとっていないアメリカから早く王室が多い欧州にわたり、明治維新後の皇室制度のあり方や儀式のあり方に加え調度御品の購入などに取り組みたかったのではないかと考えられる。東久世侍従長らのアメリカでの取調は、先にも述べた『宮内省式部寮理事功程』に持ち帰った書籍の中に「華盛頓之行儀」の標題があるのみで、どのような調査をしたかは不明である。前記『宮内省式部寮理事功程』の頭書には持ち帰った資料が焼失したと述べられていることから、理事官一行の行動を探り出し、ともに行動していたであろう池田政懋の行動を探り出すのは、難しいと考えられる。

　また東久世宮内理事官には『東久世通禧日記』[84]が残されていることからこの日記にこの間の行動の記載がないかを調べたが、ちょうど岩倉使節団に随行していた時期が含まれる明治四年から明治七（1874）年までの間が欠けている。それだけでなく、東久世侍従長らがどのように行動したかはわからないので、池田書記官の行動も詳らかにできないが、このあたりの事情は先にも引用したが読売新聞の「三十年前岩倉大使一行洋行の夢」[85]なかに「此に私が大閉口したのは日本を出発してから日々の事を記して置いた旅日記を遺失したことである」とあるうえに、新聞広告も出して探したが見つからなかったと回顧している。これで「英米の視察は殆ど畫餅に爲つた」と慨嘆しているほどだから、やむを得ないだろう。

　アメリカ先発に先立ってのことと思われるが、当時のアメリカ大統領・グラント（Ulysses S. Grant,1822-1885）からの晩餐会への招待状がある[86]。日付はグレゴリオ暦3月13日の晩餐会に使節団のメンバーを招待したいというもので、月日（明治五年一月二十九日）付で出されている。

　　　三月十三日乃チ水曜日晩餐献呈イタシ度候間夕七
　　時ヨリ御光臨可被下候
　　　　三月八日　　　　　　　　大統領
　　　　　特命全権大使岩倉正二位
　　　尚以テ前廣御回答相待候
　　　　木戸副使　　　　　　　　大久保副使
　　　　伊藤副使　　　　　　　　山口　副使
　　　　田中戸籍頭　　　　　　　田中文部大丞
　　　　佐々木司法大輔　　　　　肥田造船頭
　　　　東久世侍従長
　　　　福地源一郎　　　　　　　鹽田三郎
　　己上各通同文言

　東久世通禧がこの晩餐会に出席したかは読み取れないが、和暦の二月下旬の

出発の前であるので出席した可能性は高いだろう。

　ここからは東久世通禧らのアメリカからイギリスまでの所要日数について調べることにする。各理事官のアメリカ出発についてみてゆくと、文部理事官田中不二麿の随行員である今村和郎は『木戸孝允日記』明治五年二月朔日（1872年3月9日）条 [87]に「今村中助教佛へ向出立せり」とあって、1872年3月9日にフランスに向け先行出発したことがわかる。今村のイギリス到着はわからないが、田中不二麿も同年の1872年5月11日に渡欧し5月21日にイギリス・リバプールに到着していて [88]、11日かかっている。

　このことから、東久世通禧らがイギリスに到着するのに必要な日数は、岩倉使節団本隊がアメリカ・ボストンを七月三日に発ち、イギリス・リバプールに七月十四日に到着しているので、所要日数は12日であった。これから考えると、天候に左右されることがあるにしても、12日前後の日数で到着したであろうと考えられる。それゆえ、東久世通禧・池田政懋らの一行は、明治五年三月(1872年4月)前半には、イギリスに到着していたと考えられる。また文部理事官田中不二麿随行の長與専齋の自伝『松香私志』[89]によれば、ボストンからではなくニューヨークから乗船しているが、11日かかってイギリス・リバプールに到着しているので、これも所要日数が12日前後と言うことを支持していると考えられる。

　このほか、池田政懋には、渡米中に東京からの家書が届いていることが、『日本外交文書』第五巻「特命全權大使締盟各國訪問ニ關スル件」15（和暦一月十九日／洋暦二月二十七日）「島原耶蘇教徒處置問題等報告ノ件」の第七号信入記 [90]に「一池田大助教へ留守宅より　壹通」と見える。また「30 下ノ關事件辨償金問題其ノ後ノ經過等報告之件」（和暦四月十四日／洋暦五月二十日）第十七號信目録 [91]に「池田へ石橋より　一封」とある。この石橋は明治四年八月には外務大記の地位にあった [92]石橋政方だろう。後述するように池田政懋の妻の縁戚に元長崎の阿蘭陀通詞であった石橋がいるので、この石橋は石橋政方とみて間違いあるまい。

　この2通のうち、いずれかで池田政懋の次男定治の誕生を伝えたと思われる。のちに述べるが、池田政懋の次男定治は、明治五（1872）年生まれなので、手紙が届くまでの時差を考えると「留守宅より　壹通」よりは「池田へ石橋より　一封」の方が可能性は高いと考えられる。

　第一章では、池田政懋が使節団四等書記官に選ばれ、横浜を出帆し、サンフランシスコに到着し、大陸横断鉄道で東部にある首都ワシントンに至る。そして宮内理事官の通訳を兼勤することになり、ボストンからイギリスに向かった。東久世理事官・池田四等書記官らの一行がイギリスに到着した日付はわからないが、明治五年三月（1872年4月）前半には、イギリスに到着していたと考えられる。

註）

1）「池田寛治外七十四人職名ノ件」（東京大学学術資産等デジタルアーカイブ参照コード:S0001/Mo002/0072 に「名刺帳□□認べし／以奏任以上□□□前例ニ／非ス自身ニテ不参□云々／式部寮へ□斷書御届／出候事」とあり、以下に名前が列挙されているが、その筆頭に「大助教池田寛治」とある。末尾に朱字で「辛未十月五日本省へ突合済」とあるので、使節団発出のほぼ一か月前にすでに「池田寛治」と称していたことがわかる。

2）日本史籍協會編『木戸孝允日記　二』（日本史籍協會・1933.3.25.／［覆刻］東京大學出版會・1967.1.25.）

3）大学大助教大学校（明治四年七月廃止）の教員のこと。「明治二年七月の官制改革により、教育機関と教育行政官庁を兼ねた「大学校」が設けられた。翌八月には職員令の改定により大学校の長官として別当がおかれ、（中略）また大学校の職員として、別当以下大監・少監・大丞・少丞等の事務官と大博士・中博士・少博士、大・中・少助教等の教官をおいている」（文部省編『学制百年史』（帝国地方行政学会・1972.10.1.)とあり、時期的には少し後になるが［司法省］明法寮編『憲法類編第二編』（村上勘兵衛／小川半六・1873.6.)所収の「官等表」によれば、「大助教」は官等は八等で判任官の最上位。国立国会図書館 DC51 コマ

4）外務省調査部編纂『日本外交文書』（日本国際協会・1938.12.15.）「岩倉特命全權大使締盟各國訪問ニ關スル件ハ一」p.83.

5）「木村繁生外百五十二名進退ノ旨太政官ヨリ達書」（東京大学学術資産等デジタルアーカイブ参照コード:S0001/Mo001/0032〈3 コマ〉

6）林董『後は昔の記』（時事新報社・1910.12.20.)p.87.国立国会図書館 DC50 コマ

7）小川鼎三・酒井シヅ校注『松本順自伝・長与専斎自伝』（東洋文庫［平凡社］386・1980.9.10./1995.9.30.)所収『松香私志』pp.126.-128.

8）「大學南校一覧／明治文化研究会発行」（琉球大学附属図書館矢内原忠雄文庫植民地関係資料封筒 616)明治文化研究会で覆刻したものと思われるが覆刻年月日は不明。変則学級に池田寛治の名前が見える。

9）「大学大助教池田政懋副島参議エ魯国差遣随行ノ旨太政官ヨリ達書」東京大学学術資産等デジタル・アーカイブ参照コード:S0001/Mo001/0013

10）ロシア領ポシェット湾（英語表記:Posyet Bay）ロシア沿海州の港町で日本海に面する。ウラジオストク（ラテン文字転写:Vladivostok）の西方にある。朝鮮民主主義人民共和国との国境に近い。この地名は幕末プチャーチン（Jevfimij Vasil'jevich Putjatin,1803-1883)とともに来日したポシェット（Konstantin Posyet,1819／1820-1899、後にロシアの交通大臣など)にちなむ。

11）「諸官員差遣　副島参議樺太境界談判ノ為メ同田辺外務少丞外七名随行」（太政類典草稿・第一編・慶応三年〜明治四年・第六十四巻・外国交際・諸官員差遣、航海、外国在留取締、雑）国立公文書館［請求番号］太草 00065100［件名番号]022

12）「北雪兎日記」は「副島大使「ホセット」出張ニ関スル会計書／ 北雪兎日記」に含まれる。アジア歴史資料センター ref.B03041120800

13）中島謙益のこの間の事情は、次の文書「本省官吏関係雑纂／第一巻明治四年」に「神奈川県少属中島謙益／任文書少佑／辛未五月／外務省」とあることからわかる。アジア歴史資料センター Ref.B16080026800)〈8 コマ〉

14）中島謙益が函館から帰任後は神奈川県から「當縣官員中嶋謙益義此度文書少佑被免之旨當縣江届出候右者御省より別段何とも御申越は無之候得共最早御用済之義被存候間當縣再勤申付候

此段爲御心得申進候也／辛未八月十八日／神奈川縣／外務省」（「本省官吏ヲ各廰ニテ採用雜件」／「明治四年」アジア歴史資料センター Ref.B16080043900〈7-9 コマ〉）と問い合わせが外務省に出されて　いる。

15）註 11）に同じ。

16）熊沢徹「日魯から日露へ─ロシアの呼称─」（「歴史評論」457・1988.5.1.）

17）註 9）に同じ。

18）註 8）に同じ。

19）外務省調査部編『日本外交文書』第四巻（日本國際協會・1938.12.15.）p.361.七月一日函館在勤魯國領事より副島全權（在函館）宛「「ビュツォフ」駐日公使ニ任セラレ且樺太境界談判委任アリタルモ年内ニ開始ハ不可能ナル旨通知ノ件」及び同書　p.361.七月三日副島全権随行田邊少丞（函館ニテ）ヨリ函館在勤魯國領事宛「樺太境界談判延期ノ趣竝ニ副島全權一行歸京スヘキ旨回答ノ件」

20）前記「北雪兎日記」によると明治四年七月二十二日に品川に帰着。

21）リンガ・フランカ（lingua franca）は国際共通語のこと。「アメリカ文明開化の探求の第一歩──一八七二年一月一五　日～八月六日─」のなかでアリステイア・スウェイルは「フランス語は、まさに国際共通語であり、国際外交の媒体として確立されていた」と述べている。（イアン・ニッシュ編『欧米から見た岩倉使節団』（ミネルヴァ書房・2002.4.25.）所収）p.33。

22）文化露寇　ロシア帝国から日本へ派遣された外交使節だったニコライ・レザノフが部下に命じて文化三（1806）年に樺太の松前藩居留地、翌年には択捉島の幕府会所を攻撃させた事件。

23）ニコラエフスク（英語表記；Nikolayevsk-on-Amur）ニコラエフスクナアムーレのことで、ロシア極東部ハバロフスク　地方の中心都市。日本海に注ぐアムール川の河口に近い。

24）致遠館　慶応三（1867）年に佐賀藩が長崎に設立した英学のための藩校。*cf.*岩松要輔「英学校・致遠館」（杉本勲編『近代西洋文明との出会い─黎明期の西南雄藩』思文閣出版・1989.10.1.）所収。

25）済美館　幕府直轄学校で、安政四（1857）年設立で英語、フランス語、ロシア語を教えた語学伝習所が、翌安政五（1858）年七月、幕府によって設置された英語伝習所、のち洋学所、語学所を経て済美館となる。

26）長崎の広運館　維新後新政府に接収され済美館から改称した。明治六（1873）年に広運学校に改称。

27）この写真は "Verbeck of Japan; a citizen of no country; a life story of foundation work inaugurated by Guido Fridolin Verbeck"（William Elliott Griffis・New York, Fleming H. Revell Co・1900）挿入の写真。

28）大久保利謙編『岩倉使節団の研究』（宗高書房・1976.12.1.）pp.54.-57.

29）篠田鉱造『明治百話　（上）』（岩波文庫・1996.7.16.）p.63.

30）前掲書 "Verbeck of Japan" p.122.

31）長崎歴史文化博物館所蔵「広運館教師フルベッキ東京ヘ出発ノ時ノ記念写真」（広運館教師フルベッキ東京ヘ出発ノ時ノ記念写真　明治 2 年 写か）　長崎歴史文化博物館資料番号 3　136-2

32）大隈重信撰『開國五十年史（上）』（開國五十年史發行所・1907.12.25.）p.702.と p.703.の間に挿入されている写真図版「長崎致遠館（フルベッキ及其門弟）」（フルベッキ女テリー夫人蔵とあるのは、フルベッキの次女のエマ（Emma　Japonica,1863-1949）のことで、エマは、お雇い外国人

教師・東京帝国大学法科大学教授のヘンリー・テリー（Henry　T.Terry,1847-1936）と結婚）及び「「フルベッキと塾生たち」写真の一考察」（馬場章編『上野彦馬歴史写真集成』渡辺出版・2006.7.1.）所収。及び「「フルベッキ写真」と幕末明治期の長崎の学校−歴史資料としての古写真−」（長崎大学附属図書館編「古写真研究」（長崎大学附属図書館・2009.5.25.）

33）註 32)に同じ。

34）前記『明治百話　（上）』pp.68.-69.

35）倉持基は前記論文で語り手の東北人らしいなまりの検討から、フルベッキが最初に日本語を学んだ相手が東北人のため、フルベッキが東北訛りとなったためと論証している。

36）高谷道男編訳『フルベッキ書簡集』（新教出版社・1978.7.1.)p.250.

37）註 27)　グリフィス著書 p.259.

38）前掲グリフィス著書 p.256.

39）註 27)同書 p.260.

40）「大使全書九号」　「単行書・大使書類原稿欧米大使全書（原稿）」国立公文書館［請求番号］単 00246100　DA33-35 コマ[以下『大使全書』]

41）「故内務少書記官杉山一成へ祭粢料下賜」　国立公文書館［請求番号]太 00711100[件名番号]005

42）井上篤夫『フルベッキ伝』（国書刊行会・2022.9.8.)p.169.に「フルベッキの貢献に使節団の通訳の推薦がある。「『岩倉具視関係文書』に岩倉の秘書の渡邊洪基宛のフルベッキの手紙の訳文がある。一八七一年(明治四年)一〇月の「使節団」準備段階のものだ。「旅行用の欧州のガイドブック」を差し上げますとか、フランス語の通訳池田寛治(政懋)(彼は済美館でフランス語を学んで広運館の教師から使節団の書記官になった)や長崎でフルベッキに英語を学んだ若山儀一を推薦するという内容である」とあった。

43）「岩倉具視関係文書」（国立国会図書館憲政資料室所蔵）資料番号 431

44）大山敷太郎編『若山儀一全集　下巻』（東洋経済新報社・1940.9.24.)p.498.

45）大正三年十月二十四日に「今ヲ距ル五十年前後二在テ何門二螢雪ノ苦ヲ共ニシタル同窓ノ舊友」が集まり会議をして何礼之の「功績を調査編纂シテ之ヲ世二公表」することを決めたが、その時の趣旨に賛同し芳名録に署名捺印した前島密や浜尾新に高峰譲吉ら三十一人とともに、瓜生震も署名している。「何礼之事歴」（大久保達正監修松方峰雄／森田右一／加藤瑛子／西江錦史郎／前川邦生／兵頭徹／中嶋庸生編『松方正義関係文書　12』（大東文化大学東洋研究所・1991.2.28.)pp.364.-366.これに対して、フルベッキ没後の明治三十一年九月に紀念碑建設のために寄金を呼びかけた際の報告書「故フルベッキ先生紀念金募集顛末報告書」（早稲田大学図書館所蔵大隈重信関係資料:請求記号イ 14 A4665)には、瓜生震は発起人四十人のなかにいないだけでなく、醵金者 216 人（法人含む）のなかに兄の瓜生寅の名前はあるが、瓜生震の名前はない。何礼之の時には、趣旨に賛同して名前を出しているにも拘わらずである。

46）『木戸孝允日記』明治四年九月三十日条　前掲『木戸孝允日記　二』p.104.

47）「全権大使欧米回覧關係資料」　藤井甚太郎編『岩倉具視関係文書　七』日本史籍協会 1934.7.25.)pp.285.-288.

48）横須賀鎮守府『横須賀造船史　第一巻』（横須賀鎮守府 1893.10.15.)p.64.　国立国会図書館 DC37 コマ

49）妻木忠太編『木戸孝允孝允文書　十二』（日本史籍協会・1930.6.25.)pp.302.-303.「102 井上馨宛

書簡明治四年十月十九日付」

50）蛮書調所　蕃書調所とも。安政三（1856）年に幕府が設立した直轄の洋学研究教育機関。幕末の天文台蛮書和解御用掛を拡充し、安政二（1855）年洋学所を開設した。翌年蕃書調所と改称。文久二（1865）年洋書調所と改称。翌年開成所と改称。オランダ語、英語、フランス語、ドイツ語を教えたほか、物産学、数学、画学なども教授。東京大学、東京外国語大学の源流諸機関の一つ。

51）フランスの軍事顧問団　慶応元（1865）年閏五月、外国奉行柴田剛中が仏・英に派遣され、フランスとの横須賀造船所建設と幕府軍の軍事教練に関する交渉を行い、軍事顧問団派遣はナポレオン三世（Charles Louis-Napoléon Bonaparte,Napoléon III,1808-1873）の承認を受け、フランス政府の同意とするところなった。団長はシャルル・シャノワーヌ参謀大尉（Charles Sulpice Jules Chanoine,1835-1915.のち陸軍大将・陸軍大臣）で士官6人、下士官兵9人の15人、後に4人が追加派遣され、総勢19名となる。顧問団は慶応二年十二月に横浜に到着し幕府兵に砲兵・騎兵・歩兵の軍事教練を行った。

52）横浜仏蘭西語伝習所　慶應元年三月に設立。呼び方は様々あるが、ここでは「横浜仏語伝習所」としておく。*cf.*高橋邦太郎「横浜仏語伝習所」（「成城文芸」［成城大学文芸学部］41・1965.12.30.）西堀昭『日仏文化交流史の研究－日本の近代化とフランス人－』（駿河台出版社・1981.3.15.）

53）横浜鎖港談判使節団　池田長発を正使、河津祐邦（1821-1873）を副使、河田煕（1835-1900）を目付とし、文久三（1863）年十二月から元治元（1864）年七月幕府がフランスに派遣した外交団で、開港場の横浜を閉鎖する交渉を目的としてフランスに渡ったが、フランスの抵抗に遭うとともに正使の池田自身が開国派に転じて交渉を打ち切り帰国。

54）「大使全書九号」　「単行書・大使書類原稿欧米大使全書（原稿）」国立公文書館［請求番号］単00246100　DA33-35 コマ［以下『大使全書』］

55）官等　官吏の身分を表す等級。官位。官階。

56）「大使全書第十五号」　『大使全書』国立公文書館［請求番号］単00246100　DA33 コマ

57）「特命全権大使附書記官等級旅中御手当向等伺」国立公文書館［請求番号］公 00577100　DA8 コマ

58）太政類典・第二編・明治四年〜明治十年・第十八巻・官制五・文官職制五「特命全権大使書記官理事官ヲ設ク・三条」国立公文書館［請求番号］太 00240100［件名番号］099

59）特命全権大使発遣式　多田好門編『岩倉公実記　下巻』（［原著］皇后宮職・1906.9.15./［覆刻］書肆沢井・1995.9.20.）p.942.

60）理事官以下随従ノ官員　前項書『岩倉公実記　下巻』p.943.

61）理事官以下随従ノ官員勅語　前項書『岩倉公実記　下巻』p.943.

62）三条実美邸送別宴　前項書『岩倉公実記　下巻』p.944.

63）横浜出港　前項書『岩倉公実記　下巻』p.949.

64）菅原彬州「岩倉使節団のメンバー構成」（「法學新報」［中央大学法学会］91-1・2・1984.6.30.）

65）近藤鎮三「欧米回覧私記」十一月二十日条　加納正巳「近藤鎮三「欧米回覧私記」」（静岡女子大学研究紀要）20（静岡県立静岡女子大学・1986.2.28.）p.215.

66）『保古飛呂比』　東京京大学史料編纂所編『保古飛呂比　佐佐木高行日記　一』（東京大学出版会・1952.4.18.）

67）「松菊餘影」　明治二十九年四月二十六日から同年八月十一日まで81回に亘って読売新聞

に連載され、連載をもとに翌明治三十年に足立荒人『松菊餘影』（春陽堂・1897.7.18.）が出版されている。

68）『大使信報』［略日記］明治五年十二月六日（単行書・大使書類原稿大使信報・大使事務局）国立公文書館［請求番号］単 00247100　DA6-7 コマ

69）『在米雑務類』　「単行書・大使書類原本在米雑務書類」［以下『在米雑務書類』］　国立公文書館［請求番号］単 00325100

70）『在英雑務書類』　「単行書・大使書類原本在英雑務書類」［以下『在英雑務書類』］　国立公文書館［請求番号］単 00326100

71）『在佛雑務書類』　「単行書・大使書類原本在米雑務書類」［以下『在佛雑務書類』］　国立公文書館［請求番号］単 00327100

72）『各國帝王謁見式』　「単行書・大使書類原稿各国帝王謁見式」［以下『各國帝王謁見式』］国立公文書館［請求番号］　単 00256100

73）『發佛後雑務書類』　「単行書・大使書類原本発仏後雑務書類」［以下『發佛後雑務書類』］国立公文書館［請求番号］　単 00328100

74）『宮内省式部寮理事功程』　「単行書・大使書類原本宮内省式部寮理事功程・全」［以下『宮内省式部寮理事功程』］国立公文書館［請求番号］　単 00356100

75）『宮内省式部寮理事功程』国立公文書館［請求番号］単　00356100　DA2 コマ

76）『在米雑務書類』　国立公文書館［請求番号］単 0032510　DA10 コマ

77）「単行書・大使書類原本大使公信」国立公文書館［請求番号］単 00321100　DA8-9 コマ［以下『大使公信』］

78）「華盛頓府ノ行儀」　『宮内省式部寮理事功程』国立公文書館［請求番号］単 00356100　DA5 コマ

79）読売新聞明治三十五年四月三十日〜三日に掲載。

80）『在米雑務書類』国立公文書館［請求番号］単 00325100

81）『在米雑務書類』国立公文書館［請求番号］単 00325100　DA4-5 コマ

五　辻　安　仲
式部寮理事官之心得ヲ以テ當務之事件宮内理事官東久世侍從長申談可被取調候事
東久世通禧
五辻安仲式部寮理事官之心得ヲ以テ當務之事務可被取調旨申渡候間篤被申合候事

82）『大使公信』国立公文書館［請求番号］単 00321100　DA8-9 コマ
　一香川廣安高辻修長岩倉隨從之所宮内理事官隨行村田大丞一人ニテハ手足リ兼候ニ付右両人隨行申渡御用中十等之御手当下賜候積ニ御座候此段大蔵省エ達有之度候
　　壬申二月九日

高辻修長
香川廣安
今般米歐各國巡回宮内省御用取調ニ付テハ隨行村田大丞一人ニテ自然見聞遺漏モ御座候テハ恐入候間右両人宮内省御用取調掛リ被　仰付各國巡回ニ仰付相成候得共御用筋申談取計申度

此段宜御取計相願候也

　　辛未十一月十日　　　　　東久世通禧
　　　　全權使節
　　　　　御中

83)『大使全書』二十一号　『大使全書』国立公文書館［請求番号］単 00246100　DA57-72　コマ、宮内省分 61-62 コマ、式部寮分 63-64 コマ

84)『東久世通禧日記』　霞会館華族資料調査委員会編『東久世通禧日記』上巻（霞会館・1992.1.27.)下巻（霞会館・1993.3.25.)別巻（霞会館・1995.3.25.)

85)読売新聞明治三十五年四月三十日〜三日に掲載。

86)『在米雑務書類』国立公文書館［請求番号］単 00325100　DA41-42 コマ

87)前掲『木戸孝允日記　二』p.144.

88)小林哲也「『理事功程』研究ノート」(「京都大学教育学部紀要」ⅩⅩ・1974.3.30.) p.88.

89)長與專齋『松香私志』(長與称吉・1902.12.)及び長與專齋・山崎佐校訂『松香私志』(醫歯薬出版・1958.10.10.)pp.19.-21.

90)外務省調査部編纂『日本外交文書』第五巻（日本国際協会・1938.12.15.)「岩倉特命全権大使締盟各國訪問ニ關スル件一五」p.24.に「十五　一月十九日　外務大丞等ヨリ大使随行田邊一等書記官宛」に「第七號信入記」「池田大助教へ留守宅より　壹通」とある。

91)外務省調査部編纂『大日本外交文書　第五巻』（日本国際協会・1938.12.15.)「30 下ノ關事件辨償金問題其ノ後ノ經過等報告之件」第十七號信目録 pp.49.-50.に「池田へ石橋より　一封」とある。

92)「叙勲裁可書・大正五年・叙勲巻四・内国人四石橋政方叙勲」　国立公文書館［請求番号］勲 00495100［件名番号］016　DA6-9 コマ

第　　二　　章
　一「陸ニ汽車ヲ輾ラシ」池田政懋はヨーロッパ、パリへ

岩倉使節団のアメリカ滞在が長期にわたるようになったことから、池田政懋を含む宮内理事官東久世通禧の一行は、明治五(1872)年三月に一足先にイギリスに渡った。彼らがイギリスに到着した日時は、定かではない。しかし、残された少ない資料から宮内理事官一行のヨーロッパに於ける足取りに関する情報を拾い出して、宮内理事官と行動を共にしているであろう池田政懋がヨーロッパで印した足跡を追うことにする。

第　一　節　―池田政懋はロンドンへ

　ロンドンに到着してからの東久世通禧ら一行の行動について述べてゆく。池田政懋を含むであろう一行の姿は、帰国後の報告書である前述『宮内省式部寮理事功程』[1]から、わずかであるが、それを伺い知ることができる。頭書に「先般欧米各國ニテ實際取調ノ條件英佛兩國ニテ質問ノ書類三冊指出候」[2]とあり、その 3 冊の「英國謁見式」のうちに、末尾に一部東久世宮内理事官一行の行動がわずかにわかる記述がある。

　その記述は、明治五年四月七日（1872 年 5 月 13 日）と九日（同年 5 月 15 日）に同じ「ホンソンヘイ」なる人物の案内で、ロンドンの王室宮殿を訪ねているものである。最初の七日は「シントセーム」宮、次いで九日は「ハキハンハレス」を訪れている記事である。特に七日は、接見式があり、「女王出座ナシ太子代リテ禮ヲ受ク」とある。最初の七日の分を引用する。

　　　○明治五年壬申四月七日「ホンソンヘイ」誘引シテ「シントセーム」宮
　　　ニ至レリ本日「レヘーリ」ノ日ナレハ内國ノ諸大臣ヲ始メ平人ノ格式アル者及各國ノ公使貴族等内宮ニ於テ謁見ス此日女王出座ナシ太子代リテ禮ヲ受ク○本日第十二字三十分宮内官吏禮服ヲ着帶劍シテ昇殿ス[3]

四月七日は「ホンソンヘイ」に案内されて、「シントセーム」宮を見学した。「シントセーム」宮は、セント・ジェームス宮殿（St.James's　Palace）[4]のことで、ロンドン市内にある。もともとはイギリス王室のすまいで、ヴィクトリア朝ごろまで王室の居城であったという。この日は、閣僚などを始め外交官や各国の公使などの接見式がある日で、東久世らは礼装帯剣で接見式に臨んでいる。

　続く九日にも同じ「ホンソンヘイ」の案内でロンドンの王宮「ハキハンハリス」を見学している。「ハキハンハリス」とは現在イギリス王室が住まうバッキンガム宮殿（Buckingham　Palace）のこと[5]であろう。この行動は英国王室を手本としようとした姿勢が見て取れるのではないだろうか。

> ○明治五年壬申四月九日ホンソンヘイ誘引シテ龍動府ノ王宮（ハキハンハリス）ヲ一見ス　帝王平常ニハ蘇格士ノ私宮ニ居リ國政ヲ聴クタメニ此宮ニ來リ臨ム　王座及ヒ食堂寝室其他數多ノ待客堂アリ四方ノ廊下ニ各國珍玩ノ物品ヲ陳列ス本邦ノ物モ多ク見ヘタリ議事堂ノ位置其畧左ノ如シ[6]
>
> （大意:四月九日は「ホンソンヘイ」に案内されて、ロンドンにある王宮バッキンガム宮殿を見学した。ヴィクトリア女王は平常はスコットランドの王宮にいて国政を見る時のみこの宮殿にやってくる。王座を始め食堂・寝室は数多くある。待合室の四方の廊下には各国の珍しい品物が陳列されており日本のものも多く陳列されている。議事堂の位置は概略左の通りである）

　四月九日分の記述のあとに、『宮内省式部寮理事功程』では質問とその回答が二十八項目も続いている。この記述をみると、東久世通禧らは、実際のイギリス王室の儀式などのあり方について、イギリスの式部頭[7]と「ホソンヘイ」に質問をして学んだと思われる。

　このイギリスにおける調査にあたって英語の通弁が誰であったかはこの文書からはわからない。在英日本公使館の誰かが担当したのか、あるいはヨーロッパの宮廷ではフランス語が通用語であったから、池田政懋が担当した可能性もある。後述する長州出身の南貞助（1847-1915）もロンドンにやってきて、宮内理事官に便宜を図っているので、南貞助ということも考えられるが、まずは在英の留学生を考えてみる。イギリスでは明治六年七月には官費留学生だけで50人[8]もいたというので、その留学生のなかから候補を考えてみる。まずは華族の万里小路通房（1848-1932,留学期間:明治三（1870）年十一月から明治七（1874）年七月）と石野基将（1852-?,留学期間:明治三年十二月から明治七年七月）ではないだろうか。東久世も堂上公家出身である2人には同じ堂上公家なので容易に頼ることが出来たのではないかと思われる。万里小路通房と石野基将の2人は、後述するが東久世がイギリスからフランスに渡る明治五（1872）年七月にはともにフランスに渡っていることが明かであるし、それは留学先が時期的に夏期休業となったためではないかと思われる。

このほかに、官費留学生から可能性がある留学生を選ぶとすれば、第一には慶応三（1867）年からイギリスに留学をしていた旧越前藩出身の狛林之介（1848-1911）であろうか。狛林之介は東久世理事官らと同じ明治六（1873）年六月に、パリに姿を現していて、東久世一行とともにパリに移動したと推定が可能だからである。

　狛については、東久世が岩倉使節団発遣 30 年後に読売新聞紙上で当時を回想しているなかで、「私共の方には通辯に頼むべき人が無く、米國だけは唖の境界で通つたのだから皆困り切つて米國人を雇ふて俄に夜學を始めた者もあつたが、歐羅巴へ渡つてからずつと前から行つてゐた狛林之介と云ふのを通辯に雇ふて漸う用を達す様に爲つた。この狛と云ふのは越前の人で今は加賀へ行つて相當の地位を得て居ります」9)と回想しているので、やはりこの時の通訳は狛林之介と考えるべきだろう。

　付け加えれば、大島高任の「日記」五月十三日（和暦四月七日）条 10)に「夕五字駒貞介ト云フ人來リ南氏ノ辭ニヨリ我輩居留ノ事ヲ周旋セント云フ駒氏ハ越前ノ人ニテ御一新前ヨリ此地ニ遊學シ居リ通辯モ熟達土地案内ニ付當節東久世侍從ニ頼ラレ同居シ居レリト云フ」（夕方の 5 時に駒貞介[狛林之助]と言う人がやってきて、南氏からの話で私の在留中のことをいろいろと面倒をみましょうと述べた。狛氏は越前の出身で明治維新の前からロンドンに遊学していて通訳にも熟達し、土地の案内についても東久世侍従に頼られていて同居していると述べた）と書留めている。「駒貞介」というのは、南貞助に引っ張られたものかも知れないが、これは狛林之助のことで間違いないだろう。

　遅れてロンドンやって来た使節団員の大島高任（1826-1901）は、東久世と狛林之助は同居していたと書き記しているうえに、のちに引用する島地黙雷『航西日策』明治五年六月四日条に「東久世・五辻・嘉川・狛来宿」とあり、パリにいる島地黙雷の宿に東久世、五辻、香（嘉）川とともに、狛（林之助）がやってきたことがわかるので、イギリスにおける東久世理事官の通訳として支えたのは狛林之助であると考えるのが妥当であろう。

　ところで、宮内理事官らを案内した「ホンソンヘイ」はイギリス王室の役人であろうが、正確な名前はわからない。当時の英語の綴りでも残っていれば、追及のしようもあるが、明治初年における英語発音の日本語表記と現在の表記との間にはかなりの懸隔があり、英語表記の正確な復元は難しい。そこで可能性として拾い出すと、ヴィクトリア女王（在位 1837-1901）が在位中の 1872 年当時、「国王手許金会計官兼秘書官」の「ヘンリー・ポンソンビー（Henry Ponsonby, 1825-1895）」のことかもしれない。あるいは、同じ頃に「王室家政長官」だった「第五代ベスバラ伯ジョン・ポンソンビー」（John George Brabazon Ponsonby, 5th Earl of Bessborough,1809-1880）かもしれない。"Ponsonby" であるとすれば、「パレス」を「ハリス」のように破裂音を表記していないので「ホンソンヘイ」は「ポンソンビー」に音が近似している。それにこの二人は職務としてイギリス王室に勤務していると考えられるから、「ポンソンビー」であると考えるのには無理はないと考えられる。

イギリスでは、宮内理事官の滞在はたしかであるものの、池田政懋の名前を見出すことができる史料が見当たらず、その足跡を確認することは出来なかった。

　以下は余談になるが、岩倉使節団がロンドンに到着すると、長州の高杉晋作の従弟であり、かつ義理の弟でもある南貞助がやってきて、使節団の面々に、使節団の公金や各自の所持金を自身が役員をしている銀行アメリカン・ジョイント・ナショナル・エージェンシーに預けるように慫慂した。有利な金利をつけると言うことであったが、暫くしてからこの銀行が破綻した。使節団の公金は南の銀行に預けられることなく、無事だった [11]ものの、岩倉大使を始め多くの使節団の随員らや在ロンドンの留学生たちが、被害に遭い、ほとんど一文無しに陥った事件が起きた。被害者の一人でもあった副使木戸の『木戸孝允日記』明治五年十月十一日条 [12]には、被害に遭った使節団員を諷する狂歌が採録されている。この事件で被害にあって「拝借金」を使節団から借りた者の名前のなかには、東久世理事官と池田政懋の名前 [13]はなく、東久世理事官を始め池田政懋もこの事件を無事にやり過ごすことが出来たようだ。

　先に引用した読売新聞掲載の東久世の回想では南貞助について「一行の欧羅巴廻りに就いて一番能く記憶されて居る南禎助は其の頃彼地の銀行に支配人をして居て頗る欧羅巴通であつたから少し六ヶ敷い買物などは大抵之へ相談した事だが、宮内省から御注文の御領の馬車も矢張り南に言付けたので、彼れは早速英國皇帝の御厩へ出かけて行き、いろいろ拝見した上日本風の意匠を加へて四人馬車を一輌拵へさせたが、之が抑も英國製の御領の馬車の祖先なのであッた [14]」と述べて、南との関係を示している。「御領の馬車」とは、御料馬車（皇室用の馬車）のことで、宮内理事官のロンドンにおける仕事の一部を示している。また「南の銀行へ金を預けた多くの日本人が難儀をした事は名高い話で私だけはその難を免れた」[15]と被害からうまく遁れたことを回想している。ただ「私だけはその難を免れた」というのは、誇張があるようで、伊藤副使や田中光顕らも被害には遭っていない [16]。

第　二　節－池田政懋はヨーロッパ本土へ

　イギリスにおける東久世通禧や池田政懋らの消息については、第一節以上の史料に欠けるが、ヨーロッパ本土に渡ってからの行動については当時のヨーロッパに渡っていた日本人が残した日記類から探り出すことが可能ではないかと考え、その日記類を探しだし、調査した。この時期岩倉使節団だけでなく前述の通りイギリスに官費留学生だけで 50 人の留学生がいたと言われるほどヨーロッパには多くの日本人がいたと知られるが、その人々が残した日記類から池田政懋とその周辺の人々の姿を拾い上げて、行動を明らかにして行く。参照する日記類としては、管見に入る限りのものだが、6 種類の日記からそれを見て

行くことにする。

　その 6 種類のうちまずは高崎正風(1836-1912)の日記 [17]であ　る。高崎は議事・立法機関等についての調査を目的とした左院 [18]視察団一員として、岩倉使節団に遅れて明治五年一月に横浜を出帆。三月にフランス・マルセイユに到着し、パリには三月十九日に入っている。その高崎正風が書き残した日記類である。

　次に、浄土真宗西本願寺派の僧侶である島地黙雷(1838-1911)の『航西日策』[19]があげられる。島地黙雷は高崎正風と同じ船で西本願寺門主の大谷光尊(1850-1903)の命によって宗教事情視察のためヨーロッパに向かい、パリにも同日に着いていてその記録である『航西日策』を残している。

　第 3 には、成島柳北(1837-1884)の『航西日乗』[20]である。成島は浄土真宗東本願寺門主大谷光瑩(1852-1923)のヨーロッパの宗教事情視察に随行して明治五年九月に横浜を解纜し同年十月三十日にパリに到着している。その成島柳北が書き残した記録が名高い『航西日乗』である。

　第 4 には、成島柳北と同じく東本願寺門主のヨーロッパの宗教事情視察の随員である東本願寺派僧侶の松本白華(1838-1926)の『松本白華航海録』[21]である。松本は、成島と同じ船で同日にパリに足を踏み入れた。その松本白華の滞欧中の日記『松本白華航海録』である。

　そのほかに岩倉使節団の木戸副使の『木戸孝允日記』[22]。木戸孝允はアメリカからイギリスにやってきたのは遅いので、ほぼ着英以降となる。それに岩倉使節団理事官の佐佐木高行の日記『保古飛呂比』[23]である。佐々木は岩倉使節団の司法省理事官としてこの時期パリを起点にヨーロッパで視察を行っていた。『木戸孝允日記』と『保古飛呂比　佐佐木高行日記』(佐佐木高行の表記は佐佐木とする)は、必要に応じて参看する。また書簡等も利用可能なものは利用して援用してゆく。

　蛇足ながら、池田政懋が同行していたと見られる東久世通禧の『東久世通禧日記』[24]は、日記をちょうど岩倉使節団に随行していた時期が含まれる明治四(1871)年から明治七年までの間が闕けている。東久世はイギリスからフランスに渡った際に「旅日記」を紛失し、新聞広告も出して探してみたが見つからなかったという [25]。このため東久世通禧がヨーロッパ滞在中は、岩倉使節団とはすれ違っていたようで、東久世通禧の行動をはじめ、池田政懋との関わりやその使節団内での行動はほとんど情報が得られないので、その足跡はほとんど辿れない。

　ここでは『東久世通禧日記』以外の各種日記類 6 種類から、その日記の書き手がフランスに滞在している時期に的を絞って、池田政懋の名前だけでなく、関連がありそうな池田政懋が同行している宮内理事官東久世や五辻らの名前が見いだせないかを見て行くこととする。利用可能な書簡についても参看しながら、池田政懋の行動を探り出して行くこととしたい。ほかに石附実『近代日本の海外留学史』所収の「海外留学者リスト」などを参考にすると、この時期のヨーロッパに滞在している日本人は多く、官費留学生だけでも 5 か国 91 人に

登るという[26]。慶応二(1866)年四月に幕府が海外渡航禁令を撤廃して以降、ヨーロッパやアメリカへの留学生は玉石混淆だったようだが数は増えていたようだ[27]。

このなかから留学もしくは滞在していた池田姓の人物をさぐると、池田道蔵、池田登(1850-？)、池田謙齋(1841-1918)、池田徳潤(1847-1929)、それに池田政懋の5人がいる。まず池田政懋以外の4人について述べることにする。この4人のほか、池田梁蔵(？-1870)がいるが、池田梁蔵は慶応四(1868)年にイギリス留学した徳山藩藩主に随従し、帰国後の明治三年に死去しているので、時期的にも違い除外できる。

まずは池田道蔵についてである。詳らかなことはわからないが、池田道蔵は『木戸孝允日記』での初出が明治五年八月二十日(「池田道蔵の宿に至り御國状を認む」[28])であるが、横浜出港後から翌年八月まで池田道蔵の名は『木戸孝允日記』には見出せない。しかし従者であるとすると『松本白華航海録』明治六年六月七日条[29]に「参議木戸公・従者池田生」とあるのに符合する。また、石附実『近代日本の海外留学史』)所収の「海外留学者リスト」にもその名前は見いだせない。

ただ、従者の名前がわかる岩倉使節団の名簿[30]では木戸孝允の従者は「佐々木兵三」となっている。しかし、使節団で同じ「佐々木」姓は佐佐木高行のみであるので、『木戸孝允日記』明治五年二月十六日条「晴十一字よりエビトハウスに至り佐々木等ヲ訪ひ其より共に寺に至り二字歸官」[31]とあるのはどちらかわからないが、佐佐木高行がヨーロッパに出立した明治五年三月朔日(一日)[32]以降では、同年五月十九日条[33]、同年八月三日条[34])、同年八月十四日条[35]にも、「佐々木」の名前がみえて、従者の「佐々木」だと言える。ところが、八月二十日以降は「佐々木」から「池田」に代わる。明治五年八月に至って突然池田道蔵(道三とも)が出てくる。その後は「池田」の名前が頻出するので、名前を変えた蓋然性は高いのではないか。

菅原彬州「岩倉使節団の従者と同航留学生に関する追考」[36]によると、使節団在英中に起きた銀行破産事件に絡み拝借金の返済をめぐる史料に池田道三は「木戸孝允従者」とあるので、返済金は木戸孝允に払わせるようにと判断が下されているとあるものの、池田道蔵が木戸孝允の従者の「佐々木兵三」と同一人物であるかはわからないとしている。『木戸孝允日記』においては、池田道蔵と池田政懋との弁別は難しいところがあるが、確実に池田政懋と判断できるもの以外は、池田道蔵とみられる。

またパリには旧徳島藩仕置家老の家柄である池田登(諱は永孝)がいる。池田登は島地黙雷と同じ船でパリまでやってきた。池田登は四国の名東県[37]から自費のフランス留学である。池田登は徳島藩主・蜂須賀家一門の蜂須賀万亀次郎のパリ留学の目付役であろうが、学んでいるところは別であったようだ。

それにもう一人。ドイツには医学修得のため留学している池田謙齋がいる。池田謙齋は、大坂の適塾(現、大阪大学医学部)[38]、長崎の精得館(現、長崎大学医学部)[39]などに学び、幕府侍医など経て、ドイツ医学習得のためプロイセ

ンに留学。のちに東京大学医学部長や陸軍軍医監それに侍医などを勤めるが、当時はベルリン大学医学部に明治三年から留学していて、この池田謙齋も『木戸孝允日記』をはじめ「池田」と姓でだけでしか出てこない例が多い。

残る池田德潤（1847-1929）は鳥取藩主池田家の一族で、明治四年五月から明治六年十二月に帰国するまで、アメリカ・ヨーロッパに渡っていた。池田德潤は前年十一月に 13 の大藩から各 2 人を択び海外視察させるという新政府の企て [40] に、同じ鳥取藩の原六郎（1842-1933）[41] とともに参加したもので、アメリカを経て明治五年十二月からはイギリスに滞在していたとされる [42] が、帰国届に「米英ノ間ニ往復仕居候處此度病氣ニ付歸國」[43] とあることから、イギリスにも常駐していたわけではないので、ここでは取り上げない。

同時期に「池田」が少なくとも 5 人がヨーロッパに滞在していたということを考えると、「池田」という表記だけでは池田政懋と一致するかどうかは難しい。それぞれの日記に「池田」と姓のみ記載してあっても、それからはただちにその「池田」が池田政懋であると弁別するのには困難が伴う。それゆえに、状況証拠を積み重ねることによって、「池田」が池田政懋であるかどうかを判断してしてゆきたい。

まず、6 種類の日記のうち、この時期すでにパリに着いている島地黙雷と高崎正風の日記を月別に見て行くこととする。明治五年三月十九日に島地黙雷と高崎正風はマルセイユ経由でパリに着いている。この時期はまだ池田政懋を含む宮内理事官一行は先述のようにまだロンドンにあると思われる。しかし、この時期のロンドンでは狛林之助が理事官の通訳にあたっていることを考えると、池田政懋がパリに先乗りして滞在している可能性は否定できない。それは、太政官に設けられた立法上の諮問機関である左院から議事・立法機関等についての調査のため渡仏していた西岡逾明の明治五年五月二十日付司法卿江藤新平宛の書簡 [44] に池田政懋と同宿しているという記述があることからも、推測が裏付けられるのではないかと思われる。

また大使一行がロンドン入りするのは明治五年七月十四日のことであり、『木戸日記』には、これまで「池田」は現れない。そこで『航西日策』の四月五日と十二日を摘記する。

　　　明治五年四月五日
　　　　　梅上・後藤・池田と日用物を市頭に買ふ
　　　明治五年四月十二日
　　　　　夜小室・池田・富永と之を論ず

ここでは梅上は西本願寺派門主代理としてヨーロッパ視察に訪れている梅上沢融（1835-1907）のことで、小室は最後の徳島藩主の欧州留学に随行している小室信夫（1839-1898）のことだろう。この二人は島地黙雷とフランス・マルセイユまで同船であるので、ここの「池田」は徳島藩関連の池田登と考えられる。後藤は、後藤常（生没年不詳）のことで、当時はフランス駐在の鮫島尚信少弁務

使付となりパリに在勤（明治三年閏十月から [45]）していたのでパリにいたことは蓋然性があるし、島地黙雷らにパリを案内し買い物に付き合ったとも考えられる。富永は富永冬樹のことで岩倉使節団兵部理事官随行でパリを中心に調査をしていたから、パリにいてもおかしくない。それに本章第一節で述べたように池田政懋は三月中旬頃までにイギリスに到着したばかりであると考えられるからである。

翌五月と六月分を抜き出してみると以下のようである。

> 明治五年五月三日
>> 午後、池田・西岡と之を論ず
> 明治五年五月九日
>> 夕方西岡鈴木地田とオペラに至る
> 明治五年五月十三日
>> 夜西岡・池田と政教を論ず
> 明治五年五月十四日
>> 池田と大いに教義を論ず
> 明治五年五月二十日
>> 夜西岡池田等と散歩する
> 明治五年六月二日
>> 西岡・池田等とベルサイに行き、カランゾウを観る
> 明治五年六月三日
>> 池田と与に時計屋並びに栗本を訪ふ

この期間に現れる鈴木と言う人物は鈴木貫一（1843-1914）のことで、西岡逾明（1835-1912）らとともに左院調査団の一員として渡欧していた。栗本は栗本鋤雲（1822-1897）の養子・貞次郎（1839-1881）のことで、明治四年静岡藩からのパリ留学中だった。この『航西日策』の五月三日、五月九日、五月十三日、五月二十日、六月二日と五回現れる西岡は、旧佐賀藩出身の西岡逾明のことで、先にも述べたが西岡は太政官に設けられた立法上の諮問機関である左院から議事・立法機関等についての調査のため渡仏していた。この時期パリで統計学・経済学者モーリス・ブロック（Maurice Block,1816-1901）に学んでいた。前述したが、この西岡逾明の明治五年五月二十日付司法卿江藤新平宛の書簡が遺されていて、池田政懋について触れたところがあるので、その部分を抜き出してみる。

> 過日来幸宮内省書記官池田某元文部省中博士相勤メ時々制度寮ニモ出勤致居候趣ニテ、当時同人ト同寓致シ法律上ニ付テ毎日談論仕候處
> （大意:このところ幸にして宮内省書記官の池田なにがし元文部省中博士を勤め、制度寮にも出勤していていまはこの池田書記官と同居して法律について毎日議論をしているところです）

この書簡のなかに「宮内省書記官池田某元文部省中博士相勤メ」とあるのは、「池田某」が宮内理事官に随行していることと、使節団随行の前には文部省中博士ではなく文部大助教だったことから、多少官名詐称が混じっていなくはないが、「池田某」は池田政懋とみて間違いはないだろう。それだけでなく、「當時同人ト同寓致シ」とあり、その頃池田政懋と同宿していたとある。これを考えれば、いつ知り合ったかは不明であるが、島地黙雷の『航西日策』には五月二日には池田と西岡の名前がペアで出現していることから、池田政懋は遅くとも四月末からはパリにいただろうことが浮かび上がってくる。ただ、西岡のパリ入りは三月十三日だから、池田が三月末か四月初めのロンドン到着後に東久世理事官らを通訳のことなどは狛林之助にまかせてパリに先に渡ったとも考えられるので、それゆえ『航西日乗』の五月と六月の記述に出てくる「池田」は池田政懋とみて間違いないだろう。

　明治五年六月二日条については高崎正風日記にも「西岡、池田、駒留等ウェルサイルニ行」とほぼ同文がある。駒留は官費留学生の駒留良藏（生没年不詳）のことであろう。駒留は当時数えで十九歳ぐらいで明治三年十一月二十八日に巴里に到着し、法律学を学んでいたという。五月九日の「地田」は「池田」の誤記か、もしくは読み誤りかと思われるが、原典にあたっての確認はとれていない。

　六月二日の直後の六月四日には、東久世宮内理事官一行がイギリスからパリに到着する。各種日記をみてみると、明治五年三月十九日（西暦 4 月 26 日）からパリに滞在していた高崎正風の「日記」明治五年六月四日（西暦 7 月 9 日）条と同じ日の島地黙雷『航西日策』には以下のようにある。

　　高崎正風「日記」六月四日
　　　　今日東久世始五名、英ヨリ来リテ同旅亭ニ投ゼリ
　　島地黙雷『航西日策』六月四日
　　　　東久世・五辻・嘉川・狛来宿

　高崎正風が東久世通禧らのパリ到着を記しているとともに、島地黙雷も東久世・五辻・嘉川・狛がホテルまでやってきたと書き留めている。この日明治五年六月四日（西暦 7 月 9 日）に宮内理事官らの一行がイギリスからパリに到着したことは間違いないだろう。ここの「狛」は狛林之介で、「嘉川」は「香川」の「嘉」と「香」は音通するから宛字とみられる。狛林之助は六月十日付の『航西日策』には「狛龠頓に歸る」[46]（龠頓はロンドンのことであるが、「龠」（ヤク）は「崙」（ロン）の読み誤りか）とあるので、東久世理事官らをパリまで送ってきたと言うことのようだ。

　ここでパリに到着した宮内理事官らの一行のメンバーに池田政懋がいるかどうかを検討する。渡英する前にイギリスに先発するという願い[47]に挙げられている東久世通禧宮内理事官一行の名前は「池田政懋／香川廣安／高辻修長／五辻安仲／村田経満／東久世通禧」の 6 人が身分の低い順から挙がっているが、

高崎正風「東欧日記」の「今日東久世始五名、英ヨリ来リテ同旅亭ニ投ゼリ」では、東久世の一行六人に人数が足らない。三日後と八日後の高崎正風「日記」明治五年六月七日（1872 年 7 月 12 日）条と七日後の島地黙雷『航西日策』明治五年六月十一日（1872 年 7 月 16 日）条を見てみる。

　　　高崎正風「日記」六月七日
　　　　　　今夜於十二番部屋五辻賀川ニ会ス

　　　島地黙雷『航西日策』六月十一日
　　　　　　午後東久世・五辻等と寺に詣で塔に登る

とあるので、東久世、五辻、香川の 3 人はパリ着が確実である。「賀川」は「香川」の宛字だと思われる。それではあとの 3 人はどこにいるのか。そこで「高崎正風日記」六月十二日（西暦 7 月 17 日）条をあたる。

　　　　　米堅人□□□頃日仏ニ来ニ付、今日諸方ノ人々へ□□ハンク□ノ元ヨリ
　　　　　我輩三名ノ宛ニシテ案内アリシニヨリ、東久世、五辻、万里小路、石野、
　　　　　池田、島地、賀川等ヲ伴、夕八字過ヨリ赴ク。

　ここでは「東久世、五辻、万里小路、石野、池田、島地、賀川」の名前があがっている。これでパリにおける東久世の一行 4 人の名前が確定できる。ここの「池田」は池田政懋のことであろうから、池田政懋が東久世一行より前にパリ入りしていたことは間違いないであろう。万里小路は、万里小路通房、石野は、石野基将でそれぞれ官費でイギリス留学をしている旧堂上華族。この 2 人は、イギリスから東久世一行とともにパリに入ったものと思われる。
　この時アメリカ出立時の六人のうち、高辻修長、村田経満の名前はないが、随行の村田経満が、先行してパリにいたらしいことは、高崎正風「日記」に理事官一行のパリ到着前の六月四日に名前が見えることからわかる。高崎正風はパリに三月十九日に到着してから、一か月ほど日記を遺していない。オスマン男爵によって整備され現在のような壮麗なパリではあったが、前年五月に鎮圧されたパリ・コミューン[48]の痕が残るパリに圧倒されたのかもしれない。しかし、五月五日から再び書き始めていて、日記を再開した三日後の五月八日条に以下のようにある。

　　　五月八日
　　　　　四字ヨリフロツク先生ノ講談ヲ聞、食後村田氏ト共散歩。
　　　五月二十日
　　　　　松村淳蔵英ヨリ来着、九年振対面して欣悦ニ（以下紙破損）両度運動、
　　　　　終日交語、爲ニ今日ハ業ヲ廃ス
　　　五月二十三日

鮫島、後藤、稲垣、大山、松村、村田等訪ヘリ。
　五月二十四日
　　今日少ク快然ヲ覚、人々頻ニ運動ヲ奨ニヨリ、大山、村田、松村等ト
　　馬車ニ駕シ、ボワデフロン[49)]ヲ放歴ス。

　五月八日に「食後村田氏ト共散歩」と記しているほか、五月二十三日にも
「村田等訪ヘリ」とあるので村田経満は、宮内理事官より先に単独ですでにパ
リに渡っていることがわかる。五月八日の記述からは、遅くとも五月初めには、
パリに入っていたと考えられる。これは根拠のない推測だが、池田は村田に同
伴してパリに入っていたのではないか。
　これで高崎正風「日記」に「今日東久世始五名」とあることは、村田が欠落
していても整合性があることを示している。補足すると高崎と村田は同じ薩摩
人で、同じ薩摩人で海軍からの留学生である松村淳蔵（1842-1919）が五月二十
日にイギリスからパリに到着したことについては、「松村淳蔵英ヨリ来着、九
年振対面して欣悦ニ」「終日交語、爲ニ今日ハ業ヲ廃ス」[50)]と九年ぶりにしか
も異郷のパリで出会ったので勉強をとりやめて一日中語り合ったと記している
ぐらいだから、村田経満との再会は、ヨーロッパに来て同郷人に邂逅した喜び
が大きかっただろうと想像できるが、如何せん日記にはこの部分は欠落してい
て関連する記述は残っていない。
　しかし、前記五月八日の記述から、この日以前に村田がパリにいたことは確
実だと思われる。このことは、のちに宮内理事官一行が帰国するにあたって、
村田が残留を希望し「語學勉勵聊通辯出來候上各國経歴仕度宿志」（語学の勉
強をして少しは通訳もできるようになってから各国を遍歴したいという長年の
願い）[51)]とヨーロッパに滞留し語学研鑽を積みたいというのが年来の意思であ
る述べたということにつながることが、この時の行動にも出ていたとのだろう
と思われる。登場人物を補足すると稲垣は稲垣喜多造（1848-？）のことで横浜
仏語伝習所出身で簿記と物品調達のためフランス留学。
　また、同行していた高辻修長がイギリスに滞留して宮内省関係のことを取り
調べたいと六月二日付で許可願[52)]を出している。これは宮内理事官がフラン
スに渡る前々日のことで、これで高辻修長は理事官とともにフランスに渡らず
ロンドンに滞在していることがわかる。したがって、「池田政懋／香川廣安／
高辻修長／五辻安仲／村田経満／東久世通禧」の6人のうち、六月四日にパリ
入りしたのは、香川廣安、五辻安仲、東久世通禧の3人で、「今日東久世始五
名、英ヨリ来リテ同旅亭ニ投ゼリ」の五人は、この3人に万里小路通房、石野
基将を加えたものか、あるいは、狛林之助とロンドンまで東久世を迎えに行っ
たと思われる池田ではないかと推定できる。狛林之助は『航西日策』六月十日
条[53)]に「狛龕頓に帰る」（龕頓はロンドンのこと）とあるので、六日後にはパ
リを引き上げている。なお、高辻の願いは使節団がイギリスに到着してから七
月十八日に木戸副使から許可になっている。
　東久世一行はパリに一か月あまり滞在し、目的とする宮廷関係の視察と情報

62

収集を重ねたであろう。『宮内省式部寮理事功程』には「外ニ佛蘭西國禮式」とあり、「朝廷ノ禮式第一編」九丁「外國交際ノ禮式第二編」十二丁「文官ノ禮式第三編」四十丁と『宮内省式部寮理事功程』に収載されている。この調査は成果があったと言うことなのだろう。そして明治五年七月六日（西暦 8 月 9 日）に白耳義（ベルギー）に向け出発する。それがわかるのは、島地黙雷『航西日策』明治五年七月六日（1872 年 8 月 9 日）条 54)に記述があるからである。

　　　　　此の朝東久世・五辻・香川・池田は白耳義に行く、送って車駅に至る

　「東久世・五辻・香川・池田」の四人が一団となってフランスの北にあるベルギーに向け鉄道を利用して出発したことが島地によって書き留められている。「車駅」ということから鉄道駅であることは間違いないだろう。この一行には、当然ながら在英の高辻修長、パリ残留の村田経満の名前はない。
　ベルギーへの出発までの間を島地『航西日策』から抜き出してみる。この間に高崎正風の日記には池田政懋関連は見られない。

　　　六月十一日
　　　　午後東久世・五辻等と寺に詣で塔に登る
　　　六月十四日
　　　　夜東久世と観劇する。西園寺等來遊。桐原出発。池田
　　　六月二十二日
　　　　西氏・西園寺氏・池田等と大いに会す。
　　　六月二十五日
　　　　池田と書肆に並びに写真屋に至る
　　　七月二日
　　　　池田と散歩す

　この五日間の四回出てくる「池田」のうち、六月二十五日の「書肆」まで島地黙雷に付き合った「池田」は少なくとも池田政懋と考えて間違いないだろう。四国・名東県（旧徳島藩）出身の池田登はパリに着いてまだ三か月余りでは、フランス語のアルファベットは読めても、書店の本棚に並べられている本の背表紙のフランス語から本の内容までは十分に読みとれないであろう。だから島地黙雷が必要とする本を選んだり読んだりは出来る「池田」は、池田寛治以外にはいないだろうと考えるからである。六月二十五日以外の三回も、東久世、西園寺と出てくる島地黙雷の交遊の輪から考えると、これら三回の「池田」が名東県の池田登とは考えにくいので、これも池田政懋と考えるのが妥当であろう。「桐原出発」とあるのは開拓使派遣の留学生桐原仁平が留学先のロシアで発病したため帰国する途中パリに寄っていたが、その桐原仁平が日本に向け出発したことを指していると考えられる。西園寺は旧公家の西園寺公望のことで西氏は西園寺の従者であろう。

島地黙雷はこのあと七月十五日にロンドンに移動してしまい、高崎正風は島地に先立って七月十日（西暦 8 月 13 日）にベルリン経由でロシアに向かっている。東久世らと同じ方向に向かったのかどうかを高崎正風の日記によって、探ってみる。ベルギーに向かった東久世や池田らはその後の訪問先を指し示してくれそうな書簡がある。それは、先述の西岡逾明の明治五年五月二十日付司法卿江藤新平宛の書簡 55) で、そのなかにそれを伺わせる部分があるのでそれを抜粋する。

　　　此節ハ東久世公江陪従魯西大墺地利邊巡行之積之由

　この書簡にある魯西大はロシア、墺地利はオーストリアで、東久世らはもともと「佛蘭西独乙魯西亞伊太亞墺太利亞等之都府ヘ罷越」とアメリカを離れるときに今後の予定としてあげている。さらに、ベルギーへの出発の一か月あまり前の予定ではあるが、ロマノフ朝のロシア、ハプスブルク家のオーストリア＝ハンガリー帝国を目指して移動しているだろうことが推定できる。それを、パリで東久世らと交際があった高崎の「日記」から、それを推測してみる。高崎正風は、1872 年 8 月 13 日に東久世らより四日遅れてパリを発ち、8 月 14 日にドイツのベルリンに到着する。この 8 月 13 日から高崎正風は日記の日付を和暦から西暦で記している。

　　1872 年 8 月 14 日
　　　　八字、伯林ニ着
　　　　　8 月 15 日
　　　　品川、鷹司、東久世、松ヶ崎ニ出会ス

　到着の翌日にベルリンで出会った「品川、鷹司、東久世、松ヶ崎」の四人のうち、「東久世」は、東久世通禧とも考えられるが、高崎を出迎えたメンバーから考えると、三人はベルリン在住者ばかりなので、のちに北白川宮になる伏見満宮のプロシア留学に随従していた東久世通暉のことだろう。通暉は東久世通禧の養嗣子で、この翌年にはドイツを引き揚げて帰国する。残りの三人の「品川、鷹司、松ヶ崎」のうち、「品川」は品川彌二郎(1843-1900)で、1870 年7 月に勃発した普仏戦争 56) の観戦のため渡欧し、そのままイギリス、ドイツに留学しているから、この時期在独だったのであろう。鷹司は、鷹司煕通(1855-1918)で、明治五年にドイツに留学している。松ヶ崎は岩倉使節団に同行した留学生の旧堂上華族の一人松ヶ崎萬長(1858-1921)のことで、使節団本隊より先にヨーロッパに渡っていたのであろうか 57)。
　高崎正風は、ベルリンで宮内理事官らには出会わなかったようだが、さらに東に向かいロシア・ペテルブルクに到着する。日記の 1872 年 8 月 18 日条と同年 8 月 23 日条、それに同年 8 月 30 日条にペテルブルクでの以下のような記述がある。

1872 年 8 月 18 日
　　　五字サントベスホルクニ着ス
　　　　8 月 23 日
　　　東久世始四名来着、写真ヲ取、人々共ニ湯室ニ行、其結構甚巧也
　　　　8 月 30 日
　　　東久世輩出立。八字蒸気車ニ乗、万里小路、市川、宮路、高木、小
　　野寺ノ人々送リ來ル

　「サントベスホルク」はロシア帝国の首都でロマノフ朝の朝廷があったサンクトペテルブルク（独:Sankt Petersburg）のことで、高崎正風はそこに到着し、その五日後に東久世らがサンクトペテルブルクに来着し出会ったことと、東久世一行が露都からの出立を高崎正風は日記に書き残している。ここでいう「東久世」は前記の「東久世始四名」とあるので、島地黙雷『航西日策』明治五年七月六日（1872 年 8 月 9 日）条にある「東久世・五辻・香川・池田は白耳義に行く」の人数に照応しているので、ベルリンに留学中の東久世通暉がロシアに向かったのではなく、東久世通禧の一行で、ここには池田政懋が含まれているのは確実であろう。池田政懋はベルギーからドイツを経由してロシアに回ったということになるだろう。

　そして東久世通禧と池田政懋ら四人は七月二十七日（西暦 8 月 30 日）にサンクトペテルブルグを出発する。この時、高崎正風はモスクワに向かっているので見送りに来たのは、万里小路秀麿（1858-1914）、市川文吉（1847-1927）、宮路（宮地堅一郎／生没年不詳）、高木報蔵（生没年不詳）、小野寺魯一（1840-？）でいずれもこの当時ロシアに留学していたものたちである。

　この時期、島地黙雷は東から八月四日（西暦 9 月 6 日）に、高崎は西から翌日の八月五日（西暦 9 月 7 日）にベルリンに到着している。高崎正風の日記には記述は少ないが、島地『航西日策』には東久世や池田についての記述があるので引用する。

　　八月五日（1872 年 9 月 5 日）
　　　　朝西岡・高崎、魯より帰る。夕五時西岡発車。予、東久世等と街中の
　　盛大を観、又兵楽を聞く。
　　八月八日（1872 年 9 月 10 日）
　　　　帰後諸子と与に東久世を訪ふ
　　八月十日（1872 年 9 月 12 日）
　　　　夜東久世・五辻等と談笑
　　八　月十一日（1872 年 9 月 13 日）
　　　　夜五辻・池田と教を論ず
　　八月十三日（1872 年 9 月 15 日）
　　　　遂に東久世・諸子と智を戦はす

八月十四日（1872 年 9 月 16 日）
　　此の夕東久世等発足・夜原田池田と園林に至る。

　この日記の記述を読む限り、東久世宮内理事官一行は島地黙雷のベルリン入りの前から、ベルリンに滞在していたことをうかがわせる。八月十四日に出てくる「原田」は兵部理事官随行の原田一道であろう。また、鮫島弁理公使の 1872 年 7 月 30 日（明治五年六月二十五日）付のドイツの内相・オイレンブルク伯爵宛の書簡で「日本国の侍従長東久世と式部助五辻」を紹介し「ベルリンの宮廷儀礼について両名が知識を［欠字］するのをご支援」[58]戴きたいと述べている。鮫島書簡（西暦 7 月 30 日付）の日付を考えると、東久世らは七月六日（1872 年 8 月 9 日）に白耳義（ベルギー）に向け出立しているので、この書状を持参した可能性が高い。
　このあと、東久世の一行がどこに向かったかは島地の日記からは不明であるが、先述の西岡逾明の明治五年五月二十日付司法卿江藤新平宛の書簡（「此節ハ東久世公江陪従魯西大墺地利邊巡行之積之由」）から推定するとオーストリアのウィーンに向かったと思われる。『宮内省式部寮理事功程』には「墺地利朝廷禮式尋問書」「墺地利帝宮全圖」という書名が挙げられていることからの推定である。
　一行の出発は八月十四日（西暦 9 月 16 日）に「此の夕東久世等発足」とあるので、南下してウィーンに向かったと考えられる。なお八月十四日の「夜原田池田と園林に至る」とある「池田」は、ドイツ語圏のオーストリア＝ハンガリー帝国での取調はベルリンから留学生乃至ベルリンの公使館からの人が手伝った可能性があり、その場合は池田政懋が居残った可能性がある。しかしハプスブルク家の朝廷ではフランス語が通用したであろうから、池田政懋が随行して対応したとも考えられる。「『米欧回覧実記』第五十八巻　伯林府ノ記上」に〈日耳曼ノ貨幣「ターラー」ヲ称セサルハ伯林滞在中独逸語ニ通セルモノニ乏シク常ニ英語ニテ応答セルヲ以テ其答語ニモ故ラニ「ターラー」ヲ弗ニ改メタルナリ〉[59]とある。ターラー Thaler は、1873 年からマルクに切り替わる前の通貨。弗はドルのことで、実際には意外にドイツ語が出来る人材が払底していたようで、池田政懋は理事官に随行し、池田謙齋は随従せずということで「夜原田池田と園林に至る」のは池田謙齋と考えたほうが合理的だろう。
　宮内理事官らが東奔西走しているさなか、岩倉使節団本隊は七月になってようやくアメリカからイギリスに渡ってきている。『木戸孝允日記』と黙雷『航西日乗』ともに明治五年七月十四日（1872 年 8 月 17 日）条に大使着英のことが書かれているので、パリに到着してから公使館情報で大使着英を知ったと考えられる。それは以下のような理由であったと思われる [60]。

各理事官
并随行之面々江
兼テ被仰付候事務取調一通リ出來候向者歸朝可被致尤

66

其時々可被届出此段爲心得相達置候也
　　明治五年壬申七月十九日　特命全權大副使

右之通相達候樣致シ度可否之賢考相伺度候也
　　　　　　岩倉具視
　　　　副使各位諸君
　本日兩通ニ相認メ一通ハ大藏司法工部其外隨行倫敦
　在留之向ヘ相達ス一通ハ宮内陸軍文部大地在留之向ヘ相達
　ス
　岩倉／木戸／大久保／伊藤／山口
（大意:各理事官／並びに随行者へ／これまでに命令されていた調査すべき
事が一通りできた者は帰朝すべきこと。もっとも出発に当たっては、それ
ぞれ届け出るように。この点心得るように通達する。／明治五年壬申七月
十九日　特命全権大副使／右の通に各人に通達したいのでその可否につい
て賢考を伺いたい／岩倉具視／副使各位諸君／本日二通作成し一通は大蔵、
司法、工部その外随行とロンドンに在留の人々へ通達する。もう一通は宮
内、陸軍、文部の理事官はヨーロッパ本土にいるので彼らにも通達する／
岩倉／木戸／大久保／伊藤／山口）

　この七月十九日付達には「事務取調一通リ出來候向者歸朝可被致」とあり、
そろそろ目的とする取調が見通しが付いたものは帰国するようにというものだ。
また「一通ハ宮内陸軍文部大地在留之向ヘ相達ス」とあるので、この文言で宮
内、陸軍、文部の 3 理事官は大陸に所在していたことが明かであったことがわ
かる。そして宮内理事官は日付から考えると、この知らせを八月中頃にロシア
から戻ってきて在ベルリン公使館で知ったことであろう。この通知を受けて宮
内理事官一行は、オーストリアのウィーンを経由し、パリに向かったのであろ
う。その後にドーバー海峡を再び渡りイギリスに戻ったと思われる。
　オーストリアのウィーン経由であれば、九月になってからの時期に渡英した
ことが時間的にも理解できることであろう。岩倉使節団本隊はヨーロッパ本土
に渡った東久世通禧一行とは、なかなか合流していなかったと思われる。その
関係については、『大使信報』の明治五年九月条[61]に以下のようにある。

　　同十一日（前略）東久世通禧等英蘇ヲ回リ此ニ邂逅ス

　七月に使節団本隊がイギリスに到着しながら、東久世の一行は九月になって
ようやく本隊と接触している。「此ニ邂逅ス」と記して、暗に連絡が途絶して
いたことを述べているようである。ここにでてくる「英蘇」とはわかりにくく、
1917 年のソビエト連邦成立後は、「日蘇」などと新聞の見出しなどに用いられ、
ソビエト連邦のことと理解されるが、明治五年におけるこの場合は「英格蘭王
國」（England）と「蘇格蘭王國」（Scotland）と理解されるべきだろう。岩倉使節

団本隊が七月にイギリスに到着してから、ヴィクトリア女王が避暑中で不在だったことからスコットランドに足を伸ばしていたときに、東久世通禧理事官の一行はパリ経由でイギリスに戻り、本隊と邂逅したと考えられる。

また、これに先だって副使の木戸孝允の日記にも東久世一行はその姿を現している。木戸孝允がイギリス・グラスゴーの近くを視察しているときの『木戸孝允日記』明治五年九月八日（西暦 10 月 10 日）条 62) に前日宮内理事官東久世通禧・池田政懋らと車中で出会い、今日滞在先の貴族の邸宅に訪ねてきたという記述がある。

> 東久世香川高述 池田なとに昨日車中に面會し今日こ、に來れり宮内連に歸朝の都合なりと宮内の人常に玉座の傍に從待し今後爲朝廷に報公の主意其の方向の深からんことを希望し今日の擧止を窺ひ深く嘆息し不覺涙下

木戸孝允が東久世通禧一行の具体的に何に長嘆息したのかはわからない。理事官らとしての働きが君側のものとして天皇のそばにあって今後も朝廷に奉公するにはちゃんとして欲しいと希望しているが、きょうの様子を見るにつけ、先行きを心配し不覚にも涙を流したといことであろう。この木戸との面会には滞英中の高辻修長はこの時は同行していたと認められる。

その翌日の九月九日付で全権大副使あてに以下のような願いが東久世宮内理事官から出されている。取調のめどがたったら帰国するようにという先の達に従い、この願いを大副使に提出するために、再びイギリスに渡ったと考えられる。ただイングランド・スコットランドをも経巡っていたようではある。宮内理事官及び式部助としての所期の目的は果たしたので、一区切り着いたところで帰国することにしたということであろう。「七月十五日付達」を受けてであろう九月九日付全権大副使あて願い 63) は以下の通りである。

> A.一各國取調粗相濟候間當年中歸國致シ度候
> 一池田四等書記官是迄之通随行被仰付候事
> 一於各國交際并御用費トシテ二千圓御渡相成度候事
> 　九月九日　　　　　　　　宮内理事官
> 　全權大副使
> 　　　　　　御中
> （文意:一、各国の調査は大体終わったので今年中には帰国したい／一、池田四等書記官についてはこれまで通り随行を命じられるようお願いしたい／一、各国との交際並びに宮廷の費用として二千円支給してくださるようお願いしたい／九月九日／全権大副使／御中）

この願いでは東久世通禧らは本来の宮内省関連の取調のめどが立ったので、年内には帰国する予定を告げたうえで、「池田四等書記官是迄之通随行被仰付

候事」と依頼していて、通弁官としての池田政懋を必要としていることがわかる。従ってこれまでの旅程のほとんどの部分において池田政懋が同行していたとみて間違いないだろう。東久世の回想では、池田とは行き違ったように回想されているが、些か異なるのではないか[64]。

　先ほどの木戸孝允の嘆きは、九月九日付の願いにある「於各國交際幷御用費トシテ二千圓御渡相成度候事」がもとになっているかもしれないが、次の宮内理事官からの申請がもとなのかもしれないと思われるので、それを掲出する[65]。

　　　B.一金三千両
　　　　右者宮内省御手元御買物代金不足ニ付御取替御渡相成度歸朝ノ上宮
　　　内省定額金ヨリ大藏省江可致返濟宜御取計相願候事
　　　　　第十月十三日　　　宮　内　理　事　官

　　　　前書之趣承届候大藏理事官江申談金子受取之手形差入可有之候
　　　（文意:一、金三千両／右は宮内省の御手元のお買い物代金が不足した
　　ので立て替えお願い致したい。帰朝してから宮内省の予算の中から大蔵
　省に返済するのでよろしくお取りはからいをお願いしたい／第十月十三　　日
／宮内理事官／前文の願いの通り承知したので会計担当の大蔵理事官　　に離
しておくので金子受け取りの証文を差し出すこと）

　　　C.一英貨三百磅　　宮内省用費トシテ
　　　　　　　　　　　　出方可有之候
　　　　一金三千両　　　御手本買物代不整ヨ　　リ大藏省へ返濟之筈
　　　　　　　　　　　　取替渡シ追テ同省ヨ
　　　　右之通御渡シ有之候樣御印濟ニ付此段御達申候
　　　　　第十月十三日　　　　　書　記　官
　　　　　　會計掛御中
　　（文意:一、イギリスポンドで三百ポンド　宮内省用費として出金致しま
　　す／一、金三千両陛下のための買物代金が不足しているので、立て替え
　　て出金し、追って宮内省から大蔵省ニ返済の予定／右の通り出金願いた
　　い。判子をついてもらっているのでこの点ご連絡します／第十月十三日
　　／書記官発／会計掛御中）

　　　D.一金三千両
　　　　右者宮内省御手元御買物代金不足ニ付御取替御渡相成
　　　　度歸朝ノ上宮内省定額金ヨリ大藏省江可致返濟宜御取
　　　　計相願候事
　　　　　十月十三日　　　宮　内　理　事　官
　　　　　　全權大副使
　　　　　　　　　御中
　　（文意:一、金三千両／右は宮内省と陛下の買物代金不足になったので立

て替えてもらいました。帰国してから宮内省の予算の中から大蔵省に返済致しますので宜しくお願い致します／十月十三日／宮内理事官／全権大副使／御中）

　この四つの下付金願いの文章の日付をみると、A.が九月九日、B.と C.それに D.は第十月十三日申請と認可の日付は「第十月十三日」となっている。『在英雑務書類』の本来の順番は B.と C.それに D.そして最後に A.である。これは、出金という会計処理が済んだことから、それについての原因遡及の順に願いの文章が並んでいると考えたほうが良さそうだ。因果関係から言えば A.→ B.→ C.→ D.の順であろう。

　気になるのは出金願いが九月九日であるのに出金許可が B.と C.それに D.の日付が「第十月十三日」と一か月も時間がかかっていることである。『在英雑務書類』の前後の書類では日付の書き方が「壬申十月」となっていることや、後述するように東久世一行は十月八日にパリを離れ帰国の途につくので、「第十月十三日」では帰国後に出金されてしまうことになる。「第十月」は西暦で和暦になおすと「第十月十三日」は九月十一日になり、妥当な日付になる。このことから、「第十月十三日」は洋暦であると判断できる。

　この出金依頼は木戸孝允に会ってからすぐのことになる。木戸孝允には資金を放恣に使っていたと思われたのだろうと思われる。その金額が現在の価値になおすとどのぐらいのものになるのかわからないが、かなりの額であったことは確かだろう。

　東久世らは高崎正風の日記によれば、明治五年九月六日（10月8日にパリを離れ、マルセイユからフランスをあとにする。高崎正風は和暦の七月十日（8月13日）からの日記は、日付を洋暦で記しているので括弧内に和暦を示す。

　　10月8日（和暦九月六日）
　　　　夕七字着仏
　　10月13日（九月十一日）
　　　　五辻式部助来リテ会食す。
　　10月26日（九月二十四日）
　　　　池田寛治ヲロールヒロンニ訪
　　11月7日（十月七日）
　　　　香川、五辻ヲ招キテ離杯ヲ汲ム。
　　11月8日（十月八日）
　　　　東久世、五辻、香川等発仏、日本ヘ返ル。

　高崎の記述から、九月六日には高崎はパリに戻り、十一日には五辻と会食している。五辻はイギリスには渡らなかったのかもしれない。しかし九月二十四日には「池田寛治ヲロールヒロンニ訪」とあるので、この時には池田政懋がパリに戻っていることを示している。池田寛治は池田政懋の別名で第五章第六章

で詳述するが、「寛治」は使節団に参加する以前から使っていた名前であるから、この時期にも使っていたのであろう。池田政懋は九月下旬にはイギリスからパリに戻っていたと考えるのが妥当だろう。

そして高崎正風は「11月8日（十月八日）東久世、五辻、香川等発仏、日本へ返ル」と記し、東久世通禧宮内理事官の一団が日本に引き揚げたことを述べている。かれらは明治五年十二月二日（西暦 12 月 31 日）に横浜に到着している。4 人の横浜到着は、東久世通禧と五辻安仲と香川敬三の 3 人の履歴によれば、その帰国が確認できる [66]。

高辻修長の履歴は見いだせなかったが、同行した五辻安仲と香川敬三の 2 人は十二月二日に帰朝しているので、一行 4 人が日本に十二月二日に到着しているとみていい。高崎正風は、アメリカでの東久世一行 6 人のうち、フランス出発前日に「香川、五辻ヲ招キテ離杯ヲ汲ム」とあるうえに、出発当日には「東久世、五辻、香川等日本へ返ル」と名前を挙げているが、履歴が見出せない高辻修長について "the Japan Weekly Mail" 1873 年 1 月 4 日付 [67] をみるとフランス郵船（Messageries Maritimes）の Volga 号で横浜に到着した乗客のなかに "Itsutsutje,Takatsutje,Kagawa," の「五辻、高辻、香川」の 3 人の名前が見える。それゆえ、東久世通禧の名前は確認できないが、少なくとも「五辻、高辻、香川」の 3 人が同船して帰国したことが確認できる。これで、東久世通禧一行 4 人が揃って十二月二日に帰国したことが確認できる。

五辻、高辻、香川の 3 人は帰国が確実で、村田経満は語学研修などのためパリに残留しているので、この出発前日の「東久世、五辻、香川等日本へ返ル」のなかに池田政懋が含まれていないのがはっきりする。池田政懋は東久世宮内理事官一行の支援業務を終えてパリに滞留していることがわかる。

第　三　節　－池田政懋　われはパリにあり

ヨーロッパに渡った池田政懋は、宮内理事官らとともにイギリス、フランス、ベルギー、ロシア、ドイツ、オーストリア、再びイギリス、そしてパリと移動をして、東久世侍従長らの一行を輔佐して東奔西走したことになる。宮内理事官東久世通禧が九月九日付で「池田四等書記官是迄之通随行被仰付候事」と大使に上申したのは当然のことだったと考えられる。

東久世通禧及び五辻安仲それに香川廣安と高辻修長がマルセイユから日本に向かったあとの池田政懋はいかなる動きをしていたのか。パリに残留して、使節団の本務である四等書記官に戻ったと考えられるが、この時期の行動については、別の日記を参看して明らかにしてゆきたい。東久世らが日本へと向かったのと入れ違いのように成島柳北と松本白華が十月二十八日にフランス・マルセイユに到着し、十一月一日にはパリに入る。彼らの到着は東久世らの出発からほぼ 3 週間後のことだが、成島柳北と松本白華らはパリに着いた翌日十一月

二日（1872 年 12 月 2 日）に当初のホテルから宿泊費の安いホテルに移る。この移転先は「ホテルロールビロン」（柳北）あるいは「ローリビロン館」（白華）である。しかしこれは同じホテルのことであろう。『航西日乗』と『松本白華航海録』からその部分を抜き出してみる。

　　『航西日乗』
　　　即チ「ホテルドロールビロン」ナリ　佐藤鎮雄　池田寛治　阿部潜　大野直輔　長岡精助諸氏　皆此家ニ宿シテ在リ

　　『松本白華航海録』
　　　○四時、辞大旅館転ローリビロン館。○ローリビロン館本朝人五人在。防人大野直亮　明日将帰朝。（頭注　旅宿場所　アベニウ・ホルタンス二十六番　ドーラレーヌ　旅宿名　ローリビロン館　瓦解銀行　コントアルデスコント　本朝人五名　長州池田寛治　静岡阿部潜　菊間駒留良蔵　静岡稲垣喜多蔵　同小野弥一　防人大野直亮　旅宿亭三十一番 31 ソイルチーオン）

　　成島柳北は同宿になった日本人を「佐藤鎮雄　池田寛治　阿部潜　大野直輔　長岡精助諸氏」と述べているが、松本白華は出身地を含めて書き留めていて「長州池田寛治　静岡阿部潜　菊間駒留良蔵　静岡稲垣喜多蔵　同小野弥一　防人大野直亮」と記し、食い違いがある。しかし「池田寛治」が「ホテルドロールビロン」または「ローリビロン館」というところにいたことは確かなことである。松本白華が「長州池田寛治」と書き残しているのは、翻刻者が「長崎」を読み違えたのか、あるいは松本白華が聞き違いしたまま書き遺したのかもしれない。このところは原典に当たれていない。補足すると佐藤鎮雄（1851-1897）は九州の旧柳河藩出身で兵部省（海軍）からの派遣、阿部潜は旧幕臣で使節団大蔵理事官随行、大野直輔（1841-1921）は大野直亮と「輔（すけ）」と「亮（すけ）」の読みが同じで旧長州藩支藩徳山藩出身。明治元藩主家従者として渡英後、岩倉使節団に合流。長岡精助（1840-1886）は旧長州藩出身で使節団に合流し大蔵理事官随行、小野弥一（1847-1893）も横浜仏語伝習所出身で欧米留学。
　　いずれにしても、池田政懋がパリに居残っていたことは確実で、その後成島柳北と松本白華の日記にも出現するので、それらの記述を追いながら、池田政懋の動きを拾い出してゆくこととする。まず、この時期の成島柳北『航西日乗』、『木戸孝允日記』、松本白華『航海録』、島地黙雷『航西日策』から池田政懋（寛治）の名前を拾うと以下のように出てくる。とりあえず、明治五年十一月一日（1872 年 12 月 1 日）から同年十一月十五日（12 月 15 日）まで。十一月二日については上述のとおりで池田寛治の名が現れ、池田政懋のパリ残留が明瞭になっている。

十一月四日［日乗］
　　此ノ日池田氏ニ誘ハレ始メテ市中ノ浴室ニ赴ク
十一月八日［日乗］
　　此ノ日安藤池田二氏トボアドブロン68)ノ公園ニ遊ブ
十一月九日［日策］
　　夜九時半巴梨へ着く。
十一月十一日［日策］
　　晩餐後長田池田安藤三子ト往テ「ワランチノ」69)ノ歌舞場ヲ観ル
十一月十二日［日策］
　　原田・池田来訪。
十一月十五日［日策］
　　飯塚・西岡・原田・古賀・池田・松浦・三好来訪。

　この時期、成島柳北と松本白華がパリに入り、島地黙雷もベルリンからパリに戻ってくると、池田政懋の名前が各種日記によく見られるようになる。柳北『航西日乗』黙雷『航西日策』とも、池田政懋との交流を描き出している。成島柳北が「此ノ日池田氏ニ誘ハレ始メテ市中ノ浴室ニ赴ク」と始めて池田政懋のことを書き留めている。入浴が欠かせない日本人の成島柳北にとっては、旅塵を落とすことができてうれしいことだったかもしれない。十一月八日は同じ四等書記官の安藤太郎とともに柳北を散歩に誘ったりしている。島地は十一月九日にパリに戻ってきて、十一日に早速池田政懋や使節団四等書記官安藤太郎らと「歌舞場」を訪れている。池田政懋は『米欧回覧実記』に「（引用者註:パリは）歐洲大陸ノ都會ニテ、世界中、只倫敦ヲ除ク外ハ、此ト盛ヲ較ヘル都府ナシ、其壯麗ナルニ至リテハ、實ニ世界中ノ華嚴樓閣ノ地ナリ」70)と刻まれた燦然たるパリを満喫していたようだ。ただ前年五月に終熄したパリ・コミューンの市街戦の痕も見ているはずだ。長田は長田銈太郎(1849-1889)のことで旧幕臣で、成島柳北の婿養子謙吉(？-1906)の実兄である。原田は原田一道、飯塚納(1845-1929)は出雲（島根県）出身、古賀は古賀護一郎(1849-1873)のことで袋久平とも。佐賀藩多久邑生まれで留学中に病を得て帰国途上にあった。松浦は最後の大村藩主・大村純熙(1830-1882)の留学に随行した旧大村藩士松浦精一か71)。三好は、旧高鍋藩士の三好退蔵(1845-1908)のことで欧米留学中。
　そうこうしているうちに使節団本隊がロンドンからパリに到着するので、その時期について見てみる。

十一月十六日［日乗］
　　本日我ガ大使岩倉右府木戸大久保諸公英国ヨリ来タリ
同　　日　　　　［航海録］
　　大使一行来自倫敦
十一月二十一日［日策］
　　伊藤・池田・福地・田中等と三時より更まで談る。

十一月二十二日［日策］
　夕六時後、伊藤・池田・駒留来遊、終夜伊藤と論ず
同　　日　　　［木戸］
　林池田書記福井等とブハ、デ、ブロン [72)] を経其よりサンクルー [73)] に
　至る
十一月二十五日［木戸］
　十二字旅官前の大門へ第一世ナボレヲン築きしものにして福井池田と
　登り巴里府中を一望す

　十一月十六日に大使一行がロンドンからパリに着いたことは、成島と松本と
もにその来着を日記に記している。その後、島地『航西日策』で、十一月二十
一日に池田政懋を交えて使節団副使伊藤博文などとの交流を書き留めている。
このときの「伊藤・池田・福地・田中等」のうち、「福地」は留学生の福地鷹次で
はなく使節団一等書記官の福地源一郎と考えていいだろう。木戸孝允は十一月
二十二日に池田政懋のことを「池田書記」と書きとどめて、林董や福井順三等
との付き合いを記していることがわかる。十二月三日はグレゴリオ暦に改暦さ
れて明治六年一月一日になるので、この時期をまとめてみる。

十一月二十六日［各國帝王謁見式］[74)]
　西暦十二月廿六日午後第一時十五分、大統領ヨリノ警衛隊トシテ重騎兵
　三十騎來リ、旅館ノ外ニ伍ヲ正フシテ待ツ、且使節一同ノ車三輌ヨリ送ル、
　コマンダント、シアノワン騎兵ノ隊長ヲ誘引シ、使節ニ謁セシム、使節之
　ニ謝ス、禮節役フヲイエデコンシュ次官モラール等モ來ル、大副使中辨務
　使鮫島尚信書記鹽田三郎池田政懋コマンダント、シアノワン等陪從、二時
　十五分前發車ス（以下略）

十一月二十七日［木戸］
　一字頃より内務大藏文部貿易工部諸卿を訪ふ内務大藏而已在宅餘は皆外
出中使節一同通辯は池田なり

　西暦に改暦直前の十一月廿六日に岩倉使節団の大副使は訪問国のフランス大
統領ティエールにヴェルサイユ宮殿で謁見する。案内役のシアノワンはシャル
ル・シュルピス・ジュール・シャノワーヌ（Charles Sulpice Jules Chanoine,1835-
1915）のことで、幕末にフランス軍事顧問団として来日していた。『各國帝王謁
見式』[75)] には、「警衛隊トシテ重騎兵三十騎來リ」とあり、燦爛と輝く鎧を纏
った重騎兵が戞々と蹄を響かせながら、使節団を迎えに来る様子を彷彿とさせ
る。この「謁見式」[76)] には、池田政懋もフランス駐在弁理公使鮫島尚信（1845-
1880）、フランス語担当の書記官塩田三郎についで、名前が出てくる。儀式の
中でどのようなやりとりがあり、池田がそのなかでどのような役割を果たした
のかはわからないが、フランス語担当としては面目躍如の日であっただろうと

思われる。

　そしてその翌日には謁見式の答礼として、使節一同が「内務大蔵文部貿易工部諸卿を訪」い、挨拶して回ったと見られる。それに「通辯は池田なり」とあるので、この日は池田政懋一人が通弁にあたったことがあきらかである。これらのことがらから推測するに池田政懋は宮内理事官輔佐の業務を終えて使節団の本来業務に戻ったと言うことの意味のようである。

　ただ謁見式の前日二十五日の『木戸日記』に「旅官前の大門へ第一世ナボレヲン築きしものにして福井池田と登り巴里府中を一望す」という条は、従者の池田なのか、それとも池田政懋がお供したのかは判然としないので、パリ凱旋門に登った「池田」が誰かは保留としておく。

第　四　節　一池田政懋はパリからベルギーへ　再びパリへ

　ここからは改暦されて明治六年一月になってからの動きを各種日記から拾い上げて行くこととする。まず一月十二日までを拾い出してみる。

　　一月一日［木戸］
　　　十二字半大統領チヤに面會し當日の祝辭を陳ぶ此處は元ベルサエルの知事官宅と云ふ同行は使節一統辨務使鮫島書記鹽田池田辨務使付長田桂二郎なり各國公使其他百餘人堂に滿つ其より外務省に至る此處に王宮あり千八百七十年字國王此城にて獨逸皇帝即位の禮を行へり
　　一月二日［航海録］
　　　遇池田安藤数子乗馬車帰
　　一月八日［航海録］
　　　遇何及池田説答新聞事似教
　　一月十二日［高崎］
　　　岩倉、木戸、大久保、山口、池田等モ来レリ。

　一月一日から一月十二日までの出来事と池田政懋に関連した事柄を看取してゆくと、まず元日には、使節一統は新年の祝詞を述べにヴェルサイユ宮殿まで出向いており、それに池田政懋は通弁として随従している。それが四等書記官の本務であると考えられる。木戸日記の「統領チヤ」はルイ・アドルフ・ティエール（Louis Adolphe Thiers,1797-1877）のことで、当時パリコミューンを鎮圧し、フランス第三共和政の初代大統領だった。

　松本白華は、偶然池田政懋とともに一月二日に四等書記官の安藤太郎らと出会い、一月八日には一等書記官の何礼之とも巡り会って、渡航前の送別宴での三条実美の送別の辞「使命ヲ絶域萬里ニ奉ス」[77]とはいうものの、遠く異域にやってきてパリで邦人に際会するというのはなんと心安らぐことではなかった

のだろうか。

　十二日には「岩倉、木戸、大久保、山口、池田等」が高崎正風のところにやってきている。この時のメンバーが大使副使であり、それに末端とも言える四等書記官池田政懋が加わっているのが、奇妙と言えば奇妙で、何礼之や田邊太一それに福地源一郎であれば理解はまだしも可能だと思われるが、ひょっとしたら、池田政懋が大使副使を引き連れてきたのかも知れない。

　ついで一月十四日から二十七日までを探ってゆく。

　　　一月十四日[航海録]
　　　　過ラウリビロン館遇青木氏山口県人、独逸生徒取締。東久世氏伯霊来乃至其館ルーブル。東久世公・佐々木司法大輔・岡内某将帰国。
　　　一月十五日[航海録]
　　　　終日裁書託東久世公東帰寄故郷。
　　　一月十六日[日乗]
　　　　又ルーブルニ過ギ佐々木高行東久世某両君ニ面ス
　　　同日　　　[航海録]
　　　　送東久世公東帰。
　　　一月十九日[高崎]
　　　　池田ニ逢、西岡、寺嶋、青木ヲ訪。
　　　一月二十七日[日乗]
　　　　晩ニ大使ノ旅館ニ赴キ田辺池田安藤諸子ト話シ共ニ小松子ノ寓ニ赴キ就テ宿ス

　一月十四日から二十七日までのうち、十四〜十六日にかけて池田は登場しないが、池田政懋は十九日に高崎正風、西岡逾明、寺嶋とある寺島宗則らと、二十七日は成島柳北だけでなく、使節団の書記官連中と話し込んでいるようだ。

　そして、池田政懋とは関わりのある東久世という名前が登場している。これはベルリンに留学していた東久世通禧の養嗣子・東久世通暉のことであろう。ベルリンの留学生総代取締・青木周蔵に付き添われてパリまでやってきたというところではないか。このあと東久世通暉と青木周蔵(1844-1914)はロンドンにわたり、通暉は日本に帰還することになる。帰国後三月十一日に養父東久世通禧から帰朝届が宮内省に出されていて、その後五月には養子縁組を解消している [78]。補足すると青木氏は旧長州藩出身でベルリン留学中の青木周蔵、旧土佐藩出身の岡内重俊は佐佐木司法理事官随行。

　ついで二月九日から使節団がベルギーに出発する十七日までを閲してゆく。

　　　二月九日[日策]
　　　　池田升来遊。
　　　二月九日[木戸]
　　　　夜與池田ブルバールヅチタリヤン [79]に至り雑物を買得せり

二月十七日［日策］
　　　　大使仏を発す。
　　　同日［高崎］
　　　　大使一列、巴理ヲ去テ、白耳義ニ赴く。
　　　同日［航海録］
　　　　大使辞仏往白耳義将発、余輩送行到ステイション。

　　二月九日は「池田升来遊」という記述が見つかるが、これは旧徳島藩家老職の家柄であった池田登のことであり、池田政懋とは区別するためにわざわざ「池田升」としたものであろう。また同日の『木戸日記』に「夜與池田ブルバールヅチタリヤンに至り雑物を買得せり」というのは、池田政懋と言うよりは「池田良藏」のことと推測が出来るので、「池田」という表記だけから「池田」を誰であるかと比定するのは、手探り状態になる。そして二月十七日に使節団本隊は次の訪問国ベルギーとオランダに向けて出発する。「高崎日記」と『松本白華航海録』は記述が一致している。

　　この時期になると、『在佛雑務書類』には各理事官も帰国するという書類が多く見られる。そのなかに池田政懋はフランス語担当の一等書記官塩田三郎とともに書記官を免ぜられている。この書類に日付はないものの、使節団の業務がほぼ終盤に至ろうとしているせいなのであろうし、使節団の派遣期間が長期にわたり、経済的財政的に厳しくなってきたことから、折に触れて書記官らも任務を解除され、帰国するようにということになっている。ここでは「願ノ通書記官差許帰朝付候事」とあるが、実際には塩田三郎に関しては願いがあるものの、池田政懋については願いが『在佛雑務書類』には見られない。
　　『在佛雑務書類』明治六年二月 [80)] をみると以下のようにある。

　　　　　　　一等書記官
　　　　　　　　鹽　田　三　　郎
　　　　　　　四等書記官
　　　　　　　　　池　田　政　　懋
　　　　右願ノ通書記官差免帰朝申付候事
　　　　　但在佛ハ此迄ノ通御用相勤可申事

　　続く書類に一等書記官福地源一郎にギリシア・トルコ・エジプトの三か国を回って各国の外交や刑法に裁判等を調べて帰国せよという許可とともに、池田政懋にはについては、フランス・パリにおいて「御用有之」として三ヶ月滞在が命じられ、用が済み次第帰朝することと命じられている。この文書の日付は記載されていないうえに、帰朝願いが差し許されたにもかかわらず残留を命じられている。帰朝許可の書類では「但在佛ハ此迄ノ通御用相勤可申事」とはあるものの、書記官としての任務は解除になりながら、別命が下っている。
　　その別命が下っているのがわかるのは、一等書記官田邊太一から宛先が「岩

倉公／木戸公／大久保公／伊藤公／山口公」（引用文には宛先は略）となっている書類で、それを示す 81)。

書記官　太一
一等書記官
福地源一郎

希臘都児格陀日多三國各國交際振并刑法裁判等實地爲
取調差遣候尤三个月ヲ限リ右御用爲相濟歸朝ノ上委細
外務省ヘ可申立候事

四等書記官
池田寛治

御用有之佛國巴里府ヘ三ヶ月間滞在申付候事
　　但右御用相濟次第歸朝可致候

　この命令書で池田政懋は「巴里府ヘ三ヶ月間滞在」を命じられているが、「御用有之」の内実は池田に大久保副使帰国の随行を命じる『大使公信』第貳拾五號明治六年四月十三日付 82)に「池田四等書記先般取調物申付巴里府差殘置候所此度大久保副使附添歸朝爲致候此又申進置候也」（池田四等書記官は先般調査を申し付けパリに残しておいたが、此の度大久保副使の帰国に付き添って帰国させることにしたので通報します）とあり、池田政懋がパリに残った理由は「先般取調物申付巴里府差殘置候」だったとわかる。取り調べものの内容は、第四章で引用するが、池田寛治没後の「西海新聞」（明治十四年一月十八日付)83)に掲載されている「池田寛治履歴」には、パリに残ったのは「仏京巴里に滞留し民律を取調ふることを命せられ留まること三月」とあることから、期間を区切られた理由はわからないが、いわゆるナポレオン法典（フランス民法典）の調査のためだったことがわかる。それは、使節団の法律についての関心が、普仏戦争に敗れた後であっても、フランスに向けられていたことを推定させるだろう。
　如上を踏まえて使節団がベルギーに向け出発後のことを扱う。各種日記の二月十八日から三月十四日までの間の記述から池田寛治関連を抽き出して、その後の行動を追って行くことにする。

　　二月十八日［木戸］
　　　其より田中池田ポーランド人ロバンと同車し市中の古跡又は名ある處を巡視し府外の林に至る（中略）夜田中池田と散歩す
　　二月二十四日［日策］
　　　池田白耳義より帰泊
　　二月二十五日［日策］
　　　福地・池田を訪ふて装を助く。西岡・鈴木・池田等と会食す。晩八時四十五分仏都巴梨発、見送者は池田・西岡・鈴木・野口・鳴嶋なり。

三月一日［木戸］

　　河北青木池田寛へ書状を出せり

三月四日［日乗］

　　小野子ト共ニ長田氏ヲ訪ヒ又「ロールビロン」ニ過ギ池田子ニ面ス

三月九日［木戸］

　　佐藤池田荻原其他數十人來訪

三月十四日［日乗］

　　公使館及ビ「ロールビロン」ニ赴キ池田長田松田鶴田名村諸子ノ許ニ
　　過ギ伊太利行ヲ告ゲテ帰ル

三月十四日［航海録］

　　原田・入江・司法省諸君・池田諸子ニ告別。

　この期間には二月二十四日に島地黙雷が「池田白耳義より帰泊」としているので、池田政懋は二月十七日にパリを発った大使副使に随行してベルギーまでに足を伸ばしていたことがわかる。使節団本体はさらに、『米欧回覧実記』によると十七日から二十四日まで[84]、ベルギーに滞在したあと、ベルギーからオランダへと国境を越えている。

　ここで、不思議なことがある。岩倉使節団がベルギーを経てオランダ入りしたのは、明治六年二月二十四日のことで、地元オランダの新聞『スキーダム新聞』（Schiedamsche　Courant)1873 年 2 月 27 日付[85]に岩倉使節団の記事が 1 ページ目から 2 ページ目にまたがって載っている。2 ページ目には使節団の団員として、"Derde　secretarissen:Ikeda,Ando." とあり、三等書記官として池田の名前がある。安藤（太郎）とともに挙げられているので、この池田は池田政懋（寛治）に間違いないであろう。四等書記官が三等書記官になっているのは、記事になる際に、どこかで行き違いがあったのだろうが、それでなくとも使節団員の名前に遺漏があったのだろうか。オランダもベルギーから移動するにあたって、両国の接伴掛どうしで引き継ぎはあっただろうが、脱漏なのかどうか。登場人物について補足すると、野口は野口富蔵(1841-1883)のことで、アーネスト・サトウの通訳・秘書で賜暇休暇で帰国するサトウに従い渡英後使節団に合流する。河北俊弼(1844-1891)は旧長州出身で米英留学、荻原とあるのは萩原三圭(1840-1894)のことで医学研究のためドイツ留学、松田は旧佐賀藩出身の松田正久(1845-1914)のことで兵学研究のため渡仏。鶴田と名村は司法省調査団の一員。入江は入江文郎(1834-1878)のことで、幕末のフランス学先駆者の一人で学術研究のため渡仏、のち留学生総代。

　『帝王謁見式』のうち、オランダについての「和蘭國謁見礼式」[86]には、「第一ニハ車先公使「ポルスブルック」田邊一等書記第二車ニハ伊藤山口兩副使第三車ニハ木戸大久保兩副使イツレモ四馬ニ駕ス第四車六馬式部次官大使第五車二馬安藤四等書記先神奈川領事「タック」乗之」（「ポルスブルック(Dirk de Graeff van Polsbroek,1833-1916)」は初代駐日オランダ公使、「タック(Willem Martinus van der Tak,1838-1899)」はオランダ貿易会社社員として長崎・出島に

着任。のち神奈川に移り神奈川のオランダ領事）とあり、オランダの謁見式に臨む陣容を書き出しているが、これに池田政懋の名前はない。これによって、『スキーダム新聞』（Schiedamsche Courant)1873年2月27日付の記事は誤りだといえる。それに二月二十四日にはベルギーから帰ってきて、翌二十五日には福地源一郎がエジプトに行く準備を黙雷とともに助けていることから、池田政懋がオランダに滞在していないというのは整合性は十分あると考えられる。

　また『木戸日記』二月十八日条「其より田中池田ポーランド人ロバンと同車」、「夜田中池田と散歩す」は池田政懋の可能性は残るが、三月九日条「佐藤池田荻原其他数十人來訪」は池田政懋ではあるまい。ここはドイツ留学中の「池田謙齋」で、のち病気になった木戸は池田謙齋の手当を受けている。このほか三月一日条「河北青木池田寛へ書状」、四月二日条「大久保利通西岡逾明池田寛ニ安川議生等へ諸狀を出せり」、四月十一日条「池田寛治の書簡巴里より達せり」は間違いなく、池田政懋である。安川議生は旧白河藩士の左院視察団の安川繁成(1839-1906)のこと。

　これからは三月二十七日から四月十一日までを扱う。ここでは木戸孝允書簡からも採録する。

> 四月二日［木戸］
> 　大久保利通西岡逾明池田寛^{ママ}ニ安川議生等へ諸狀を出せり
> 四月六日［木戸孝允宛池田寛治書簡]87)
> 　私義も来る十三日郵船を以て帰朝可仕候
> 四月八日［日乗］
> 　再ビ「グランドホテル」ニ赴キ池田寛治氏ニ面シ之ヲ託ス
> 四月九日［航海録］
> 　大久保参議帰朝、池田氏新納氏皆従行。
> 四月十一日［木戸］
> 　池田寛治の書簡巴里より達せり

　四月六日付木戸孝允宛池田政懋書簡には、「私義も来る十三日郵船を以て帰朝可仕候」とあるのに留意が必要だろう。大久保の三月二十七日付の村田新八／高﨑正風／岸良兼養宛書簡で「次ニ小子事今般帰朝之御沙汰承知」とあって、大久保が留守政府が身動きできなくなったため、帰国することを告げていて、その直前に帰国が決まったことがわかる。先に引用した『大使公信』第貳拾五號明治六年四月十三日付に「池田四等書記先般取調物申付巴里府差残置候所此度大久保副使附添歸朝爲致候此又申進置候也」（池田四等書記過日調査を命じパリに残留させておいたので、このたび大久保副使の付き添いとして帰国させますことを連絡いたします）とあり、パリに残留してフランス民法典を研究している池田寛治を随行させるのが、人繰りからいって順当だと使節団内で判断して、池田を大久保副使の帰朝に附庸せしめただろうことが推定できる。

　四月九日付松本白華『航海録』に「大久保参議帰朝、池田氏新納氏皆従行」

とあるので、大久保利通や池田政懋らは九日にパリを発ち十三日にマルセイユから帰国の途に就き波濤万里の彼方の故国日本を目指す。

第　五　節　一池田政懋はパリから日本へ

　最後に明治六年に入ってからの旅程では、特に大副使がパリに入ってからは、『航西日策』によれば去年の十一月二十一日「伊藤・池田・福地・田中等と三時より更まで談る」、翌二十二日も「夕六時後、伊藤・池田・駒留来遊、終夜伊藤と論ず」とあり、島地黙雷のところでは使節団内だけでなく、在仏あるいは在欧州の留学生などが、副使の伊藤博文らとともに意見交換なのかはわからないが密接な接触をしているようだ。そのなかで帰国に当たっての状況を四月六日付木戸孝允宛池田寛治書簡[88]で触れる。

　　　益安康可被爲御坐奉敬賀候。私義も来る十三日郵船を以て帰朝可仕候。白耳義に於て御托し之件々は別紙之通に御座候間、別紙相添此段奉申し上げ候。早々謹言。
　　　四月六日　　池田寛治再拝
　　木戸公閣下
［別紙］
［職務制限は各省の職務并諸省附属の寮局共仏文にてーと先つ表に仕立、当月初めより西岡へ筆記を頼み、日本文字にて表を持らへ候心組に御座候処、不意に帰国之命御座候へば、是も当地にては出来不申候。午前にも御帰朝之節は仏へ御立寄可被爲遊よし御座候間、洋文には御座候へ共出来居り候表凡十枚計西岡へ渡し置き候間、御一覧被下度奉願上候。］

　この木戸孝允宛池田寛治書簡は、木戸孝允からの様々な調査や土産物の購入などの依頼が書かれたものに、池田政懋がそのまま項目ごとに返事を書き込んで返送していると考えたほうがいいもので、そのなかで「不意に帰国之命御座候」[89]と書き記して池田政懋の出発が急であったことを示している。この書簡は『木戸日記』四月二日条に「大久保利通西岡逾明池田寛二安川議生等へ諸状を出せり」とあるので、大久保が急遽帰国になり池田が帰国することになったのを受けて、木戸が池田政懋に依頼した件の問合せをしたのであろう。池田政懋はベルギーから二月二十四日にパリに戻ってきたが、この書簡には「白耳義に於て御托し之件々」とあるので、木戸孝允から依頼を受けたのは、二十三日というよりは二十二日以前のことであろう。ベルギーに入って暫くしてのことではないか。それゆえ、大久保利通が急遽の帰国に併せて、「御用有之」とはいえパリにフリーハンドでいる池田寛治が同航者に択ばれたことは想像に難くない[90]。

木戸孝允のために準備したものは西岡逾明に手伝ってもらって作成しており、できあがったものは西岡に預けておくので、帰朝の際パリに立ち寄った時に読んでもらいたいとしている。このことはまた、池田政懋と西岡逾明とのつながりの深さを示しているようである。

　国内情勢の急迫による副使の大久保利通の急な帰国は、三月二十七日付の村田新八・高崎正風・岸良兼養宛大久保利通書簡[91]によっても知りうる。全文は以下の通り。

　　　各位弥御安康被成御座奉拝賀候、次ニ小子事今般帰朝之御沙汰承知、明廿八日晩当所発フランクホート江一日逗留、即夜汽車ニ而卅日朝御地之様到着之筈ニ御座候、不図再会相楽居申候、此段為御知迄如此、何も期面晤短章を呈候、匆匆拝首、
　　　　　　　　三月廿七日　　　　　　　　大久保利通
　　　村田新八様　　　　　　　　　　　録再より
　　　　　　高﨑正風様
　　　　岸良兼養様
（文意:各位にあってはいよいよ御安康になされているとお慶び申し上げます。次に私は今般帰朝の御沙汰を受け、二十八日の晩に当所を出発しフランクフルトに一日逗留し、その日のうちに夜汽車で三十日の朝にパリに到着の予定です。図らずも再会を愉しみにしています、この点お知らせまで。顔を合わすことを期待して短文ですがお送りします。匆匆拝首／録再より／三月二十七日／大久保利通／村田新八様／高﨑正風様／岸良兼養様／なお三十日にはパリ到着等の時刻等はわからないので、尚フランクフルトより池田書記官まで電信で連絡するつもりです）

　この書簡が書かれた「録再」がどこの地名を指すのか不明だが、フランクフルトに着く前に書かれたことは間違いないだろう。

　この期間で特に注目すべき点は、この書簡の追伸部分に「尚々卅日ニハ時刻等分兼候付、尚フランクホートヨリ池田書記官迄伝信差遣候筈御座候」とあり、パリにいる「池田書記官」が使節団情報の中継点になっていることがわかるものとなっている。池田書記官に自分の到着日時を知らせておくので、パリにいる君たちは池田寛治に確認してくださいと言うことであるのだから、間違いなく情報の結節点になっていることが見て取れる。これが「御用有之佛國巴里府ヘ三カ月滞在申付候事」の中身の一つだったのかも知れない。

　岩倉具視・大久保利通らがベルギーやオランダ、ドイツ・ロシアに向けてパリを発ったのは明治六年二月十七日のことで、池田政懋は留守居を命じられたのは、たぶん想像の域を出ないがベルギーにおける随行中のことであったのではないか。

　第二章と第三章における池田政懋の足跡を改めて辿ると、アメリカ・サンフランシスコに上陸し、北米大陸を東に向けて横断する。途中で宮内理事官随行

兼勤となる。そして首府ワシントンを経てボストンから、リバプール、ロンドンとイギリスに渡る。それからパリに渡り、ベルギー、ペテルブルグ、ベルリン、ウィーンを経てパリに戻る。そして再びイギリスに渡り、パリに戻ってから宮内理事官一行の帰国を見送り、その後フランス大統領謁見式および新年の賀、使節団のベルギー訪問に随行し、パリに戻る。そして四月十三日にマルイセイユを出航し、おおよそ1年半に及ぶ米欧回覧を終え、大久保とともに日本に戻る。

　第三章では池田政懋がこれまでのようにただ単に岩倉使節団に四等書記官として随行したと言うことだけで、どんな役割を果たし、どのような動きをしたのかはわかっていなかったことを、相当部分は明らかに出来たと考えられる。ヨーロッパにおける池田政懋の軌跡は辿ることが出来たかとは思うが、彼の肉声というものや彼の書き残したものというのは見つけられなかった。これからは、そうしたことを探り出してゆくことが課題となる。

註）

1)『宮内省式部寮理事功程』　『宮内省式部寮理事功程』国立公文書館　［請求番号]00356100

2)『宮内省式部寮理事功程』には、差し出した書類以外に、理事官らが持ち帰ってきた書目があげられていて、「萬國政風記　千八百七十二年」「英國外務官員全書　千八百七十二年」「英國朝廷禮式案内書」「英國陸海軍官員全書」「英吉利蘇格蘭受倫海外領地ノ日誌」「華盛頓府ノ行儀」「第四十二會第集議員必用會規則書」「英國政體記」「英國皇族貴族ノ事ヲ記スル書」「魯西亜書」「同」「普魯士陸海軍官員全書」「普魯士國官員全書」「普魯士國朝廷禮式案内書」「墺地利朝廷禮式尋問書」「墺地利帝宮全圖」「外ニ佛蘭西國禮式」がある。しかし「巨細可取調ノ處去五月京城炎上ノ節於省中總テ燒失致シ候」のため、再度必要の書類を取り寄せ中とある。

3)『宮内省式部寮理事功程』　国立公文書館［請求番号]単 00356100DA28 コマ

4)セント・ジェームス宮殿(St.James's Palace)　英国王室のロンドンにおける公式居住地としては1702 年から 1837 年まで。　*cf.*https://www.royal.uk/royal-residences-st-jamess-palace(最終閲覧日：2021.10.22.)

5)バッキンガム宮殿(Buckingham Palace)　英国王室のロンドンにおける公式居住地としては1837 年以降。*cf.*https://www.royal.uk/royal-residences-buckingham-palace(最終閲覧日:2021.10.22.)

6)『宮内省式部寮理事功程』　国立公文書館［請求番号]単 00356100　DA29 コマ

7)「式部頭」は『宮内省式部寮理事功程』には「マストルオスセレモニース」と振り仮名を振ってあり "Master of the Ceremonies" のことだが、世襲制の式部卿(Lord Great Chamberlain)とは異なり、式部官のことであろう。

8)「海外留学生改正処分ノ儀伺」公文録・明治六年・第五十三巻・明治六年七月・文部省伺(国立公文書館［請求番号]公 00783100[件名番号]014

9)読売新聞明治三十五(1902)年四月三十日付「三十年前岩倉大使一行洋行の夢」及び明治神宮編『壁画画題資料』(明治神宮叢書18 資料編(2)・明治神宮社務所・2003.11.3.)

10)「高任外遊中の日記」五月十三日(和暦四月七日)条　大島信藏編『大島高任行實』(大島信藏・1938.7.30.)p.719.

11) 渋沢青淵記念財団竜門社編『渋沢栄一伝記資料別巻第八　談話（四）・余録』（渋沢栄一伝記資料刊行会・1969.11.30.）pp.388.-389.に使節団経理担当の田中光顕から渋沢栄一宛の壬申（明治五年）十月十二日付書簡でこの間の事情と使節団の公金は無事だったことを在京の渋沢栄一に報告している。以下にその書簡から抜粋する。「磅」は通貨のポンドのこと。

　　　　　茲ニ一ツの大幸アリ、ジョイントナショナルバンクと称する南貞介の入込ミ居候バンクあり、本店ハ瑞西ノゼネバニてカビトルも左程の大金ニも無之候得共、南ガ居候故日本人ハ皆々通弁ハ入らず旁都合宜敷故書生其外多く此バンクヘ金を預ケ申候、使節着英後ハ南も殊の外尽力周旋ニて頻ニ甘言を以説得し、岩倉千三四百磅許、木戸四百磅、大久保八百磅、山口七百磅許、田辺八十磅、何百六十磅、塩田四百磅、久米百磅、肥田、長野其外も多少相預ケ置申候様の事故、先達而伊藤副使の持参金四百磅も何分預かり申度由ニて、大副使へも南ゟ頻ニ相迫リ候故、使節ハ皆々預ケ候而苦しかる間敷との事ニて、伊藤も亦気遣ひハあるまじくとの説ニ有之候得共、僕ハ何分意に落不申、福地へ相談仕候処、同人ハ危うきものと申論故、断然人情を欠て東洋銀行へ相預ケ置申候、然ニ一昨日ニ至り俄ニ右分散ニ立至り、使節一同大周章狼狽、気ノ毒千万ニ御座候、伊藤、福地及僕等ハ公私金とも一銭も相預ケ置居不申、実ニ仕合ニ御座候

12)『木戸孝允日記』明治五年十月十一日条　前掲『木戸孝允日記　二』p.274.

13)「大使一行ノ官員洋行中ノ借財月給内ヨリ返納セシム」（太政類典・第二編・明治四年〜明治十年・第八十九巻・外国交際三十二・諸官員差遣三）国立公文書館［請求番号］太　00310100　［件名番号］041

14) 読売新聞明治三十五五月一日付「三十年前岩倉大使一行洋行の夢」

15) 読売新聞明治三十五五月一日付「三十年前岩倉大使一行洋行の夢」

16) cf.第二章-註11）及び註13）

17) 高崎正風の日記類　北里闌『高崎正風先生伝記』（私家版・1959.8.28.）所収。

18) 左院　明治初期の立法府で明治四年七月に、太政官により正院・右院と共に設けられた正院の諮問機関としての役割を果たす。

19)『航西日策』（二葉憲香／福嶋寛隆編『島地黙雷全集五』・本願寺出版部・1978.10.10.）所収。

20)『航西日乗』　松田清／ロバートキャンベル／堀川貴司／杉下元明／日原傳／鈴木健一／堀口育男／齋藤希史／「航西日記」を読む会校注『海外見聞集』（新日本古典文学大系明治編5／岩波書店・2009.6.26.）所収。

21)『松本白華航海録』　柏原祐泉編『真宗史料集成11　維新期の真宗』（同朋舎・1975.7.20.）所収。　註）ところで『海外見聞集』（岩波書店）所収の成島柳北『航西日乗』についての解題のなかで、『松本白華航海録』の記述のうち「九月十一日から十月二十二日までの漢文日記の内容は本紀行とほぼ同じ内容であり、柳北の日記原文を松本白華が写したものと考えられる」としているが、ここではこの時期的にはヨーロッパに向け航海中であり、もともと滞欧中の池田政懋と接触することはできないので、特には触れない。

22) 前掲『木戸孝允日記　二』

23) 東京京大学史料編纂所編『保古飛呂比　佐佐木高行日記　一』（東京大学出版会・1952.4.18.）

24)『東久世通禧日記』　霞会館華族資料調査委員会編『東久世通禧日記　上巻』（霞会館・1992.

1.27.)下巻(霞会館・1993.3.25.)別巻(霞会館・1995.3.25.)

25)読売新聞明治三十五年五月一日付「三十年前岩倉大使一行洋行の夢」

26)石附実『近代日本の海外留学史』(ミネルヴァ書房・1972.9.5.)所収の「海外留学者リスト」

27)「海外留学生改正処分ノ儀伺」 (公文録・明治六年・第五十三巻・明治六年七月・文部省 伺)国立公文書館[請求番号] 公 00783100 [件名番号]014

28)明治五年八月二十日条(「池田道蔵の宿に至り御國狀を認む」(日本史籍協會編『木戸孝允日 記 二』(日本史籍協会・1933.3.25./1967.1.25./覆刻[東京大學出版會])p.237.

29)『松本白華航海録』明治六年六月七日条 前掲『真宗史料集成 11 維新期の真宗』p.415.

30)明治三十五(1902)年三月二十三日付読売新聞「三十四年前の洋行者」一覧及び明治神宮編 『壁画画題資料』(明治神宮叢書 18 資料編(2)・明治神宮社務所・2003.11.3.)

31)明治五年二月十六日条「晴十一字よりエビトハウスに至り佐々木等ヲ訪ひ其より共に寺に至 り二字歸 官」日本史籍協会編『木戸孝允日記 二』(日本史籍協会・1933.3.25./[覆刻]東京大 學出版會・1967.1.25.)p.146.
     ママ

32)『木戸日記』明治五年三月朔日条 「無間佐々木司法大輔を訪ふ佐々木今夜新約克へ發せ り」前掲『木戸孝允日記 二』p.155.

33)明治五年五月十九日条 「晴此夕六字前より渡邊佐々木とロングブラシよりアゲドックに廻 る」前掲『木戸孝允日記 二』p.193.

34)明治五年八月三日条 「芳山來訪今日佐々木の處にて村田保に逢ふ」 前掲『木戸孝允日記 二』p.226.

35)明治五年八月十四日条 「国司平原佐々木なとを誘ひ正二郎と戯場に至る」 前掲『木戸孝 允日記 二』p.234.

36)菅原彬州「岩倉使節団の従者と同航留学生に関する追考」 「法學新報」[中央大学法学会] 104-1・1997.11.5.)

37)名東県 名東県(みょうどうけん)は、明治三年十二月に設置。一時は現在の徳島県及び香 川県に兵庫県淡路島をも県域としたが、明治九(1876)年八月に廃止された。県庁は現在の徳島 市。

38)適塾 正式には適々斎塾といい、蘭方医緒方洪庵(1810-1863)が江戸時代後期に大坂船場に開 いた蘭学の私塾。天保九(1838)年開塾。

39)精得館 幕府が長崎に設立した西洋医学校。幕府の第二次海軍伝習のため長崎に赴任したオ ランダ海軍二等軍医ヨハネス・レイディウス・カタリヌス・ポンペ・ファン・メールデルフォ ールト(Johannes Lijdius Catharinus Pompe van Meerdervoort)は安政四(1857)年に、日本初の系 統だった近代医学教育を長崎奉行所西役所内の医学伝習所において開始した。文久元(1861)年 に日本で初めての近代西洋医学教育病院である「小島養生所」(ベッド数 124)を開設。この養 生所が慶応元(1865)年に精得館に改称。のち、長崎医学校、長崎医学専門学校などを経て官立 長崎医科大学(現、長崎大学医学部)。

40)「金沢以下十三藩ニ命シ藩内当路ノ人員二名ヲ撰ヒ海外ヲ視察セシム」 太政類典・第一編 ・慶応三年～明治四年・第六十一巻・外国交際・諸官員差遣 [請求番号]太 00061100[件名番 号]034

41)原六郎 但馬国(現在の兵庫県)生まれで、尊皇攘夷の志士。維新後に鳥取藩士。アメリカ・イ ギリスで学ぶ。銀行家など。廃藩置県で視察は打ち切りになったが、その後も私費で勉学をし

明治 6 年にイギリスに渡ったが、池田徳潤と同行したかは不明。板沢武雄・米林富男共編『原六郎翁傳』（原邦造・1937.11.10.)に池田徳潤の行動については触れるところはほとんどない。

42)東谷智「旧福本藩主池田徳潤の海外渡航について―池田徳潤書状を素材に」（甲南大學紀要文学編 164・2014.3.30.）

43)「華族池田徳潤帰朝」　太政類典・第二編・明治四年〜明治十年・第九十二巻・外国交際三十五・航海[請求番号]太 00314100[件名番号]024

44)「一八〇　西岡逾明 4 明治五年五月十八日」（佐賀県立図書館編『佐賀県明治行政資料目録・江藤家資料目録』（佐賀県立図書館・1983.12.1.))及び佐賀県立図書館データ・ベース（古文書・古記録・古典籍）「江藤家資料　資料番号　江　013-617」及び江藤新平関係文書研究会「史料翻刻江藤新平関係文書―書翰の部(10)―」（「早稲田社会科学総合研究」8-2・2007.12.25.)書簡末尾には「第五月廿日西暦六月廿三日」とあって、見出しとは合わない。

45)鮫島文書研究会編『鮫島尚信在欧外交書簡録』（思文閣出版・2002.2.25.）

46)『航西日策』明治五年六月十日条

47)「明治五年二月文書」　『在米雑務書類』国立公文書館[請求番号]単 0032510　DA10　コマ

48)パリ・コミューン　普仏戦争(1870-71)終結後、臨時政府がドイツ帝国と結んだ講和条約を不服としたパリ市民軍と労働者の集団が、臨時政府に反旗を翻して樹立した革命自治政府。1871年 3 月 18 日から 72 日間、ドイツへの抗戦を叫んで抵抗した。*cf.*柴田三千雄『パリ・コミューン』（中公新書 320・1973.4.25.）

49)ボワデフロン　パリ西部 16 区のブローニュの森（Bois de Boulogne）のことと思われる。

50)「高崎正風日記」の五月廿日（六月廿五日）に「松村淳蔵英ヨリ来着、九年振対面して欣悦ニ（以下紙破損）」とあるが、詳しい感情はわからない。ただ、使節団三等書記官の川路寛堂が慶応二年にイギリス留学した際、ロンドン到着直後の慶応三年正月二日に薩摩藩の澤井鐵馬（森有礼）が宿舎に訪ねてきた時のことが『滞英日誌』に残されている。「正月二日曇　薩州藩澤井鐵馬と申す人訪ね來る。此人は貳ヶ年程倫敦府滞在せしよし。漢英之讀書有之一箇の人物なり。萬里外に於て邦人に會遇する歡び格別のものにて其の情妙なり」（『滞英日誌』は川路柳虹『黒船記[開国史話]』（法政大学出版局・1953.7.15.)所収。p.192.)とあるので、当時の異邦における同国人との邂逅の喜びの大きさは推察できる。

51)村田新八の東久世に対する希望は以下の通り。　『在英雑務書類』国立公文書館[請求番号]単 00326100　DA61 コマ

　　　口演手控
　　私儀先般欧米各國随行之命ヲ奉シ佛國迄渡海仕候處已ニ近々御歸朝相成候ニ付テハ爾後自費ヲ以當地へ滞在語學勉勵聊通辯出來候上各國經歴仕度宿志ニ付何卒當務辭職仕度候間両件速ニ御許容相成候樣仕度大副使へ可然御傳願切ニ奉懇願候敬白
　　　洋十月廿六日　　　　　村田經滿
　　　東久世理事官
　　　　　閣下

52)高辻修長の願いは以下の通り。『在英雑務書類』　国立公文書館[請求番号]単 00326100　DA 12 コマ

86

高　辻　修　長

右英國江帶留宮内省御用筋爲取調申度此段相願候也
壬申六月二日　　　　　東久世通禧　印
岩倉全權大使
閣下

右者七月十八日高辻ヨリ差出即日木戸副使ヨリ御
許可濟相成候ニ付同人相達

53）『航西日策』明治五年六月十日条

54）『航西日策』明治五年七月六日(1872 年 8 月 9 日)条

55）「一八〇　西岡逾明 4 明治五年五月十八日」（佐賀県立図書館編『佐賀県明治行政資料目録・
　　江藤家資料目録』（佐賀県立図書館・1983.12.1.））及び佐賀県立図書館データ・ベース（古文書・
　　古記録・古典籍）「江藤家資料　資料番号江 013-617」及び江藤新平関係文書研究会「史料翻刻
　　江藤新平関係文書−書翰の部(10)−」（「早稲田社会科学総合研究」8-2・2007.12.25.）

56）普仏戦争　Franco-Prussian War,1870 年 7 月 19 日-1871 年 5 月 10 日。プロイセンは北ドイツ
　　連邦のみならず、バイエルン王国などと同盟を結び、フランスに圧勝。この戦争を契機に、オ
　　ーストリア帝国を除いたドイツ統一が達成され、フランス第二帝政は崩壊。

57）松ヶ崎萬長のベルリン留学の時期については、岡田義治／羽田亨「建築家松ヶ崎萬長の初期
　　の経歴と青木周蔵那須別邸−松ヶ崎萬長の経歴と作品（その 1）」（「日本建築学会計画系論文集」514
　　・1998.12.30.）では、ベルリン到着を使節団のベルリン到着と同じ明治七年三月としているが、
　　同じロシア留学を目指していた同行の万里小路秀麿らはアメリカで使節団と分かれ、明治六年
　　にはベルリンに到着しているので、疑問が残る。しかし「華族松崎万長皇居御造営事務局御用
　　掛被命ノ件」（公文録・明治 18 年国立公文書館［請求番号］公 04083100）附属の松崎万長「履歴
　　書」では明治七年にベルリン着となっていて食い違いがある。

58）鮫島文書研究会編『鮫島尚信在欧外交書簡録』（思文閣出版・2002.2.25.）p.283.

59）「『米欧回覧実記』第 58 巻　伯林府ノ記上」　前掲『米欧回覧実記』（三）（岩波文庫）p.321.

60）『在英雑務書類』　国立公文書館［請求番号］単 00326100　DA2,3 コマ

61）『大使信報』明治五年九月条　　『大使信報』国立公文書館［請求番号］単 00247100　DA112 コ
　　マ

62）明治五年九月八日（1872 年 10 月 10 日）条　前掲『木戸孝允日記　二』pp.250.-253.

63）「単行書・大使書類原稿在英雑務書類」　国立公文書館［請求番号］単 00326100　DA65-66 コ
　　マ

64）読売新聞明治三十五年五月一日付

65）A,B,C,D いずれも『在英雑務書類』国立公文書館［請求番号］単 00326100　DA65-66 コマ

66）東久世通禧の帰朝の確認は、「枢密院文書・枢密院高等官転免履歴書 明治ノ二」国立公文書
　　館［請求番号］枢 00177100［件名番号］026　DA6 コマ。五辻安仲については、「宮内省華族局主
　　事五辻安仲叙勲ノ件」（官吏進退・明治十九年官吏進退三十二・叙勲）国立公文書館［請求番号］
　　任 A00115100　DA8 コマ及び「香川敬三」（枢密院文書・枢密院高等官転免履歴書　大正ノ
　　一）国立公文書館［請求番号］枢 00178100　DA3 コマには「明治五年十二月晦日帰朝」とあるが、

このとし十二月は二日までで、グレゴリオ暦に替わるために、晦日が二日と言うことであろう。東久世通禧の帰朝の確認については、中央大学菅原彬州名誉教授のご教示による。

67)1873 年 1 月 4 日付 "The Japan Weekly Mail"（覆刻版：紀伊國屋書店 2005.）に前年の 12 月 31 日にフランス郵船の Volga 号が香港から横浜に到着したと伝えていて、"shipping intelligence" 欄の乗客名簿に "Barrelet,Kobgraki,Hynsai,Itsutsutje,Takatsutje,Kagawa,Ekada,Hino（Japanese）" と「高辻、五辻、香川」の名前が見えるのでこの三人の帰国がこれによっても確認できる。身分の序列を考えれば "Hiynsai" は「東久世」の「ひがし」ではないかと考えられる。

68)ボアドブロン　パリ西部 16 区のブローニュの森（Bois de Boulogne）のことと思われる。

69)「ワランチノ」ノ歌舞場　Bal Valentino のことと考えられる。サン・トレノ街（rue Saint-Honoré）にあった常設のダンス場。cf.https://fr.wikipedia.org/wiki/Bal_Valentino

70)田中彰校注『米欧回覧実記』（三）（岩波文庫・1979.12.17.）p.44.正漢字には『米歐回覧實記　三篇』（博聞社・1878.10.）［国会図書館 DC］により、訂正した。

71)松浦　松浦については勝田直子／肥前を探る会有志「旧藩主の海外視察」（「肥前大村」［肥前を探る会］10・2000.8.1.）に、旧大村藩主大村大村純熙の留学に随従したのは、松浦精一、湯川頼次郎の 2 人としていて、前記『航西日策』所収の「同船者人名」に各国留学生などの名簿が附属していて、これの英国の部に「自（費）大村松浦精一／自（費）大村湯川頼次郎」とある。湯川らが長崎県に提出している明治四年の留学願には、「松浦」は「右近」の名前であるから、松浦精一が松浦右近であることは間違いないだろう。また、「旧藩主の海外視察」によると、旧藩主一行は 1872 年 11 月 7 日にイギリス・サウサンプトンから帰国の途についているので、十一月十五日(西暦:12 月 15 日)にパリにいる松浦は、パリに残留したと考えられる。このほか松浦は「恕行／忠行／煕行」（「岩倉使節団『米欧回覧実記』」第三表岩倉使節団同航留学生）という名前もあるようだが、同定は出来なかった。

72)ブハ、デ、ブロン　パリ西部 16 区のブローニュの森（Bois de Boulogne）のことと思われる。

73)サンクルー　サン＝クルー（Saint-Cloud)公園のことだと思われる。セーヌ川をはさんで右岸のブローニュの森と向かい合っている。

74)『各國帝王謁見式』　「単行書・大使書類原稿各國帝王謁見式」　国立公文書館［請求番号］単 00256100　DA6,7 コマ［以下『各國帝王謁見式』］

75)註 74)

76)「謁見式」　『謁見式』　国立公文書館［請求番号]単 00322100　DA11-13 コマ

77)明治四月十一月六日開催の使節団送別宴における三条実美の送別の辞「外國ノ交際ハ國ノ安危ニ關シ使節ノ能否ハ國ノ榮辱ニ係ル今ヤ大政維新海外各國ト並立ヲ圖ルノ時ニ方リ使命ヲ絶域萬里ニ奉ス外交内治前途ノ大業其成其否實ニ此舉ニ在リ豈大任ニアラスヤ大使天然ノ英資ヲ抱キ中興ノ元勲タリ所属諸卿皆國家ノ柱石而所率ノ官員亦是一時ノ俊秀各欽旨ヲ奉シ同心協力以テ其職ヲ盡ス我其必ス奏功ノ遠カラザルヲ知ル行ケヤ海ニ火輪ヲ轉シ陸ニ汽車ヲ輾ラシ　萬里馳驅英明ヲ四方ニ宣揚シ無恙歸朝ヲ祈ル」

78)「東久世通禧養子通暉孛國ヨリ帰朝届」　公文録・明治六年・第百九十八巻・明治六年一月～四月・東京府伺録（華族）　国立公文書館［請求番号]公 00936100 及び「華族東久世通禧養子通暉離縁并位記返上」　太政類典・第二編・明治四年～明治十年・第三百三十四巻・民法五・親属国立公文書館［請求番号]太 00557100 及び「海外留學生歸朝并轉居人名表」（太政類典・第二編・明治四年～明治十年・第二百四十七巻・学制五・生徒二）　国立公文書館［請求番号]太 00470100)によると、「明治五年壬申十一月不勉励加之遊冶ニ流レ候ニ付帰朝申渡」とあ

88

り、素行不良からの帰国命令だったことがわかる。ベルリンで養父東久世通禧が処分を決断したのではないかと思われる。

79）ブルバールヅチタリヤンイタリアン大通り（Boulevard des Italiens）のことで、フランス・パリ2区と9区の境に位置する大通りのこと。

80）『在佛雜務書類』 国立公文書館 ［請求番号］単 00327100　DA53 コマ及び 77 コマ

81）『在佛雜務書類』 国立公文書館［請求番号］単 00327100　DA88-89 コマ

82）『大使公信』正院第貳拾五號　国立公文書館［請求番号］単 00429100　DA77 コマ

83）国立国会図書館マイクロフィルム（請求記号:YB-345）及び長崎歴史文化博物館所蔵　明治 12 年 1 月〜 12 月，明治 15 年 1 月〜 16 年 12 月までを所蔵。マイクロフィルムは、明治十四年一月〜六月　資料番号 4 M2 6 ／明治十三年一月〜六月　資料番号 4 M2 4P ／明治 13 年 7 月〜 1 2 月　資料番号 4M2 5

84）田中彰校注『米欧回覧実記』（三）（岩波文庫・1979.12.17.）pp.180.-217.

85）『スキーダム新聞』（Schiedamsche Courant）1873 年 2 月 27 日付　*cf.*『スキーダム新聞』HP https://schiedam.courant.nu/issue/SC/1873-02-27/edition/0/page/1?query=（最終閲覧日:2020.12.15.）

86）「謁見式」「単行書・大使書類原本謁見式」　国立公文書館［請求番号］単 00322100　DA13-14 コマ

87）四月六日付［木戸孝允宛池田寛治書簡］　木戸孝允関係文書研究会編『木戸孝允関係文書一』（東京大学出版会・2005.10.25.）p.164.［以下『木戸孝允関係文書　一』］

88）四月六日付［木戸孝允宛池田寛治書簡］　前掲『木戸孝允関係文書　一』p.164.

89）四月六日付［木戸孝允宛池田寛治書簡］　前掲『木戸孝允関係文書　一』p.164.に［別紙］［職務制限は各省の職并諸省附属の寮局職務共仏文にて一と先つ表に仕立、当月初めより西岡へ筆記を頼み、日本文字にて表を持らへ候心組に、御坐候処、不意に帰国之命御坐候へは、是も当地にては出来不申候］とある。

90）前掲『木戸孝允関係文書　一』p.164.に「35　池田寛治」として明治六年四月六日付の木戸孝允宛書簡に「私義も来る十三日郵船を以て帰朝可仕候」とあり、帰国の先発組に池田寛治が入っていたことが裏付けられる。

91）三月二十七日付村田新八・高崎正風・岸良兼養宛大久保利通書簡　鹿児島県歴史資料センター黎明館編『鹿児島県史料　大久保利通史料一』（鹿児島県・1987.1.21.）p.335.

第　三　章

　一「使命ヲ絶域萬里ニ奉ス」池田政懋の余話

第三章では、岩倉使節団帰国前後の「池田政懋」にまつわる余談について述べる。本章から「池田政懋」は「池田寛治」と名前を変える。池田は、正確に言えば、岩倉使節団に参加する前から「池田寛治」と称している公文書は存在していた[1]。東京大学所蔵の「池田寛治外七十四人職名ノ件」（明治四年）は使節団に参加する直前のものであるが、その後にも太政官への改名届は見つからなかった。公式に「池田寛治」と名乗るのは帰国後のことだったと考えられる。また明治五(1872)年後半から明治六(1873)年前半にかけての『木戸孝允日記』及び『航西日乗』「高崎正風日記」『航西日策』『松本白華航海録』においても池田寛治と記されていて、なだらかに移行していったというべきかも知れない。このほか『在米雑務書類』『在英雑務書類』『在佛雑務書類』も後半は池田政懋から池田寛治に変わるこの名前の変遷については第四章から第六章で詳述するので、ここ第三章では詳しくは触れない。

第　一　節　ー東久世通禧とその後の交遊

　池田寛治は、岩倉使節団では宮内理事官東久世通禧に随行していて通訳などを務めていたことは第二章で述べたとおりである。その東久世については、東久世通禧が書き残した『東久世通禧日記』には欠落した部分があるとは先に述べた[2]。しかし帰朝後の明治六年三月末以降には、『東久世通禧日記』は再開されているので、その後も池田寛治との間で交流がなかったかを調べたところ、六件の記述が見つかった。

　東久世通禧は岩倉使節団の前後を通じて侍従長であるうえ、尊王攘夷派の公卿であった華族でしかものちに伯爵に叙爵されていることから、『東久世通禧日記』は当然のこととして華族との付き合いが多く、池田姓の名前が出てくる中には大名華族の岡山・鳥取の両池田家の名前も頻出する。そのことを念頭に、

池田寛治であると確認できるものだけをその日記から年代順に擢出してみる。
　まずは、池田寛治の帰国後暫くしてからの時期のものを掲出する。帰国して
から五ヶ月ぐらいを経た日のことである。

　　（明治六年）十一月十八日　晴
　　　　九時出勤、四時退出、日新亭二高辻・池田対食ス 3)

　「高辻・池田対食ス」とあるが、この三人の組み合わせは宮内理事官として
アメリカ・ヨーロッパを経巡り行路を共にした高辻修長と池田寛治の三人であ
ろう。この日は日新亭というところで、会食をしている。この時には、池田寛
治は大蔵省内の記録事務を掌った大蔵省の内局である記録寮の七等出仕で、二
人とは久闊を叙したというところだろうか。池田はその後しばらくは日記に登
場しない。このほか明治七(1874)年に「九月二日　晴　向嶋植木屋梅吉へ行、
池田邸へ行、岩村宅へ行」4)とあるが「池田邸」なので池田寛治ではないよう
だ。
　明治八(1875)年八月に再び池田寛治は日記に登場する。その記事を引用する。

　　（明治八年）八月十二日
　　　　八時出省、十二時帰宅、久我通久入来、池田寛治来、囲棋 5)

　この記述では「囲棋」をしたのが、東久世の養子だった通暉の実兄である久
我通久(1842-1925)なのか、池田寛治なのか判然としないが、ざっくばらんな
付き合いをしていることがみてとれるのではないか。池田寛治はこのころには
天津に赴任する内示を受けていたのではないかと思われるので、その報告かた
がたではないだろうか。
　その後一か月足らずで名前が出てくる。この九月には、二日、十四日、十九
日、二十一日に池田寛治の名前が見える。九月二日はご近所付き合いのような
会合である。九月十四日には東久世通禧は池田寛治と二人で酒食を共にしてい
る。さらに東久世通禧は十九日と二十一日に開かれた池田寛治の送別会に参加
している。まず九月二日。

　　（明治八年）九月二日　晴
　　　　植木屋来洗樹、秋月種樹来、英国在留一等書記官本野周蔵・天津領事
　　　　池田寛治・式部助五辻安仲・戸藉(籍)助浅井晴文・全権公使上野景範妻
　　　　等集会、晩餐饗応、朝之間米田虎雄・仙石政固入来、6)

　この時の会合は、明治八年九月のことだが、主賓は「全権公使上野景範妻」
の幾子であろう。それは『上野景範履歴』7)明治八年九月条に「妻幾子ヲ本邦
ヨリ呼寄セ同居ス、以前駐英代理公使タル本野盛亨景範抵ルヲ以テ元ノ書記官
二復シ、一旦帰朝シテ再ヒ竜動二赴ク時妻幾子モ同航シテ到レリ」（妻幾子を

日本からロンドンに呼び寄せて一緒に暮らすようになった。以前に駐英代理公使だった本野盛亨（1836-1909）が上野景範（1845-1888）が着任したことで書記官に戻った。本野書記官が一度帰国したので再度ロンドンに向かうときに妻の幾子を伴ってロンドンまで連れてきてくれた）とあるので、駐英全権公使上野景範の妻幾子が、夫上野景範のいる竜動（ロンドン）に赴くに当たって近所に住んでいるつながりによる送別の宴であろう。今では隣のような感じになっているロンドンであるが、当時は日本から見れば、波濤万里の彼方の異邦だから、そこに赴くのは心細かったに違いない。そのため幾子を親しいものたちで激励する会だったのだろう。そして同航する本野周蔵は本野盛亨のことで、この宴の他の出席者が、よろしくお願いするということだったのではないだろうか。池田は「天津領事池田寛治」と記されているが、副領事に発令されて赴任する池田とあわせての近所のよしみによる送別会だったかもしれない。

　池田と上野景範との関係はわからない。上野は長崎でも学んでいるので、その時に縁があったかもしれないが、この当時上野家は「築地中通二丁目」[8]に居住しているとあり、池田も「第一大区十小区築地二丁目二十三番地」に居住していたので、近所である。そこで時期的には二年半後の版行ではあるが『東京地主案内:区分町鑑』[9]を参照すると、池田の住居である「築地二丁目二十三番」は長崎の地役人出身で実業家平野富二（1846-1892）の所有地二百二十三坪だった上野家の住居は「築地中通二丁目」は通称のようで、上野景範は「築地二丁目十二番地　千六百五十三坪」に土地を所有していて、ここに居住していたとみられ、同じ二丁目で互いに近所であることが読み取れる。また同じ築地二丁目三十五番地（六百四十四坪）と三十六番地（二百八十坪）それに三十七番地（四百八十九坪）は東久世通禧の所有地で、上野・池田は東久世の近所に住んでいることがわかる。また上野は「築地二丁目二十九番地（千五百四十四坪）」にも土地を所有している。

　残る浅井晴文は族籍が東京府士族[10]なので、旧幕臣であろうか。主賓の幾子は静岡県士族八木岡清三郎長女なので、旧幕臣同士で何らかのつながりもしくは縁戚であった可能性があると考えてみたが、わからなかった。浅井は住居が「第一大区十小区築地中通二丁目二十九番地」で、前述の上野景範の所有地「二十九番地（千五百四十四坪）」が住居である。また浅井は明治八年十一月の『官員録』[11]では、「戸籍助トウケイ従六位浅井晴文」（「トウケイ」はとうきょう[東京]のこと）とあるだけでなく、その前年の『官員録』[12]には「内務省七等出仕」として池田寛治と机を並べていることがわかる。

　従ってこの会合は、上野景範の妻幾子のロンドン渡航を控えての近所の繋がりによる壮行会と言うべきものであっただろう。ただ、本野は文久元（1861）年から長崎で英語の学習をはじめ、阿蘭陀通詞の三島末太郎についたほか、文久三年頃からはフルベッキにもついて学んでいたので、池田と接点があった可能性はあるだろう[13]。そして本野盛亨は「第二大区六小区麻布市兵衛町四十七番地」[14]が住居地だから、これは同航者と言うことで招待され、ロンドンまで上野幾子を無事に連れて行ってほしいということだったことがわかる。

ただ「秋月種樹來」と書かれている秋月種樹(1833-1904)も、この送別宴に招かれていた可能性はある。秋月は、現在の宮崎県の高鍋藩世子だったが、明治五年一月二十七日に横浜を出帆した左院のヨーロッパ調査団と同船でヨーロッパにわたっている[15]。この時期は東久世と池田が在欧の時期に重なっている。これから考えると、ヨーロッパ経験者として送別宴に出席したのかもしれないと考えたが、どうだろうか。

　余談ながら、築地二丁目十三番地には長崎唐通事出身で中国語の教育に当たるなどした頴川重寛(1831-1891)、同十四番地に旧幕臣で外務大丞の宮本小一(1836-1916)、同十五番地に旧薩摩藩出身でのちに京都府知事などを務める中井弘(1839-1894)がいる。このほか同三十三番地には長崎唐通事出身で外務省勤務の高尾恭治(1876-1931)、同三十四番地に同じく長崎唐通事出身でニューヨーク領事などを務める頴川君平(1843-1919)、また、同二十四番地二十五番地二十六番地には明治七年に北京公使になった柳原前光(1850-1894)、四十番地には初代外務卿などを務めた公家の澤宣嘉(1836-1873)の養父・澤為量(1812-1889)、四十一番地には岩倉使節団副使の山口尚芳がいる。なお仙石政固(1844-1917)は但馬国出石藩(現在の兵庫県)の最後の藩主。

　次いで同年九月十四日の日記を掲げる。

　　（明治八年）九月十四日
　　　　九時出省、正院臨幸、十二時還幸、三時退下、池田寛治来、同行月心楼ニ飲ス、月色頗佳也、十二時帰宅[16]

　この日は池田寛治と月心楼で二人で飲み、「月色頗佳也、十二時帰宅」とあるから、気持ちよく飲み、遅くなったと言うことのようである。

　次いで、池田寛治の天津副領事に赴任するための、送別会が2回開かれているのをみることができる。これは九月十九日と二十二日で、この送別会について引用する。

　　（明治八年）九月十九日
　　　　九時出省、正院臨御、十二時還幸、三時退下、久我通久入来、香渡来、六条家負財壱件也、玉乃世履ヘ文通、香渡晋聞合之義頼遣、六条有義入来、六時金寿楼ヘ行、池田寛治餞別会、五辻安仲・香川敬三・高崎正風会之、哥妓数輩来、十一時帰宅[17]

　　（明治八年）九月廿二日
　　　　十時出省、三時退下、柳橋川長楼ヘ行、池田寛治留別盃高崎正風催之、米田虎雄・芳原・田辺・井上・荻原・香川会之、哥妓数輩来、十時帰宅[18]

　まず、九月十九日の送別会参加者は東久世通禧、五辻安仲、香川敬三、高崎正風の四人で、「池田寛治餞別会」とあって池田寛治が主賓であることがわか

る。この日の主催者は誰なのかはわからないが、参加者と池田寛治との関係について見ると、東久世通禧は、言うまでもなく岩倉使節団宮内理事官で現在は明治天皇に仕える宮内省侍従長。五辻安仲は岩倉使節団には大使随行だが、式部助として宮内理事官とともに行動していた。この時は式部寮助。内外の儀式・図書・舎人・雅楽の事務を司る式部寮の長官にあたる式部頭の次の「権頭」がいないので、実質ナンバーツーで公家の出身。香川敬三は岩倉使節団では岩倉大使に自費随行してその後宮内理事官随行になり、現在は宮内省大丞。高崎正風は、明治五年に左院視察団で訪欧しフランスに滞在していて、パリなどで池田寛治と交流があった。この時は宮内省侍従番長で東久世通禧に継ぐ位置を占めている。そしてこのグループの特徴は、池田寛治を除いて参加者全員が宮内省勤務だと言うことだが、岩倉使節団のグループであったことが認められる。欧米で過ごした往事を振り返り旧交を温め、池田寛治の前途を祝ったと言うことだろう。

　ついで三日後の九月二十二日の送別会は、「高崎正風催之」とあるので、前回十九日にも出席した高崎が音頭をとったことがわかる。出席者は東久世通禧のほかは、米田虎雄、芳原、田辺、井上、荻原、香川となっている。米田虎雄と高崎正風以外は姓のみなので、グループとしてどのようなものだったかは、わかりにくい。しかし「香川」は三日前の送別会を勘案すれば香川敬三だと推測できる。ついで「芳原」はアメリカ留学中に岩倉使節団に召喚され三等書記官などを勤めた吉原重俊（1845-1887）だろう。岩倉使節団だけでなく、台湾出兵問題で大久保利通が全権弁理大臣として清にわたって行った対清交渉でも、池田寛治とともに交渉に随行している。ここでも池田寛治と接点がある。この時は租税寮助。「田辺」は田邊泰一（太一）だろう。いうまでもなく岩倉使節団一等書記官を勤め、この時は外務省四等出仕。「井上」は比較的多い名前であり、推定がむずかしいが、やはり岩倉使節団と同時期に司法省から派遣されてヨーロッパにいた井上毅だろう。井上毅は、パリでボアソナードの講義を聴いている。しかも井上毅は、フランス語の修得者で、明治三（1870）年九月二十日に大学南校で小舎長、十二月十日には中舎長になっていて、大学南校に在籍していた池田寛治とは接点があり、故ないことではないことではないだろう。それに加えて、明治七年に台湾出兵問題の処理で大久保弁理大臣が交渉に北京に渡ったときにも随員として渡清しているから、池田寛治と同行していることになる。それにもう一人「荻原」なる人物については推定できるような材料が見つからなかったが、吉原重俊と同じく台湾出兵問題で大久保全権使節が対清交渉に臨んだときに随行した「萩原友賢（生没年不詳）」ではないか。「荻」と「萩」は「けものへん」と「のぎへん」で普段でも見誤りやすい字ではあるので、誤記したと考えて、ここは井上毅、高崎正風、吉原重俊と池田寛治は大久保の北京交渉に随行した随員仲間と考えると、送別会のメンバーとしてはわかりやすい。「萩原友賢」はこの時内務省大録で、しかも池田寛治は内務省六等出仕で同僚である。

　しかし同じ出席者の「米田虎雄（1839-1915）」は、肥後熊本藩家老の家の出

身で、戊辰戦争にも参加している。しかもこの戊辰戦争当時に井上毅が米田家の家来として随従していることがわかっている。米田虎雄を関わりのある井上毅の関係から参加したのか、あるいは米田虎雄はこのとき高崎正風と同じ宮内省で侍従番長を務めていていたので参加したのか、池田寛治との接点は見いだせなかった。送別会参加者の共通項は岩倉使節団と北京交渉の仲間との混合グループと考えられる。この日の送別会は岩倉使節団や北京交渉で慣れない海外で苦楽をともにした仲間と考えるほうが理にかなっていると考えられる。ただし、米田虎雄はこのグループに該当しないのだが、飛び入り参加ということなのだろうか。残された疑問である。岩倉使節団二等書記官の長野桂次郎が米田桂次郎と称していたこともあることから、可能性を考えたが無理があるようだ。

　なお九月十九日の日記に出てくる玉乃世履（1825-1886）は旧岩国藩出身でのち大審院院長（現在の最高裁判所長官）、香渡晋（1830-1902）は旧伊予国新谷藩士で岩倉具視顧問など。六条有義（1830-1903）は旧堂上公家で宮内省出仕。

　池田寛治はこの送別会の三日後九月二十五日には天津に向けて出発する。

　この『東久世通禧日記』に池田寛治の名前が最後に見いだせるのは、明治十一（1878）年のことである。

　　（明治十一年）二月十三日　晴
　　　　元老院出頭、利岡土州ヨリ帰着、池田寛治入来、妾貞子着帯産婆来
　　19)

　このころ、池田寛治は天津にあって宿痾の肺疾に悩まされている時期で、一時帰国していた時期にあたる。「東久世通禧日記」に池田寛治の名前が見いだせるのは、これが最後でその死まで東久世通禧とは顔を会わせることがなかったであろう。東久世は使節団派遣から三十年たってから読売新聞の紙上で「勿論私が米國から一足先へ歐羅巴へ渡るに就ては大使から池田書記官を通辯に附けられたので其以後は旅の都合も悉く好かつたが、池田も他に御用が多いので此時（引用者註:ロシア行き）限り別れることに爲つたから、夫からと云ふものは元の唖と爲り、斯うにもこうにもならぬいきさつと爲つて大いに閉口した」20)と回想しているが、第二章でも述べたが実際には他の滞欧日本人の各種日記から、池田寛治は東久世らがフランスから帰朝するまで付き添っている。しかし東久世は使節団帰国から三十年経って、しかも池田寛治が死去して二十年も過ぎてからも池田寛治のことを回顧できる強い間柄だったと言えるだろう。

　　　　　第　二　節―木戸孝允との縁

　ついで帰国後の木戸孝允と池田寛治のことである。『木戸孝允日記』に「同廿三日　晴六字過城ヶ島沖より灣に入る八字前碇泊于横濱沖」21)とあって、木

戸孝允は明治六年七月二十三日に横浜に戻ってくる。帰国後の木戸の日記にも
池田寛治の名前は登場する。だが翌年の明治七年には池田の名前が消えるので、
そのことは木戸と池田の関係のありようの一端を示しているようだ。
　まずは池田寛治の名前が出てくる記述を木戸孝允が帰国直後の日記から引用
する。

　　（明治六年七月）同三十日　晴
　　　　何禮之より書状到來〇ハーソン歸米云々の事申越せり依りて野村に至
　　　り〇ハーソン御雇等の事を承知し明日池田を横濱へ遣すに決す [22]。

　明治六年七月三十日の「明日池田を横濱へ遣すに決す」とある「池田」が池
田寛治かどうかは決めかねるところがある。この時期の前後では池田寛治は
「池田寛」「池田寛治」と書かれているので、この時の伝令役であるこの池田
は木戸の従者の「池田道蔵」のことかもしれない。とは言うものの「ハーソン
（William Edwin Parson,1845-1905）」が木戸の語学の教師であり、アメリカから
使節団に随従しヨーロッパを廻り日本までやってきた「ハーソン」の「御雇等
の事」について、「ハーソン」に来日以降の処遇を伝達をするという役目を考
えれば、「池田道蔵」では荷が重すぎるとも考えられる。それゆえ池田寛治が
横浜まで行く可能性はあるだろう。使節団一等書記官であった何礼之がらみで
あり、「池田道蔵」も「ハーソン」とは使節団をともにしていたので、「池田道
蔵」が「ハーソン」に伝えに行くことであってもおかしくはない。ここは池田
寛治でもあり、池田道蔵であってもおかしくはないが、妻木忠太『木戸松菊公
逸事:史実考証』[23] は、「（引用者註:パーソンは）其の心事を（引用者註:何）禮之
に告げた、三十日禮之は其の由を公に報じた、公はパーソンの人と爲りを信じ、
之を本邦に留めんことを欲し、文部大丞野村素介に謀つて文部省雇入の内談を
決し、翌日記録寮七等出仕池田寛治を横濱に遣はして竊に交渉せしめた」と述べ
て、池田寛治が横浜に行ったとしている。
　次いで、八月の記述である。

　　（明治六年八月）同廿八日
　　　　池田寛治山田顕義を訪ひ其より杉山耕太郎宅に至る。[24]

　　（明治六年九月）同十五日
　　　　池田寛治來話過日持參せし譯書の内一冊を返與す。[25]

　八月二十八日は池田寛治を役所なのか自宅なのかはわからないが、木戸から
池田寛治を訪ねている。どんな用事であったかまではわからない。
　さらに九月十五日条では「池田寛治來話過日持參せし譯書の内一冊を返與
す」と記されている。池田寛治が（多分フランス語から）翻訳したもの何冊かの
うちの一冊を返却したとあるので、池田が何かを翻訳して木戸に献策したもの

であろうか。「譯書の内一冊」というからには、使節団のパリ滞在時にでも購入した書籍から、新政府の政策に必要と思われるものを何冊かの翻訳に仕上げて木戸孝允に提出していたのであろう。大久保にも翻訳書を提出しているのだから木戸にも呈出していたことに気づく。

　ここは想像でしかないが、新政府の枢要な地位にいる木戸孝允に、新政府の政策に必要だと考えて翻訳をしていたものから択んだ施策の売り込みを図ったのではないかと考えられる。新政府の高官に売り込んで自らの理想とする夢の実現に手を貸してくれる者と考えていたのかも知れない。池田にとっては新政府の高官が木戸であって、藩閥に属してはいない池田寛治としては、自己の夢を実現すべきものを誰に託すべきか、考えていた時期であったのだろうと思われる。

　次は少し間が開いて十一月の記述のなかに池田寛治の名前を拾うことが出来る。

　（明治六年十一月）同二日
　　池田寛治野村素介野村靖之助井上勝青木群平宍戸璣 山本清十郎來話。[26]

　この日木戸邸を訪れたのは、いずれも旧長州藩出身の野村素介(1842-1927)、野村靖之助（靖。1842-1909）、井上勝(1843-1910)、青木群平（生没年不詳）、宍戸璣(1829-1901)、山本清十郎（生没年不詳）が木戸邸を訪れている。池田寛治とともに訪れたのかどうかはわからないが、野村靖之助は、野村靖のことで岩倉使節団でともに随行をしており、池田寛治とは面識があったことは推測できる。しかし後に文部大丞となる野村素介、後年「日本の鉄道の父」と言われた井上勝、幕末に洋式小銃の購入にあたるなどしたとされる青木群平、後に司法大輔駐清国公使となる宍戸璣、事績が不明な山本清十郎については、池田寛治との接点が見出し得ないので、偶然に顔をあわせたということのようだ。

　（明治六年十一月）同八日晴
　　伊藤寛齋來訪井上因碩木梨平之進佐藤寛作小幡彦七淺間鐵之助杉山耕太郎池田寛治鳥尾小彌太吉松平四郎來訪 [27]

　池田寛治の名前が木戸日記に見えるのは、この明治六年十一月の二日と八日を最後としている。八月廿八日には「池田寛治山田顕義を訪」れているような交際だったにもかかわらず、こののちは『木戸孝允日記』に池田寛治の名前は見いだせなくなり、木戸が明治十年五月に病没するまでそれは続く。それは、池田寛治が大久保利通に傾斜して行くことと関係があったのかどうかはわからないが、池田寛治と木戸孝允との関係を考えると一つの要素であったのではないか。この日の日記に名前が見えるのは、伊藤寛齋は幕府奥医師だった伊東貫齋(1826-1893)のことだろう。伊藤と棋士の井上因碩(1831-1891)の２人以外は木梨平之進 1840-1900、佐藤寛作 1816-1900、小幡彦七（高政。1817-1906）、淺

間鐵之助（長州藩分藩厚狭毛利家当主の毛利親忠。？〜 1878）、杉山耕太郎（孝敏。1839-1916）、鳥尾小彌太（1848-1905）、吉松平四郎（生没年不詳）までいずれも旧長州藩関係だろう。

　このほか木戸との関わりは、明治七年三月に木戸孝允宛に上奏文を提出していることである。これは宮内庁書陵部図書室が所蔵している［木戸家文書］に含まれる「池田寛治自筆上奏文（木戸孝允宛・諸家尺牘類）」28)である。この「池田寛治自筆上奏文」は「置圖書寮議」といい、内務省の罫紙に一丁二十行の三丁である。この「置圖書寮議」の提出者は、池田寛治とともに岩倉使節団当時一等書記官で提出時は内務省五等出仕であり、池田と同じ長崎の通事・通詞団出身である何礼之の二人であり、内務省に「図書寮」の設置を提案するものである。「置圖書寮議」は前年の明治六年十一月に内務省が設置されたこと 29)を受けているのだろう。

　　　今般特ニ内務省ヲ建テラレ全國ノ庶政ヲ摠括セシム然ラハ即チ省中新ニ圖
　　　書寮ヲ置キ全國ノ典籍ヲ摠括シ之ヲ保存セサル可ラサル事必セリ 30)

　「置圖書寮議」は内務省に図書寮を設置すべしという提案で、池田寛治もこの歳一月に文部省から内務省に異動していることから、提出時に木戸孝允が内務卿事務兼理（兼務）であった宛てに提出されたものと考えられる。本来内務卿の大久保利通に提出するつもりであったのだろうが、大久保は明治七年二月半ばから四月下旬までの間佐賀の乱の処置のため、一時内務卿から外れた時期があり、このため明治七年二月十四日に木戸孝允は内務卿事務兼理になり、同年四月二十七日に内務卿事務兼理を解かれているので木戸孝允宛てに提出されたのであろう。それゆえ、この提案は木戸孝允の手元に残ったのだと考えられる。『木戸孝允日記』には、この提案を請けたという記述は見られない。

　前年に設置された内務省は、明治七年一月十日付には「内務省職制及事務章程」31))が発出され、その第十六条に「全國ノ記録ヲ保存スル事」とあり、池田寛治がそれに触発され、「置圖書寮議」を提出したのではないかと考えられる。また明治七年三月二十五日付で内務省から院省使府縣（中央官庁に地方官庁）宛てに「全國一般官撰私撰ノ別ナク政事典型風俗人情ヲ徴スヘキ古今ノ書類今般内務省ニ於テ悉皆致保存候條各官廳所轄ノ書籍及諸記録類ノ目録取調至急同省ヘ可差出此旨相達候事」という「第三十九号達書」32)が出され、記録・文書の保存についての動きが始まった。こうした動きの前後に池田寛治が呈上した「置圖書寮議」は、どんなものなのか。その趣旨と体制を述べる。

　　　如此ナレハ本朝前古ノ法ニ基キ傍ラ西洋各國國内省中公文古記ヲ保存スル
　　　ノ制ニ倣 ヒ此ノ圖書寮ヲ分テ四課ト為シ

　図書寮は律令制に中務省に設置されたもので、明治十七(1874)年に宮内省図書寮と同じ名前のものがあるが、ここは内務省に関連するものについて述べる。

池田寛治の「置圖書寮議」では、日本の古代からの通例だけでなく、西洋各国では「國内省中公文古記ヲ保存スルノ制」（国内の行政のあらゆる公文書や古文書を保存する制度）にならい、「圖書寮」を設置するべきだと提案している。現代の国立国会図書館、国立公文書館などの機能を統合したものと考えればいいだろうか。

　さらに「圖書寮」の構成としては第1に「布令公文ヲ採録スル事」とあって公文書を管理する現在の国立公文書館のような役割を果たす組織を考えていたようだ。第2に「全國ノ典籍政治ニ關渉スル處ノ古今官撰私乗ヲ旁採収拾シ且其緊要ナルモノハ纂輯編定スル事」とあり、国内の政治に関する古今また書籍や公文書だけでなく私文書も収集し、必要なものは編纂して出版すべきだとしているので、現在の国立国会図書館と東京大学史料編纂所などの機能をあわせたものを想像するといいのかもしれない。第3に「洋人編述スル処ノ人民生育ノ道動植産出ノ法凡ソ利用厚生ノ術ニ備フヘキモノヲ翻譯論隲スル事」と述べて、西洋で出版されたものの中から、国民の成長や農林水産などをはじめとした物産に関することを翻訳し世間に提供してゆくべきだとしているが、これは現代には相当するような機関はみられない。第4に「公文及譯書ノ彰示公布スヘキ者ヲ訂正刊行スル事」として公文書や訳書を明らかにして公布するべきものは訂正したうえで刊行することとしている。これは現代の「独立行政法人国立印刷局」に近いかもしれない。

　さらに「此ノ四課併立並具スレハ即チ圖書寮ノ設毅然ト□朝職ヲ補袞ス」と訴える。図書寮が四課あることによって、毅然として天皇の補弼の任を果たすことができるとしている。

　図書寮の歴史について述べると、この提言からおよそ1年半後の明治八年九月二十八日に内務省図書寮は「記録保存および出版行政を取り扱った内務省の内局」として設置された。明治九（1876）年一月に定められた内務省図書寮の職制章程 33) によると、その職掌は「古今ノ圖書記録ヲ保存シ官民ノ著訳圖書及ヒ出版ヲ管知スル等ノ事」とされた。同年四月には、図書局に改称。内務省図書局は、編纂・出版・保存・翻訳・庶務の各課を置いた。明治十年一月十一日には第三代図書局長として、何礼之が着任し、明治十八（1875）年一月六日に退任し、その年の六月二十五日に内務省図書局は廃止された。

　本文 3,326 頁に及ぶ浩瀚な大霞会編『内務省史』34) に図書寮の文字が出てくるのは数少ない。その数少ない例をあげると「准刻事務は、最初第三局（図書・編纂・翻訳）の所管となり、ついで同年（引用者註:明治八年）七月二十五日、准刻局を設けたが、九月二十八日、図書寮の新設とともに、これに吸収された。これは出版図書・新聞・雑誌の検閲、版権の免許・保護等の事務である。この検閲事務は、後に明治十四（1881）年一月、警保局の所管となった 35)。「准刻」とは出版のことであるが、出版の検閲・取り締まりだったと思われる。その後の変遷をかいつまんで言えば、明治二十六（1893）年十一月九日庶務局図書課は警保局図書課となり、時代は下って昭和十五（1940）年十二月六日に検閲課に改称したあと、戦後になって廃止される。

池田寛治の図書寮設置の提案が、明治政府でどの程度生かされたのか、あるいは無視されたのかは正確にはわからない。しかし池田の目指したところは、検閲機関と言うよりは、公文書及び図書にまつわるすべてを集め保存し、あるいは出版しと、公文書と書籍及び出版などに関する総合的な官庁のようなものだったようで、まだ 25 歳にもならない青年の気負いが伝わってくるようだ。

第　三　節－西岡逾明との関わり

　第三節では池田寛治がパリに滞在していた同じ時期に左院調査団として立法機関などの調査のため渡欧していた中議官・西岡逾明の書簡を見て行く。この書簡は第二章でも取り上げているが、パリにいる西岡逾明から司法卿江藤新平に宛てた明治五年五月二十日付 [36)]の書簡である。その書翰は箇条書きになっていて、第二章ではその一部分を引用したが、ここでは池田寛治に触れている文節の全文を以下に書き出して池田寛治の明治五年頃の考え方を検討をしたい。

　　　民法訴訟法ハ追々御成功と奉遥察候、佛地在留間も法學士ニ相交リ候處法律學士大概其説明シニ餘程骨候樣子ニ相見申候過日来幸宮内省書記官池田某元文部省中博士相勤メ時々制度寮ニモ出勤致居候趣ニテ、當時同人ト同寓致シ法律上ニ付テ毎日談論仕候處學カヲモ十分ニ有之且當人ノ志ニテハ歸朝後法律上ニカ二用ヒ度且箕作ニモ如此勉勵有之候上ハ自分ニモ箕作ヲ補助ケ一際勉勵民法其他ノ説明シヲ翻譯仕度云々被申聞當人ハ本院ニ而も吃度御用立候人物と奉遥察候廉尚可然御勘考可被下候尤當人義ハ全ク西洋流之説ニ而官位之等級ニハ不拘候得共給金之多少ハ相望候模樣ニ相見申候此節ハ東久世公江陪從魯西大墺地利邊巡行之積之由當年末ニハ歸朝致可申候伏テ願クハ其以前本院江御取入有之度奉存候
　　　＊墺地利＝オーストリア＊魯西大＝魯西亜の誤りか？

　第二章ですでに一部は取り上げているが、「過日来幸宮内省書記官池田某元文部省中博士相勤メ時々制度寮ニモ出勤致居候趣ニテ」とあるのは、使節団に随行するまでの池田寛治の履歴を述べている部分である。しかし、この段落にある「文部省中博士相勤メ」というのは、実際には明治三（1870）年末に「文部大助教」[37)]になったところで、官名詐称とまでは言わないが、やや誇張があると言うべきだろう。あるいは中助教を取り違えたか。あるいは西岡逾明の江藤新平へ売り込むための仲人口だったのかもしれない。また「時々制度寮ニモ出勤」とあるが、『百官履歴』[38)]では明治四（1871）年九月七日「制度御用兼勤被仰付候事」とあるものの、二日後の九月九日「制度御用兼勤被免候事」とあり、その兼勤はきわめて短期間だったことがわかる。明治初年の朝令暮改の様子が窺えるようではある。このあたりの事情は、発令翌日の「辛未九月八日」（明

102

治四年九月八日）付で大学南校から文部省宛に「池田大助教外一名外任ニ付佛學教導不行届就テハ右ノ中一人是迄通當校專務爲致度件」[39]が出されている。大学南校は「兼テ佛教官之儀ハ人少之処一時ニ両人相抜ケ候テハ所詮教導向行届兼甚差支候」と述べて「フランス語教員の林中助教が先日転出されたうえに、今回は池田大助教が制度御用掛兼勤を命ぜられたのでは、教育に支障が出るだけでなく学生からも反発がある」とねじ込んだ結果、翌九日には「制度御用兼勤被免候事」になったと思われる。ただ兼勤を免じたものの、実際には「制度御用」に応じていたのではないか。

　また、「制度御用」というのが明治四年六月二十九日に設置された「制度取調員」[40]と同じなのか、あるいは時期は遡るが明治二（1869）年五月十九日に設置された「制度取調御用掛」のことを指しているのかは不明である。「制度御用」と「制度寮」[41]とのつながりがはっきりしないので、「時々制度寮ニモ出勤」という実態の解明ができないが、フランス民法典の翻訳をしている箕作麟祥が勤務していたようなところに、実際には出向いていたことはあるのではないかと推測できる程度である。

　西岡と池田はパリで昵懇になったようで「當時同人ト同寓致シ」とあり同居していて（たぶん同じホテルにいたのであろう）、のちに池田が急遽帰国になる直前にも、第二章で触れたように池田が木戸孝允に依頼されたものを浄書するのを手伝うなどしているので、なまなかな付き合いではなかったことがみてとれる。同居しながら「法律上ニ付テ毎日談論仕候處」と法律論を戦わせたとしている。そうしたなかで西岡は池田を法律上の知識もあり西岡にとっては「學力ヲモ十分ニ有之」と思えるほどであったのであろう。だからこそ「當人ハ本院ニ而も吃度御用立候人物」と左院に役立つ人物なので是非左院に採用すべき人材だと江藤に推薦をしているのだと思われる。法律と言えば、池田は同じ時期にパリにいた司法省調査団とは、パリにおける狭い日本人社会の中で接点がなかったわけではないだろうに、その話がないのはやや奇異な感じがする。特に司法省調査団の一人である井上毅とは、この章の第一節で触れたように帰国後も送別会にも井上が列席しているような関係であるのに、その関係についてはやや不可解な点は残る。

　さらに池田の将来についての情報として、西岡が池田から聞き取ったところでは、「當人ノ志ニテハ歸朝後法律上ニカニ用ヒ度」とあり帰国後には法律を生かす仕事に就きたいと素志を述べていることは注目すべきだろう。これは明治初年のまだ 20 歳代半ばの青年がこれから翼を羽ばたかせたい方向を垣間見せていることになる。公文書を繙けば任官したり転官したりというのはわかることであるが、心の内に秘めている将来への希望や展望と言う内心のことについては自叙伝や個人的な書簡でもない限りは現れてこない。そういう意味で、西岡が江藤司法卿に報告した事柄は、池田寛治を知る上で手がかりになるのではないかと思われる。

　この西岡が聴取した池田の帰国後の希望については、次の「且箕作ニモ如此勉勵有之候上ハ自分ニモ箕作ヲ補助ケ一際勉勵民法其他ノ説明シヲ翻譯仕度云

103

々」と述べていることが参考になるだろう。箕作麟祥がフランス法典を訳しているのは、知られていたであろうから、「箕作が努力を重ねてフランス法典を翻訳しているのであれば、自分も箕作を助けひときわの努力をして民法などの解説や翻訳をしてゆきたい」と述べている。ナポレオン法典をフランス語から日本語に翻訳することで国家有用の人材となるのを望んでいたであろうことがわかる。

　池田寛治が西岡が言うようにこれだけフランス民法典などの翻訳に強い意志を示しながら、のちに日本の民法典編纂に力を尽くすことになるボアソナード（Gustave Émile Boissonade de Fontarabie,1825-1910）のパリにおける司法省調査団に向けた講筵［諮問会］に連なったことを示す資料は見出すことはできない。パリでボアソナードの講筵に連なったのは河野敏鎌（1844-1895）、鶴田晧（1836-1888）、岸良兼養（1837-1883）、井上毅、益田克徳（1852-1903）、沼間守一（1844-1890）、名村泰蔵、川路利良（1834-1879）、今村和郎で、今村は言うまでもなくフランス語に堪能であり、フランス語通訳は陸軍大尉岩下長十郎（1853-1880）だったという。岩下長十郎はフランス語は堪能だったと言われているが、講義のフランス語を解したのは井上毅、名村泰蔵、今村和郎の三人だったとはボアソナードの回顧 [42]によるものであるが、このうち名村泰蔵は慶応二（1867）年のパリ万国博覧会に十五代将軍徳川慶喜の名代としてその弟徳川昭武が派遣されるのに随行して渡仏の経験もあり、もともとフランス語は使いこなせるので、司法省からの派遣団でフランス語を解したのは実質井上毅だけということになるようだ。

　この書簡からは池田寛治は官僚としての地位には頓着していないように見える。「尤當人義ハ全ク西洋流之説ニ而官位之等級ニハ不拘候得共給金之多少ハ相望候模様ニ相見申候」（本人は全く西洋流であって役人としての出世にはこだわらないけれども給与は多少高いのを望んでいるようだ）とあって、池田は立身出世という明治の典型的な上昇志向とはまた違った顔を見せている。また「薩摩の芋づる」式で社会的階梯を登っていこうというあり方をとることができない、藩閥とは無縁な旧幕領長崎の出身だということが関わっていたのであろうか。

　ただ池田寛治が帰国した後の内務省、大蔵省、天津副領事、天津領事という軌跡を考えると、司法関係に進みたいと述べていたのとは、いささか印象が異なってくる。大久保の先行帰朝に随行し、日本に向けた船内で親炙したことが影響したのではないかと考えられるが、実際の処はわからない。

第　四　節　ー池田寛治はボアソナードを知っていたか

　池田寛治がベルギーから使節団本隊と別れてパリに戻ってきたのは、明治六年二月十八日のことだが、それから暫くたった三月一日に使節団に同行しなか

ったパリ駐在弁理公使の鮫島尚信のもとに、使節団大副使から二月二十七日付書簡 [43] が届く。書簡では鮫島辨理公使にドイツ・ベルリンへの同行を求めていて、それに対する大副使宛ての返書は [44] 同日付で出されている。この返書では随行を依頼する書簡に対して「小生伯林行ノ儀御申越承知仕候然ル處即今陸軍省ヨリハ増教師ノ事司法省ヨリハ法律家雇入ノ儀申越加之昨年中當館ヘ属シ候會計勘定旁繁務ノ次第」（私のベルリンへの使節団同行の件を求められましたが、承知しました。とは言えただいまは陸軍省から御雇教師を増員することや司法省からは法律家雇入の件を言ってきており、それだけでなく昨年から当公使館の会計事務もあわせて行うことになり繁忙している次第です）と述べて、ドイツへの同行を不承不承ながら承知している。しかし、公使館が業務繁忙となっていて、その理由に「即今陸軍省ヨリハ増教師ノ事司法省ヨリハ法律家雇入ノ儀」をあげている。「陸軍省ヨリハ増教師ノ事」の件はこの年二月二十日付でフランス陸軍大臣宛ての書簡で「工兵大尉、砲兵大尉、砲兵特務曹長」を日本に追加派遣を依頼していることを指していると考えられる。

　また「司法省ヨリハ法律家雇入ノ儀申越」とは、のちに「日本近代法の父」と言われたボアソナードを招請することになる件である。この時期に、鮫島弁理公使はボアソナードと招請にあたっての条件などの交渉をしている時期に当たっている。使節団に同行するためパリを出立する直前の 1873 年 3 月 6 日付ボアソナード宛て鮫島尚信書簡 [45] に「できれば、私の責任において月々の給料を 650 ドルにし、奥様の渡航費もお支払いできればいいのですが、残念ながら、新しい訓令によって許されないかぎり、これ以上にすることは不可能です」とあることから、この時期雇入の条件を提示したものの条件が折り合わず招請の交渉は暗礁に乗り上げていたことがわかる。

　この時期、明治六年二月十八日に池田寛治がベルギーからパリに戻ってきたのは、「民律を取調ふることを命せられ」[46] たからである。「民律」というからにはナポレオン法典を考究したのではないかと思われる。法律研究をするのであれば、当時司法省からの派遣団がパリに来ていて、ボアソナードとの接点があったのか探ってゆくこととしたい。

　司法省派遣団は明治五年の十一月一日（西暦 12 月 1 日）にパリに到着している。司法少丞・河野敏鎌、明法助・鶴田晧、権中判事・岸良兼養、司法中録・井上毅、司法省八等出仕・益田克徳、司法省七等出仕・沼間守一、司法省七等出仕・名村泰蔵、警保助・川路利良の八人である。この司法省派遣団が「日本近代法の父」と言われるボアソナードの日本招請に当たったことはよく知られているが、この招請に池田寛治が関わったかどうかはわからなかった。ボアソナードが契約に至るまでを概観しながら、帰国後にボアソナードと接点ができる池田寛治とパリにおいて接触があったのかを探っていくことにする。

　ボアソナードが招請された際の経緯については、大久保泰甫が『日本近代法の父　ボアソナアド』[47] のなかで述べた説が一般的なものあろう。まずそれからその説を抜き出してみる。

たまたまこの時、司法大輔佐々木高行は、理事官として岩倉使節団に同行して欧米を巡歴し、パリに到着したが、そのおり河野敏鎌以下の司法省派遣団と落ち合い、江藤司法卿が「専門教師雇入ノ儀」について、どうしても「可相成上等ノ人」を雇い入れるよう厳命していることを知った。
　　河野らはパリ到着後、直ちに鮫島公使に江藤の意を伝えており、いろいろと考慮と協議を重ねたが、結局憲法と刑法の講義を依頼したボアソナアドを適任と判断し、講義ののち「三カ月を経て」、交渉に及んだ。

　このボアソナード招聘の経緯について改めて考えてみる。ボアソナードが日本に来着したことなどを記す「司法省法律師佛國人「ブーソナード」ヲ本國ニ於イテ雇入今茲ニ來著ス」[48]という公文書がある。まずその文書に含まれる司法省からの明治四年十月付の伺いから引用する。

　　　司法省伺
　　各國政體ニ基キ諸法律調方取掛リ候ニ付テハ先以那勃翁「コード」ヲ本ニ致シ傍ラ英米等ノ諸法律ト打合セ斟酌可致ハ勿論ニ候乍併先ツ其目的トスル所不分明候テハ却テ其爲メ紛紜ノ弊害ヲ生候條幸ヒ今度當省ヨリ大輔始メ洋行被仰付候其者共ヘモ皆其心得ヲ以テ教師ノ儀モ民法刑法詞訟法等ニ委敷人両三人佛國ヨリ相雇入度候條此段先以テ奉伺候也
　　　辛未十月
　　　司法大輔伺特命全権大使宛
（文意:各国の政治体制に基づいて法律の取調にとりかかっているが、それはナポレオン法典を基本とし欧米の諸法律と摺り合わせてみるのは当然のこととして、その目的とするところがはっきりしないでは混乱の元となるが、幸運にも今回司法省から司法大輔を始めとして洋行を命じられたものがいる。その全員が司法省の意向を理解していて法律学の教師は民法刑法訴訟法等に詳しい人物を二、三人フランスより雇入たいと考えて特命全権大使に伺います）

　この辛未十月付の「司法省伺」は堀内節「御雇法律教師のブスケとボアソナード」[49]のなかで、堀内節が書き写したものの、原本は昭和二十（1945）年七月に避難先の甲府で空襲により焼失したとされる「教師雇入之儀ニ付伺」[50]と比較すると、「ユーデ」は「コード」になっているほか、差出人に「司法少輔宍戸璣」が欠けているなどの異同が見られるがほぼ同文である。「コード」はナポレオン民法典のことで、明治四年十月付のこの伺いから知られることは、岩倉使節団発遣にあたって、明治四年七月九日に創設されたばかりの司法省としては「教師ノ儀モ民法刑法詞訟法等ニ委敷人両三人佛國ヨリ相雇入度候條」（教師は民法刑法訴訟法等に詳しい人物を二三人フランスより雇入たい）とすでにフランスから法律教師の招請を遅くとも使節団が発遣されるこの時期には企図していたと言うことである。

ただ、この間にフルベッキの斡旋でフランス人弁護士のジョルジュ・ブスケ（Georges Hilaire Bousquet,1846-1937）が明治五年二月に法律顧問・法学教師として来日したため、司法省と大学との間で、フランスではなくドイツから招きたいという動きがあったと前述の堀内節は「御雇法律教師のブスケとボアソナード」のなかで述べている。この動きは、洋行中の佐佐木の一存なのか、結局フランスからの招請になったとも堀内は述べている。

　この「司法省法律師佛國人「ブーソナード」ヲ本國ニ於イテ雇入今茲ニ來著ス」には、「司法省伺」に続いて、翌年七月十九日[51]に司法大輔（佐佐木高行）から岩倉使節団の特命全権大使宛に以下の伺いが出されている。

　　　　司法大輔伺特命全権大使宛
　　一法律師一人當國ニ於テ御雇入ノ儀急遽御決議相
　　　成候樣致シ度此段奉伺候也皇暦壬申七月十九日
　　指令
　　承り届候人撰ノ儀ハ使節方ニテ評議可及間左樣御
　　承知有之度候也皇暦壬申七月廿日

　大使一行の事務書類の集成である『在英雑務書類』[52]に「伺」は同文で収載され、それに対する「指令」は「下ゲ札」として『在英雑務書類』に収録されている。欠けているのは「山口」（傍線は原文のまま）で、副使の「山口尚芳」がこれを承認したことがわかる。「當國」というのは、ここでは「イギリス」のことを指しているだろう。

　以上のように、岩倉使節団本隊がロンドンに到着した七月十四日から日ならずして使節団司法理事官の佐佐木司法大輔からの伺いが七月十九日になされている。これに対して翌日には使節団から「司法大輔伺」に対して受理した上で「指令」として人選については「人撰ノ儀ハ使節方ニテ評議可及間」と、使節団で検討するとしている。これによって、フランスから法律の専門家を招くという司法省の意思は、江藤新平が司法卿に就任する明治五年四月以前よりすすめられていたと考えられる。

　大久保説では佐佐木高行が井上毅らの司法省派遣団とパリで出合ったときに、外国人教師を招請するとの話を始めて知ったとしている。しかし上述のとおり、「司法省法律師佛國人「ブーソナード」ヲ本國ニ於イテ雇入今茲ニ來著ス」では、佐佐木の司法省派遣団と邂逅の一年近く前に外国人教師を招請の伺いを使節団大使にしているので、佐佐木が外国人教師雇い入れの話を知らないと言うことはありえないだろう。そこで司法省派遣団の面々と出会った頃から佐佐木高行の日記からその行動をさぐってみる。

　また同書では「河野らはパリ到着後、直ちに鮫島弁理公使に江藤の意を伝えており」とあるのに対して、鮫島は1872年12月15日付フランス文部大臣宛て書簡で「1ヶ月ぶりに昨日パリに戻りますと」[53]と述べて、大使一行が到着する十六日の前々日になって、やっとベルリンから戻っているので、言葉尻を

捉えるようだが、「直ちに鮫島公使に江藤の意を伝え」られなかったのではないか。鮫島は、この時に司法省派遣団に会って、司法に関する講義を受けたいという希望を聞き、その手配を始めたのではないか。

　そして、司法理事官の佐佐木の方から見てみると、岩倉使節団に随行しているが、この当時はヨーロッパ各地を調査で訪れていて、編年体の伝記史料である『保古飛呂比』によれば、明治五年十一月二日（1872 年 12 月 2 日）条 [54]に、この日ロンドンからパリに戻った佐佐木高行は次のように記している。

　　岡内云フ、昨日日本ノ司法省ヨリ鶴田晧・井上□〔ママ〕・河野敏鎌・川路利良・岸良□〔ママ〕・名村泰蔵・沼間守一・□等來著〔ト脱落カ〕云フ

　佐々木は前日の十一月一日に司法省の鶴田晧・井上毅・河野敏鎌・川路利良・岸良兼養・名村泰蔵・沼間守一・益田克徳がパリに到着したことを同じ土佐藩出身で司法理事官随行の岡内俊太郎から聴いている。翌十一月三日（西暦 12 月 2 日）条 [55]には以下のようにある。

　　十一字半ヨリ河野・岸良等來訪、其節河野ヘ留守ヨリ傳言、當春出生ノ男子高志事、眼病ニテ頗ル危險ニアリシヲ、畫夜看護シ平愈セリ、安心アレト也

　この日は、パリに到着したばかりの司法省派遣団の河野・岸良らが司法大輔で使節団司法理事官佐佐木高行のもとを早速訪れていることを記しているが、この來訪では同じ土佐出身の河野敏鎌から佐佐木の次男高志の病気平癒について伝言を受けているだけで、司法卿江藤新平からの外国人教師雇い入れの「厳命」の伝言を受けたとは書き残していない。最優先の「厳命される」重大事項であれば、司法理事官にパリで会ったというこの機会に報告しないというのはありえないだろうし、佐佐木もそれを日記に書き留めないのは不自然ではないか。これ以降、司法省派遣団の 8 人の名前が佐々木の日記に書き留められているの日数はこの十一月三日を含めて 12 回 [56]である。ただし、佐佐木が十一月九日から十六日までの間オランダ行に益田克徳を通弁として同行しているので、この期間は省く。

　佐佐木理事官がフランス駐在弁理公使鮫島尚信を訪れたのは、十一月十九日（西暦 12 月 19 日）[57]のことである。派遣団の法律学習環境を整備したことに対する返礼であろうか。その内容は記述されていない。

　　　十二字過ヨリ長野同伴、使節ヘ行キ、今村ノ義伊藤ヘ内談致シ置キ、夫ヨリ公使鮫島訪問、四字過歸ル

　司法理事官随行の長野文炳を伴い、使節団を訪れている。同じ土佐出身で使節団の随行書記官をしているフランス語に堪能な今村和郎のことを伊藤博文に

内談している。今村の帰国後の処遇についてのことだろうか。佐佐木高行はフランスでは、今村和郎に通弁で世話になっているが、この会談の内容は不明だ。今村はこののち明治六年にパリ東洋語学校（現、フランス国立東洋言語文化学院）の教員になる。

　木戸の立場から見てみると、『木戸孝允日記』十一月十九日条[58]には「河野岸良鶴田司法省連又來話岸良留守より頼みし諸狀 其外楊持等持参せり」とあるだけで、外国人教師雇入の件については触れられていない。これより前の十月二十五日には「田中文部長與専齋孚國より來り孚人雇人一條等を談す」[59]とあり、田中文部理事官と同随行の長與専斎がプロイセン（ドイツ）から来て、外国人教師、この場合はプロイセン（ドイツ）人雇い入れの話を相談すると書き記しているから、その他の場合も外国人教師雇入の件は書いても良さそうなのだが、その記述は残されていない。

　そして『保古飛呂比』にはようやく二十五日（西暦 12 月 25 日）[60]になって、「外国人御雇」の話が出てくる。

> 　　　午前十一字使節ノ宿ニ行キ、長野ノ義ヲ山口ニ相談、又外國人御雇ノ見
> 込モ申述べ候

　司法省派遣団がパリに到着してから、ほぼ一か月になろうというところでやっと「外國人御雇ノ見込」について使節団副使山口尚芳に申し述べている。しかし、この記述は「外國人御雇」とあって「外国人雇入」ではない。憶測でしかないが、「外國人御雇ノ見込」とは、鮫島弁理公使に依頼していた司法省派遣団の諮問会の講師の人選の見通しについて述べたと考えたほうが理解ができるのではないか。そして「外国人雇入」の件は、年が変わった明治六年一月六日[61]になってようやく俎上にのぼる。

> 　　　夕六時ヨリ平賀ト同伴、食事、夫ヨリ自分ハ使節宿へ行、山口へ外国人
> 雇入并□作註文ノ書籍目録ノ事ヲ相談シ、青木云々、長野ノ事ヲ申置キ、
> 岩公へ何角御用談、同夜一時過キ歸宿

とあって、やっと山口副使に「外国人雇入」のことを相談している。十二月二十五日に「外國人御雇ノ見込モ申述べ」たにもかかわらず、司法省派遣団がフランスに到着してから既に一か月がたってから、「外国人雇入（略）ノ事ヲ相談シ」では「見込」がないままということになるので、二十五日の「外国人雇入」は司法省派遣団の講師のことではないか。

　「□作註文ノ書籍目録」とあるのは、フランス法典を翻訳している箕作麟祥（1846-1897）が註文していたフランスの法律学書のことであろう。そのほか、いろいろな人事上の相談などをしているようだ。ここの平賀は佐佐木に随行している権中判事・平賀義質（1826-1882）のことで、青木は、長州藩出身で明治元（1868）年からドイツに留学していた青木周蔵（1844-1914）のことだろう。

そして一月十九日には、佐佐木高行はマルセイユから日本に向け出港している。『保古飛呂比』から見て取れるのは、河野敏鎌ら司法省派遣団と逢着してから一か月以上経ってから、ようやく使節団副使山口尚芳に「外国人雇入相談」について相談していることである。「外國人御雇ノ見込」については、一か月近く経ってからの相談もしくは報告であり、大久保説が言うところの「河野らはパリ到着後、直ちに鮫島公使に江藤の意を伝えており」というのとは、事実関係が違うように思われる。それは次の使節団特命全権大副使が鮫島弁理公使に「司法省へ法律家雇入候儀」について命じている日付が二月一日[62]とあるからである。さらに言えばこの命令の前書きが「是ハ山口副使ノ草案ニヨリ相達ス」とあり、佐佐木高行が「外國人御雇ノ見込」と「外国人雇入相談」をしているのは、副使の山口であることを考えれば、「外國人御雇」の件が本格化したのはこの命令以降のことであることがわかる。その全文を掲げる。

　　　　　是ハ山口副使ノ草案ニヨリ相達ス尤使節 申合ハ相濟趣山口公ヨリ
　　　　　　　　　　　　　　御口達ニ付回シニ不出
　御國司法省へ法律家雇入候儀兼テ正院ニ於テ伺濟相成即チ今般両人丈差向キ御雇入相成候儀ニ致決議候間右人撰方等都テ同省ヨリ出張ノ官員へ御打合ノ上可然取極有之候様致シ度存候依之此段可得御意如此御座候也
　　　　明治六年二月一日　　　　　　特命全權大副使
　　　　　　鮫島辨理公使殿
　右ノ通リ法律家雇入ノ儀鮫島辨理公使へ相達候間諸事同人へ打合セ御取極可有之候也
　　　　　　　　　　　特命全權大副使
　　　　　　　司法省出張
　　　　　　　官　員　御　中
（文意:日本の司法省へ法律家を雇い入れる件についてはこれまでに正院で了解されているところである。そこで二人ばかりの雇入することを決めたので人選などはすべて司法省より出張中のものたちと相談して取り決めたい考えである。全権大副使から鮫島公使へ申し渡す。／右のように法律家雇入の件については鮫島公使に伝達したので打ち合わせの上人選など取り決めるように。司法省視察団へ）

　「司法省へ法律家雇入」の件について、「司法省出張官員」あてに「右ノ通リ法律家雇入ノ儀鮫島辨理公使へ相達候間諸事同人へ打合セ御取極可有之候也」と述べているのであるから、大久保説の「河野らはパリ到着後、直ちに鮫島公使に江藤の意を伝え」たとするには、無理があるのではないか。仮に鮫島弁理公使に「直ちに鮫島公使に江藤の意を伝え」たとするならば、鮫島弁理公使から、パリに到着した使節団大使副使にただちに伝達があってしかるべきだと思われるが、前に引用した『木戸孝允日記』からもそれは窺えない。
　ここの「兼テ正院ニ於テ伺濟相成」というのは、前年十月に左院視察団の西

岡逾明や高崎正風らから使節団大副使に「教師御雇ノ儀」の許可を求めた文に「正院ヘ上陳ノ處教師御雇入ノ儀御許容為相成事二御座候」とあるのに拠るのだろう。左院視察団の件も司法省と同じく口達で「両人御雇許可ノ儀御口達二相成候由」と二月十五日に田邊太一が付記している。これを考えると、やはり外国人教師を雇入にあたって、正式スタートしたのは、大副使から鮫島辨理公使に命じてからではないかと思われる。

大久保泰甫「ボアソナードにかんする若干の新資料」[63]に収載されているボアソナードの履歴と堀内節「御雇法律教師のブスケとボアソナード」[64]に収載のボアソナードが提出したという履歴書では、いずれも派遣団を対象とした諮問会は派遣団到着の翌年 1873 年初めから開始したとあるから、派遣団がボアソナードと正式に知り合うのは、年を開けてからだと考えられる。ボアソナードの講義を受けて、好印象を受け、招請の第一候補としたのであろう。

二月一日の使節団大副使の決定を受けて、外国人教師雇入が動きだしたのであろう。明治四年四月六日付江藤新平宛岸良兼養書簡[65]にある「佛ゟ両人と目的を定メ、既ニボアソナート」と申人十分之者と見込」と述べていることから、ボアソナードの講義を実際に受けた結果としてボアソナードを選定したと考えられる。その一方で、岸良の書簡が書かれた四日前に認められた同じ司法省派遣の鶴田晧の江藤新平宛書翰明治六年四月二日付[66]には「當務之顕官ハ容易二辞職雇入レ難ク隅アレハ一年分之月給前渡シ、家族引越料等願出不任所存事ノミニ而困却仕候」（現職の高位高官は簡単には雇入は出来ないうえに、たまたまあったとすれば一年分の給料の前渡しに家族引っ越し料を言い出して思うに任せないことばかりで困惑しています）とあるので、いろいろと探し求めた結果としてボアソナードに落ち着いたと言うことなのかもしれない。端からボアソナードありきではなかったようにもみえる。また鶴田晧は外国人教師雇入について「厳命された」とは記していない。

鮫島弁理公使がドイツ・ロシアに向けて出発する三月六日の前までに、ボアソナードに対して招請を行い、その条件を提示したと見られる。それについては、前述した出発日の 1873 年 3 月 6 日付ボアソナード宛て鮫島尚信書簡[67]に「できれば、私の責任において月々の給料を 650 ドルにし、奥様の渡航費もお支払いできればいいのですが、残念ながら、新しい訓令によって許されないかぎり、これ以上にすることは不可能です」とあることから、雇入の条件交渉で暗礁に乗り上げていたことがわかる。「奥様の渡航費もお支払い」というのは鶴田晧書翰の「隅アレハ一年分之月給前渡シ、家族引越料等願出」に対応するものだろうか。

鮫島尚信弁理公使が、使節団に随行してドイツ・ロシア訪問をしているため、外国人教師の雇入交渉は頓挫したようだったが、当時のヨーロッパから見れば僻陬の地である日本に向かうことを決断したのは、大久保がいうように 5 月 24 日にパリ大学後継教授候補者選挙の結果が第二位（同票 2 位）に終わり、教授への道を閉ざされたからかもしれない[68]。そして、六月二十四日に契約を取り交わし、ボアソナードは、名村泰蔵に伴われて、明治六年十一月十七日に未知

の国日本に着任する。

　それではボアソナードが選ばれた経緯はなんだったのだろうか。司法省派遣団がボアソナードに就いて憲法や刑法などの講義をうけ始めるにあたっては、駐仏の鮫島弁理公使が幹旋にあたったのは間違いない。裏を返せば、鮫島尚信しか頼む相手はいなかったであろう。鮫島は兵部省や大学などの依頼ごとでも基本は外務省を通して当該の官庁に頼み事を依頼することとしていたと見られる。そのことは、1872 年 10 月 5 日付の海軍大臣あて書簡[69]で、岩倉使節団工部理事官の肥田浜五郎（為良。1830-1889）が海軍造船所を見学したいと言う希望を伝えたことに対して、その月内の 10 月 26 日付フランス外務大臣宛の書簡[70]に「外務省を通さず海軍大臣に直接書信を差し上げるに際して、閣下に礼を失しかねないとはまったく想像しなかったことを信じて頂きたく存じます」と鮫島は外務大臣に頭越しに海軍大臣と交渉していたことを弁解している。これはフランス外務省から強硬な申し入れがあったのであろう。だから、鮫島は外務省を通さない幹旋は外交儀礼に反することだと理解していたと考えていい。

　では、鮫島はどうしてフランス文部省を通さずにパリ大学法学部アグレジェ（agrégé, 上級教員資格者）のボワソナードを知ることができたのだろうか。「フランス政府は通さず、個人的に知人の伝手で知り合った」というのでは、鮫島が苦い目に遭った外交儀礼からは外れていて、鮫島辨理公使としてはフランス外務省を通すこと以外には選択の余地はなかったのではないか。

　実際にはのちのことになるが、1876 年 5 月 25 日付外務省宛［外務大臣］の書簡[71]でボアソナードの任期延長について「本国政府の訓令にもとづき、ボアソナード氏に現休職期間の満了以降、3 年の追加休職期間を与えられるよう、閣下から文部大臣に要請して頂くことをお願い致します」と外務大臣経由で文部大臣に要請している。

　これを考えれば、ボアソナードの履歴書にはいずれも鮫島からの依頼で「法科大学教授シャールジロー」からボアソナードを紹介、あるいは「［法科大学］視学総監ジロー」の承認を得て諮問会を開いたとあることから、知人の紹介と言うよりはフランス文部省経由の依頼と考えた方がわかりやすいだろう。

　この外交儀礼の例外と思われる例として、左院視察団の一人少議官高崎正風の例がある。高崎正風の明治五年五月十三日付で立法審査機関・左院副議長の江藤新平等に宛た書簡[72]からそれが読み取れる。当該部分を抽出する。

　　　〇蒙命ノ取調方ニ付テハブロックスト申ス先生ヲ教師ニ相頼申候、此人ハ年齢凡六十余佛国屈指ノ大先生ノ由、言語動作ヨリ一体ノ風彩超凡ノ人と相見得候、右先生頼入方ニ者鮫島弁務使格別ノ盡力ニ御座候（後略）
　　　（文意：命令を受けた調査についてはブロックスと言う先生を教師頼んでいます。この人は年齢六十ばかりでフランスで屈指ノ大学者だそうです。言葉遣いから身の振るまい方から全体的な風貌は超凡俗の人と思えます。ブロックス先生を探しだし依頼してくれたのは鮫島弁務使の特別の尽力

がありました）

　高崎正風が就いた教師の「ブロックス」とは十九世紀フランスの政治学者・統計学者モーリス・ブロック（Maurice Block）のことで、岩倉大使らにも進講しただけでなく、日本の統計学の発展にも寄与した人物である。この「佛国屈指ノ大先生」のブロックの選任については「先生頼入方ニ者鮫島弁務使格別ノ盡力」を受けたと高崎正風はこの書簡で述べている。この時期の鮫島の外交書簡は残っていないので、幹旋の実態はわからない。高崎がブロックの自宅に通うような個人教授は、四月十八日からで、高崎はブロックだけでなく雑問のため「スルマニヨン（Soulmagnon,生没年不詳）」という書生には自宅まで来てもらって教えを受けている。「スルマニヨン」は外務省を通さなかったかもしれないが、ブロックは人選の当たりをつけた上で外務省の依頼したかも知れない。

　鮫島はパリに前年に赴任したばかりで、どの程度の人脈がパリで築けていたかは心許ないし、あきらかではない。しかし鮫島の周囲にはフランスの学界に繋がりがありそうな人物が二人いた。一人は鮫島がパリ入りしたその翌月に雇いの契約を結んでいるフレデリック・マーシャル（Frederic Marshall,1839-1905）である。もう一人は鮫島と関係が深く、タイムズ誌の特派員として普仏戦争取材にあたっていたローレンス・オリファントもこの時期パリにいた。

　マーシャルの経歴ははっきりしないが、イギリス生まれで長くフランスに在住していた実業家で、のち日本の宿願である関税自主権の回復・領事裁判権の撤回など条約改正にあたり、助言に加え情報収集や幹旋などに功績があった。契約の直前にはパリコンミューン下のパリの様子をイギリスの雑誌に投稿したジャーナリストでもあった。

　マーシャルとは知人であるオリファントは、文久元年五月二十八日（1861 年7 月 5 日）に在日英国公使館一等書記官であったが、公使館があった東禅寺で攘夷派浪士に襲われ負傷し、帰国している。その後、鮫島尚信や森有礼ら薩摩藩の密航留学生が渡英した際に庇護し、鮫島や森有礼はオリファントが信奉する宗教共同体のアメリカにおけるコロニーにロンドンから移るほどだった。そして再びパリで邂逅したわけで、全く没交渉であったわけではないだろう。オリファントはパリの社交界で有名人で「特派員というよりは大使だ」[73]と言われたというから、人脈は幅広く、ジャーナリストでもあったモーリス・ブロックらの学者に繋がりがあったのではないかという推測を述べておくに留める。

　前記高崎正風は明治五年三月十九日（1872 年 4 月 26 日）にパリに着いているうえ、翌月の五月五日（1872 年 6 月 10 日）付日記[74]では「例刻フロックスニ赴ク」と記しているので、鮫島弁理公使から和暦の四月西暦の五月中にはフロックを紹介してもらっていることになる。『鮫島尚信在欧外交書簡録』には、フランス文部省を通してブロックとボアソナードにいたる、この間の事情を示す書簡は残されていないので推測に過ぎないが、二人のうちどちらかが、あるいは二人が、パリに赴任して間もない鮫島の水先案内人となって、パリにおける日本人渡航者や留学生らの便宜を図ったのではないだろうかと考えられる。

113

前節でも触れたが、池田寛治に触れている西岡逾明の書簡でも池田は民法に関心を示しているので、その興味があるならばパリでもこの派遣団のうち、鶴田、岸良、井上、名村、川路、それに今村和郎が受けたボアソナードの法学の講筵に連なるなどの関係があってもおかしくはないが、その事実を示す証拠は見つからなかった。

　池田寛治死後に長崎の「西海新聞」に掲載された「故長崎税關長池田寛治君の履歴」[75]に「（明治）六年二月仏京巴里に滞留し民律を取調ふることを命せられ留まること三月」とあり、細かく注目すると「民律を取調ふることを命せられ」とあることから、池田寛治がナポレオン民法典の調査をしていたことは確実ではないかと思われる。このことを考えると、池田寛治単独で「民律を取調」べるより、司法省派遣団とともにボアソナードによる法学の講義を受けながら調査をした方が効果的であっただろうと思われるから、いずれボアソナードとの関係がパリ滞在中からあって不思議ではない。

　だが、後年明治二十四（1891）年五月四日に亡くなった今村和郎をボアソナードが哭した "Notice biographique sur feu IMAMURA WARO" [76]には、仏学の祖とされる村上英俊（1811-1890）や入江文郎、それに今村和郎だけでなく、池田寛治らがパリにいた時期にパリ大学に学んでいた光明寺三郎（1847-1893）らの名前は挙げているが、すでに故人になって十年がたつとはいえ池田寛治の名前は見られない。少なくとも北京では接点があったにもかかわらず、ボアソナードにとっては池田寛治は視野の外にいた人物であったようだ。

註）

1) 明治四年に大学南校から文部省に呈出した書類である「池田寛治外七十四人職名ノ件」（東京大学デジタルアーカイブ参照コード：S0001/Mo002/0072）では、「大助教池田寛治」である。末尾には辛未（明治四年）十月五日とある。一方で、その一月ほど前の明治四年九月十日付「文部大助教池田政懋制度御用兼勤被免ノ旨ニテ太政官ヨリ達書」（東京大学デジタルアーカイブ参照コード：S0001/Mo001/0029）では「池田政懋」となっているので併用していた可能性がある。

2) cf. 第一章第三節

3) 前掲『東久世通禧日記　下巻』p.81.

4) 前項 p.104.

5) 前掲『東久世通禧日記　下巻』p.193.

6) 前掲『東久世通禧日記　下巻』p.193.

7) 門田明／芳即正／久木田美枝子／橋口晋作／福井迪子翻刻「『上野景範履歴』翻刻編集」（「鹿児島県立短期大学地域研究所研究年報」12・1983.3.19.）

8) 「職員録・明治八年十月・職員録（勅奏官）改」国立公文書館［請求番号］職 A00075100　DA22 コマ「内務省戸籍寮助　従六位　浅井晴文　東京府士族　第一大区十小区築地中通二丁目二十九番地」とある。

9) 山本忠兵衛編『東京地主案内:区分町鑑』（山本忠兵衛・1878.6.）国立国会図書館 DC13 コマ

10)「官員録」（明治 8 年 11 月改正／西村隼太郎編・西村組出版局）に「戸籍助トウケイ従六位浅

井晴文」とあり、本籍を東京府としている。

11)「官員録」(明治8年11月改正／西村隼太郎編・西村組出版局)

12)「官員録」(明治7年毎月改正／西村隼太郎編・西村組出版局)

13)本野亨編『苦学時代の本野盛亨翁』(本野亨・1935.9.25.)p.38. 国立国会図書館 DC28 コマ

14)「職務進退・元老院 勅奏任官履歴原書」転免病死ノ部国立公文書館[請求番号]職 00148100 DA4 コマ

15)「明治五年一月二十七日横浜出航洋航同船者人名」 二葉憲香／福嶋寛隆編『島地黙雷全集 5』(本願寺出版部・1978.10.10.)p.104.

16)九月十四日条 霞会館華族資料調査委員会編『東久世通禧日記』下巻(霞会館・1993.3.25.)p.195.

17)九月十九日条 前掲『東久世通禧日記 下巻』p.193.

18)九月二十二日条 前掲『東久世通禧日記 下巻』p.197.

19)前掲『東久世通禧日記 下巻』p.316.

20)読売新聞明治三十五(1902)年五月一日付「三十年前岩倉大使一行洋行の夢」

21)日本史籍協会編『木戸孝允日記 二』(日本史籍協会・1933.3.25.／[覆刻]東京大学出版会・1967.1.25.)p.406.

22)前掲『木戸孝允日記 二』p.408.

23)妻木忠太『史実考証木戸松菊公逸事』(有朋堂書店 1932・11.26.／[覆刻]マツノ書店・2015.11.20.)p.416.

24)前掲『木戸孝允日記 二』p.418.

25)前掲『木戸孝允日記 二』p.424.

26)前掲『木戸孝允日記 二』p.443.

27)前掲『木戸孝允日記 二』p.446.

28)[木戸家文書]「池田寛治自筆上奏文(木戸孝允宛・諸家尺牘類)」 宮内庁書陵部図書寮文庫 函架番号 F1・151

29)「内務省ヲ置ク」 国立公文書館[請求番号]太 00237100[件名番号]009

30)「内務省職制及事務章程」 国立公文書館[請求番号]187-0335

31)内務省図書寮の職制章程 「公文録・明治八年・第百六十巻・明治八年十二月・内務省伺 一」[図書寮職制章程ノ儀伺并往復]国立公文書館[請求番号]公 01544100[件名番号]003

32)「第三十九号達書」 「太政官日誌」明治七年第四十四号 国立国会図書館 DC「太政官日誌明治7年第1-63号」180 コマ

33)註 31)の DA2 コマ

34)大霞会編『内務省史』1～4(地方財務協会・1971.3.1.～1971.11.1.)

35)大霞会編『内務省史』1(地方財務協会・1971.3.1.)p.106.

36)「一八〇 西岡逾明 4 明治五年五月十八日」佐賀県立図書館編『佐賀県明治行政資料目録・ 江藤家資料目録』(佐賀県立図書館・1983.12.1.))及び佐賀県立図書館データ・ベース(古文書・ 古記録・古典籍)「江藤家資料 資料番号 江 013-617」及び江藤新平関係文書研究会「史料翻 刻江藤新平関係文書－書翰の部(10)－」(「早稲田社会科学総合研究」8-2・2007.12.25.)書簡末尾に は「第五月廿日西暦六月甘三日」とあって、見出しとは合わない。

37)修史局編『百官履歴』(下)(日本史籍協会・1928.2.25.)p.188. 「明治三年二月十日 任少助教

　　大學／同年三月十六日　任中助教　大學／同年十二月四日　任大學大助教○同月　叙從七位」とあり、十か月足らずで一挙に少助教から大助教まで上っている。

38)前項 p.188.に「明治四年九月七日　制度御用兼勤　被仰付候事／同月九日　制度御用兼勤被免候事」とある。

39)「池田大助教外一名外任ニ付佛學教導不行届就テハ右ノ中一人是迄通當校専務爲致度件」東京大学デジタルアーカイブ　参照コード:S0001/Mo001/0056

40)「制度取調員ヲ置ク」　太政類典草稿・第一編・慶応三年〜明治四年・第十七巻・官制・文官職制　三　国立公文書館　[請求番号]太草 00017100

41)「制度取調御用掛ヲ置ク」　太政類典草稿・第一編・慶応三年〜明治四年・第十七巻・官制・文官　職制三　国立公文書館[請求番号]太草 00017100

42)「ボアソナードの今村文郎追悼文」 *Notice biographique sur feu* IMAMURA WARO,dans la Revue française du Japon,mars 1894,pp.90-91.

43)『単行書・大使書類原本發佛後雜務書類』国立公文書館[請求番号]単 00328100　DA9 コマ「二月廿七日ノ御書簡今朝相達シ」とある。

44)前項『發佛後雜務書類』国立公文書館[請求番号]単 00328100　DA9 コマ

45)鮫島文書研究会編『鮫島尚信在欧外交書簡録』（思文閣出版・2002.2.25.）p.326.書簡番号 160[以下『鮫島尚信在欧外交書簡録』]

46)明治十四年一月十八日付「西海新聞」掲載の「故長崎税關長池田寛治君の履歴」に「（明治）六年二月仏京巴里に滞留し民律を取調ふることを命せられ留まること三月」とある。

47)大久保康甫『日本近代法の父　ボアソナアド』（岩波新書（黄版）33・1977.12.20.）p.35.

48)「仏人ブーソナート来着」（太政類典・第二編・明治四年〜明治十年・第七十六巻・外国交際十九・外客雇入十三[仏人ブーソナート来着]）国立公文書館[請求番号]太 00298100[件名番号]006DA（明治 6 年 11 月 17 日）

49)堀内節「御雇法律教師のブスケとボアソナード－雇い入れから雇い止めまでの経過－」（「比較法雑誌」[日本比較法研究所]8-1・1974.3.25.）

50)堀内節「御雇法律教師のブスケとボアソナード－雇い入れから雇い止めまでの経過－」（「比較法雑誌」[日本比較法研究所]8-1・1974.3.25.）p.173.

51)註 48)DA（明治 6 年 11 月 17 日）1-2 コマ

52)『在英雜務書類』　国立公文書館[請求番号]単 00326　100　DA9 コマ

53)前掲『鮫島尚信在欧外交書簡録』p.300.

54)東京大学史料編纂所編『保古飛呂比　佐佐木高行日記　五』（東京大学出版会・1974.3.3.）p.340.[以下『保古飛呂比』]

55)前項 pp.340.-341.

56)①十一月三日（河野・岸良・鶴田等來訪）②十一月五日（鶴田・井上來訪）③十一月六日（河野・岸良・鶴田・名村等來訪）④十一月八日（又岡内・河野等ノ旅home へ行キ）⑤十一月九日（午後河野・益田來訪）⑥十一月九日（追ツテ鶴田・河野・中野來リ）⑦十一月二十二日（岩良・高崎モ來リ）⑧十一月二十三日（鶴田ノ旅宿へ行キ）⑨明治六年一月一日（夫ヨリ鶴田等之旅宿ニ至リ）⑩一月五日（鶴田・平賀・長野來話）⑪一月八日（鶴田・河野・岸良來リ）⑫一月十日（夫ヨリ鶴田へ立寄リ）

57)前掲『保古飛呂比』p.344.

58)前掲『木戸孝允日記　二』p.293.

59）前項 p.279.

60）前掲『保古飛呂比』p.346.

61）前項 p.358.

62）『在佛雑務書類』国立公文書館［請求番号］単 00327100　DA82.-83.コマ

63）山口俊夫編『東西文化の比較と交流』（有斐閣・1983.6.1.）所収 pp.189.-198.

64）前掲註 49）堀内節論文 pp.220.-224.

65）明治四年四月六日付江藤新平宛岸良兼養書簡　*cf.*江藤新平関係文書研究会編「江藤新平関係文書－書翰の部(3)－」（「早稲田社会科学総合研究」4-3・2004.3.25.）

　　（前略）扨厳命を蒙り候教師御雇之義、即ち鮫島弁理公使へも打合、尤大使へも申出、手数ニ及居候段ハ佐々木大輔殿など帰朝、委曲御承知被下候半と奉存候、其後現地ニおひて申談候趣も有之、先此涯佛ち両人と目的を定メ、既ニボアソナート」と申人十分之者と見込、御雇談判ニ及候處、段々過当之望も有之、其意ニ應し難き所ち不得止破談ニ及ひ、此上ハ司法卿へ示談を遂ケ、裁判官を御雇相成度事ニ決し、當時周旋中ニ候得共、鮫島公使ハ魯西亜滞在中ニ有之、ブスケ氏位ノ人物ニ候得者、實ニ意の如くならさる儀のミニ有之、終今日迄遷延いたし居候段、畢竟私不行届より之事と、甚恐縮罷在、爾後迚も油断者不仕候間、此段御聞置奉願候（後略）

66）江藤新平関係文書研究会編「江藤新平関係文書－書簡の部（九）－」（「早稲田社会科学総合研究」8-1・2007.12.25.）　書翰の中から関連部分を抽出して掲示する。

　　一五七鶴田晧書翰　明治六年四月二日
　　（前略）さて教師雇一條先便申越候通上等ノ人物甚手ニ入兼、種々手段相付候へ共給料之一件等ニ而動スレハ、條約整兼候訳ハ當務之顕官ハ容易ニ辞職雇入レ難く隅アレハ一年分之月給前渡シ、家族引越料等願出不任所存事ノミニ而困却仕候何れ當政府へ相談を遂ケ依頼可仕合候へ共鮫島氏普國ち魯へ赴キ、先月ち留守ニ相成、政府へ之相談モ届兼、彼是延引仕候得共、成丈差急キ雇入ノ含ニ御坐候（後略）

67）前掲『鮫島尚信在欧外交書簡録』p.326.

68）大久保泰甫『日本近代法の父　ボアソナード』（「日本法学」［日本大学法学会]60-4・1995.3.15.）pp.223.-225.にパリ第二大学アントネッティ（G.Antonetti）教授が 1990 年に教授会議事録をもとに、この時単独の第二位候補者にもなれなかったことで、ボアソナードは次回の後継教授候補者選挙でも正教授になれない見込みとなったと報告したことを紹介している。G.Antonetti には "Boissonade et la réception du droit français au Japon"（Université Panthéon-Assas・Nov., 1991）がある。

69）前掲『鮫島尚信在欧外交書簡録』p.292.

70）前項 p.291.

71）前項 p.435.

72）「江藤新平関係文書－書簡の部（1）－」（「佐賀県立佐賀城本丸歴史館研究紀要」5・2010.3.31.）

73）Anne Taylor "Laurence Oliphant, 1829-1888 "（Oxford University Press・1982.）p.165.に、次のように書かれている。"He wrote brilliantry and knew everybody;as Edomond de Goncourt remarked, he

117

was treated like an Ambass　ador rather than a journalist." とある。

74）北里闌『高崎正風先生伝記』（私家版・1959.8.28.）p.293.

75）西海新聞明治十四年一月十八日付

76）註42）に同じ。

第　四　章
　一池田政懋あるいは池田寛治を探して

これまで第一章と第二章では岩倉使節団における行動について、可能な限り池田政懋像を描き出し、第三章では、その関連の出来事について触れた。第四章からは池田政懋（寛治）の生涯の全体について、点綴することを試みたい。序章から第三章までに描くことができた池田政懋（寛治）の姿は、隔靴掻痒の感があり、人物像を彷彿とさせるまでには至っていないと認められる。そこで第四章以降ではその生涯の空白を埋めながら辿ることができるようにした。池田の生涯に肉薄ができたかはわからないが、第四章では池田政懋（寛治）が生まれてから維新後の新政府に出仕するまでを扱うことにする。

第　一　節　　一池田寛治とは何者だったのか

　第三章までに見てきたとおり、池田寛治（政懋、以下寛治と表記する）については、精確な生年月日が詳らかでないうえに、出身地も長崎（現在の長崎市）と推定できるという程度のものであった。このため、同時代史料を探すべく調査した。なかでも日本における新聞の揺籃期にあたる明治初年に仮に新聞が長崎で発行されていれば、池田寛治の死が訃報として掲載されている可能性があると考えた。そして、池田寛治が長崎税関長に在職中に死去した明治十四（1881）年当時に長崎で新聞が発行されていないかどうかを調べた。その結果、長崎で明治時代に発行されていた新聞のうち、池田寛治が死亡した明治十四年前後に長崎で発行されていた新聞として、明治五（1872）年創刊の「西海新聞」[1]が発行されていることがわかった。「西海新聞」は隔日刊で現在の長崎市内が発行地であり、「以文会社」[2]が発行元だった。
　そこで「西海新聞」そのものが欠号があっても残されているのかどうかをあたったところ、国立国会図書館所蔵のマイクロフィルム[3][3]（長崎歴史文化博物館でも所蔵）[4]があり、新聞そのものが保存されていることがわかった。また池田寛治が死去した明治十四年前後の西海新聞のマイクロフィルムが所蔵されて

いるのを確認し、池田寛治の死亡記事が掲載されていないかを探った。その結果、明治十三(1880)年と明治十四年に池田寛治に関する記事を 6 本見出せた。この池田寛治に関係のある記事 6 本を抜き出して、この記事が同時代の資料と比較して正確に書かれているのかを検証して行くことにする。その検証を通じて、池田寛治の生涯を明らかにし、点綴することは可能だと考える。

「西海新聞」の記事は原資料は虫食い状態であるうえに当時のことで句読点はなく、変体仮名を使用している。そしてもとの新聞の保存状態が悪く、マイクロフィルムからの読み取りが難しく、筆者が判読できなかった文字は□とした。

まずは、明治十四年一月に池田寛治の危篤を伝える「西海新聞」の記事である。西海新聞が朝発行していたのか夕方発行していたのかはわからないが、実際にはこの日に池田寛治は死去している。

☆明治十四年一月八日付
　　當港の税關長大藏少書記官池田寛二君は赴任以來肺病の爲に悩まさせられしが昨今は餘程危篤の容躰なりと聞く

この記事に言う當港というのは「長崎港」であり、「税關長」は当然のことながら長崎税関長のことを指している。池田寛治は、当時不治の病だった「肺病」(肺結核)のため命旦夕に迫り危篤状態であることを伝えている。池田寛治の死を伝える記事はその三日後の一月十一日付になる。

☆明治十四年一月十一日付
　　前號に記せし當港税關長大藏少書記官池田寛二君は藥餌の功を奏せす去る八日午后三時半三十四年を一期として遂に遠行せられたり實に傷ましき事に□□ありける其履歴の詳細は追て記載せん

十一日付の記事では、池田寛治が一月八日午後三時半に死去したことを伝え、その履歴については追って掲載するとしている。「遠行せられたり」とは死去を遠回しに言う言葉。ここでは池田寛治の没年齢が「三十四年」とあり、当時の年齢の数え方は数え年なので、これをもとにすると池田寛治の生年は嘉永元(1848)年生まれとなる。生年がはっきりしていない池田寛治のことなので、この点は留意する必要がある。続いて池田の葬儀の日の記事である。

☆明治十四年一月十三日付
　　故長崎税關長池田君の葬送ハ一昨十一日午後四時皓臺寺にて執行はれ税關の官吏一同小禮服にて敬送し内海縣令金井少書記官を始めとし親友の諸君及び銀行諸會社の社員總數百餘名にて盛んなる事にてありし

ついで一月十三日付の記事には、池田寛治の葬儀の参列者などについて述べ

ている。参列した長崎県令で旧長州藩士の内海忠勝は岩倉使節団に大使随行（神奈川県大参事）として参加していて、池田寛治とは使節団での仲間だったが、内海の方が池田より 4 歳ほど年上だった。金井少書記官とは、金井俊行（1850-1897）のことで、旧幕府時代の長崎の地役人出身。のち長崎区長（のちの長崎市長にあたる）5)などを務めた。会葬者は百人を越える盛大な葬儀であった。

　五日後の記事には池田寛治の履歴が掲載される。

　　☆明治十四年一月十八日付
　　　故長崎税關長池田寛治君の履歴

　池田寛治の死亡までの履歴記事が掲載され、それは千字を超える長文の記事であり、この履歴全文は後掲して詳しく検討することにする。西海新聞「故長崎關長池田寛治君の履歴」は、以下「西海履歴」と略する。

　その二日後には太政官から祭祀料、平たく言えば香典が下賜されたという記事が掲載されている。

　　☆明治十四年四月二十日付
　　　故長崎税關長大藏少書記官従六位池田寛治君に多年奉職中勉勵せられたるに付て去る八日太政官より祭粢料金六百圓を下賜されたり

　この記事のほか、前年の明治十三年に長崎税関長に任命された時の記事も見つかったが、長崎税関長に着任したという「西海新聞」の記事は見つからなかった。

　　☆明治十三年三月十六日付
　　　大藏少書記官池田寛治君は長崎税關長を命せられ□れば去る十二日東京を出發し陸地より東海道を經て大坂へ至り同地より瀛船にて當港へ來らるる由

　池田の長崎税関長への人事異動についての記述である。長崎税関は、初代税関長が阿蘭陀通詞出身の横山貞秀（1833-1890）、二代目がのちに横浜税関長や農商務省の局長などを務めることになる高橋新吉（1843-1918）で、その高橋を継ぐ 3 代目として池田寛治が赴任する予定について述べている。

　このほか池田寛治に関する記事は西海新聞には見当たらなかった。そこで明治十四年一月十八日付「西海新聞」の「故長崎税關長池田寛治君の履歴」の全文を掲示する。生まれてから新政府に出仕し長崎税関に赴任するまでの記事で本文は以下の通り。この記事は、「西海新聞」で 1 行 21 字で 51 行に及ぶ長いものである。

君本姓佐々木氏父良三君池田氏を冒す君嘉永二酉年長崎に生る幼にして字を能くし書を読む事を好む後高島秋帆氏の門に入り其の書を學び先入の輩に擢す君曾て人に言ふ予讀書習字を好む人の遊戯をなすよりも樂しと故に其進學甚だ早く人呼て神童と云ふ君後に名村氏に養はる名村常十郎と称す名村氏は本港荷蘭通事なり君專ら蘭語を學和蘭陀見習通事を勤む後故ありて名村氏を去り呉氏に寄る（呉碩氏今現に上海 我總領事館在勤書記）依て呉常十郎となる君爾來の世變英佛の貿易盛なるへしと思ふや專ら佛語を學び佛國傳教師ペチシャンに就て傳習志後又英學を兼學す本港當時濟美館の設あるや幕府君を擧て濟美館の佛語校世話役に任し後佛學教導とな里運上所掛りを兼勤し五人口を以て一身通詞に申付らる時に王政維新制度一變し本港濟美館を改て廣運館となす君名村泰蔵君（當時太政官權大書記官）と共に佛語教授方となり役料米貳拾俵貳人扶持金貳拾圓を賜る其十一月出府を命せられ呉政懋と称し大學少助教に任せらる翌明治二巳正月外務中譯官に轉志同二月又大學少助教に任せられ同三月中助教に昇り同十二月又大助教に進む從七位に叙せらる同五月副島參議魯國ポシェット灣に出張せらるるに隨行し該灣に止ること二ヶ月歸京して又文部大助教に復し制度御用掛を兼ぬ同十月特命全權大臣岩倉卿に隨て四等書記官となり歐米諸國に隨行し專ら大久保副使の書記官を司り六年二月佛京巴里に滯留し民律を取調ふる事を命せられ留まること三月歸朝して池田寛治と改稱し文部省七等出仕に任せられ同月更に大藏七等出仕に轉し記録寮に勤仕せ里七年一月内務省を設けらるるや同省の七等出仕に轉志諸規則取調掛となり同八月臺灣の事あるに當り君大に盡力し全權辨理大臣大藏卿に隨て北京に赴き事畢て歸京し八年七月内務六等出仕に進み八月清國天津の副領事に任せられた里抑天津は清京の咽喉にして交際上必用の港なれとも未た本邦の領事館なきを以て君新に領事館を設るの説を獻し自ら副領事の任を蒙り該津に到り該館を新築せられた里同十月正七位に叙せられ牛莊兼轄を命せらる而して始めて此地に於て肺病を發したりと雖ども尚も勉勤怠らず十一年二月領事に昇進し居ること四ヶ年十二年六月を以て歸朝を命せられ發途に臨て病患甚募り吐血止めさるを以て上京する不能本港に止て療養すること六ヶ月十二月上旬に至りて上京し從六位に叙せられ宿痾再發するを以て豆州熱海に到りて療養し翌三月大藏少書記官長崎税關長に任せられ途次神戸に在りて又發病し二ヶ月間療養して本港に赴任せられたり（已下次号）

　着任以降の履歴については（已下次号）とあるが、この次号は「西海新聞」には見つけられなかった。履歴は尻切れトンボになってしまっているが、着任して半年あまりでの死去ゆえ、長崎では病臥が多く長崎に赴任するまでの履歴でその生涯を語り尽くしたと判断したのかもしれない。

　第一節では、池田寛治の履歴に関する当時の史料を見つけることができたので、次節以下ではこの履歴を検討してゆくことにする。

第　二　節　　―池田寛治を探して

　前節の明治十四年一月十八日付西海新聞の「故長崎税關長池田寛治君の履歴」（以下「西海履歴」と略す）について、本文を 23 項目に分けて他の公的な文献史料などと照合することで、この履歴記事の信憑性を確認してゆくことにする。新聞記事の履歴と公的史料などのあいだで、どれほど多くの事項が合致するかということで、「西海新聞」の記事に書かれていた履歴に信頼性があるのかどうかは、判断できると思われる。従って「西海履歴」が精確であれば、池田寛治の生涯の不明部分、特に幕末から維新直後にかけての審らかでない部分に光を当てることが可能になると考える。

　西海新聞の一連の記事は池田寛治が死去後間もない時間で、しかも遺族もしくは周囲にいる人々から聞き取ったものと推測できる。この「西海履歴」と比較する資料としては、前掲『百官履歴』（以下[百官]と略記）所収の履歴と前掲「故少書記官池田寛治祭粢料下賜ノ件」[6]（以下[祭粢]と略記）に所収の履歴の二種類である。そのほか国立公文書館所蔵の史料や『外務省沿革類従』[6]なども参考にした。

　まず第 1 項目は、池田寛治の出自について述べている。

1.君本姓佐々木氏父良三君池田氏を冒す君嘉永二酉年長崎に生る

　「西海履歴」の第一項目には、「父良三君池田氏を冒す」とあるが、当時の分限帳などでこの父・池田良三について確認を試みたが、生没年や身分などをはじめとする情報は確認できなかった。これについては第六章で再考する。さらに池田の生年について「西海履歴」では「嘉永二（1849）酉年長崎に生る」とあるが、序章の比較表では、嘉永元（1848）年生まれ、もしくは弘化三（1846）年とあり、この「西海履歴」はこの 2 例とも食い違い、池田寛治の年齢は 1 年もしくは 2 年若くなる。『百官履歴』は凡例に「修史局ニ於テ各自ヲシテ履歴書ヲ提出セシメ」とあるにもかかわらず、池田寛治については生年月日については記載がなく、また「故少書記官池田寛治祭粢料下賜ノ件」の履歴にも生年月日の記載はない。しかし、「西海新聞」明治十四年一月十一日付の死亡したばかりの記事には「（引用者註:池田寛治税関長は）三十四年を一期として遂に遠行せられたり」とあり、当時は数え年であることを考えてこれを逆算すれば嘉永元年生まれとなる。一月十八日付の「西海履歴」では嘉永元年より一年遅い嘉永二年が生年である。

　実際のところ年齢の問題については、長崎の阿蘭陀通詞・唐通事では、実年齢よりも年齢を多く称して阿蘭陀稽古通詞・唐稽古通事になる例はままあり、その年齢については検討が必要である。実際に唐通事でも目についただけでも四例見られる。長崎の唐通事出身の頴川君平は維新後新政府に出仕し、神戸税

関長やニューヨーク領事をつとめたが、明治三十（1897）年に唐通事の由来や任免などをまとめた『譯司統譜』[8]を上梓している。その『譯司統譜』の稽古通事の項から実年齢より多く申告した4例をみると3例が実年齢は五歳、もう一例が八歳である。そのうちの一例を拾うと「嘉永七寅年十二月十日乍幼年父跡稽古通事　仰付候　西村甚太郎　當寅年十一歳正年五歳」[9]との記述がある。「嘉永七年の寅年十二月十日に幼年ではあるが、父の跡をついで稽古通事に任命された。西村甚太郎はこの寅年で十一歳だが、実際の年齢は五歳」とあからさまに、六歳も年齢を多く読んでいる例であり、しかも「乍幼年父跡稽古通事　仰付候」（幼年ではあるが、父の跡を継いで稽古通詞を仰せつけられた）としていて公然と数えで5歳、満年齢で4歳の子供に唐稽古通事を継がせている。これゆえ実年齢を多く称することは、阿蘭陀通詞・唐通事においては十分ありうることだろうと考えられる。生年が「嘉永二酉年」というのは、年次と干支は一致しており、確実な証拠であると考えられる。誤植ということも考えにくいが、誤記もありうるので、長崎生まれということも含めてこの点については、全体を照合した上で、「西海履歴」に妥当性があるのかどうか、さらに検討して行きたい。

　次いで幼少時代である。

　　　2.幼にして字を能くし書を讀む事を好む後高島秋帆氏の門に入り其書を
　　　學び先入の輩に擢す

　第2項目では、池田寛治の幼年時代について記述する。まず「高島秋帆氏の門に入り」とあるが、高島秋帆は、長崎会所頭取で洋式砲術を学び高島流砲術を教えていたが、天保十三（1842）年に長崎において謀反・不正などの疑いで捕縛されて江戸送りとなり、嘉永六（1853）年にペリー来航などによる情勢の変化で赦免された。秋帆はそれ以降も長崎には帰らず、慶応二（1866）年に江戸で客死しているので、嘉永元年ごろの生まれである池田寛治が直接秋帆について学習したと言うことは考えられないだろう。

　そこでほかの寺子屋が考えられないか、文部省編『日本教育史資料　8』「二十三私塾寺子屋」[10]にあたってみた。「二十三私塾寺子屋」によれば、幕末長崎の江戸町に「柿蔭古屋／漢学詩文砲術兵法習字／江戸町／山本清太郎」とあるのに気がつく。山本清太郎は高島秋帆の砲術の弟子で、後に晴海と称する。長崎では江戸町から指呼の間にある大村町には、天保九（1830）年の大火で焼失するまで高島秋帆の旧宅があった[11]ところで、ここで言う「高島秋帆氏の塾」は、山本清太郎が高島秋帆の弟子であることからも「柿蔭古屋」のことではないかと思われる。高島秋帆の弟子である山本晴海に就いて学んだと考えられるのではないか。

　話は横に逸れるが、山本清太郎の第五子松次郎がのちにフランス語で名をはせる。松次郎は、当時布教のために長崎にやってきていたフランス人のプチジャン神父にフランス語を習ったので、後述する池田寛治とともにフランス語を

プチジャン神父から習得したと推定できると考えられる。

　第2項目では池田は幼年時代から利発で、塾に入っても先に入った先輩を追い抜くほどの神童ぶりだったと述べている。第3項目では、池田寛治は阿蘭陀通詞名村家に養子に入ったことを述べる。

　　　3.君後に名村氏に養わる名村常十郎と称す名村氏は本港荷蘭通事なり君
　　　専ら蘭語を學和蘭陀見習通事を勤後故ありて名村氏を去り呉氏に寄る
　　（呉碩氏今現に上海 我總領事館在勤書記）依て呉常十郎となる

　第3項目では池田寛治が名村常十郎と称した理由を述べる。ここの「荷蘭通事」は「阿蘭陀通詞」と同義であるので、表記の揺れに過ぎない。「名村氏」は長崎の阿蘭陀通詞の家系である。この記事にいう「名村氏」は阿蘭陀通詞名村家分家のことで名村常十郎は、この4代目にあたる。常十郎について『慶應元年　明細分限帳』[12]には以下のように記述されている。

　　　文久元酉年阿蘭陀稽古通詞元治元子年小通詞末席被仰付當丑年迄都合五
　　　年相勤無給常之助倅　名村常十郎　丑十八歳

　この『慶應元年　明細分限帳』によると、名村常十郎は名村常之助の倅で文久元(1861)年に十四歳で阿蘭陀稽古通詞になっている。元治元(1864)年には阿蘭陀小通詞末席に上り、慶応元(1865)年には阿蘭陀小通詞末席だったことがわかる。これは、「西海履歴」と相違しないことがわかる。また、「丑十八歳」について考えると、慶応元年の干支は乙丑だから、この丑年から逆算すると、池田寛治は嘉永元年戊申の生まれだとわかる。このことは上記記事の第1項目での生年「嘉永二酉年生」より1年遡る生年となり一致しない。

　また、石原千里は「オランダ通詞名村氏 ―常之助と五八郎を中心に―」[13]のなかで、名村常十郎については、以下のように触れている。

　　　唐通詞呉家から常之助の養子となる。『慶応元年調査明細分限帳』に記
　　　載があり「丑十八歳」とみえる。嘉永元年生れる。文久元年(1861)稽古通
　　　詞14才。元治元年(1864)小通詞末席17才。後，呉家に戻る。『明治三年
　　　長崎県職員録』に「佛学教導呉常十郎」とある。

　また、イサベル・田中・ファン・ダーレン「阿蘭陀通詞系図（Ⅴ）―名村家―」[14]にも「唐通事呉家出身」と同様の記述があり、名村常十郎は唐通事の呉家の出身だとしている。しかし、長崎の唐通事の家系をまとめた宮田安『唐通事家系論攷』[15]によれば、唐通事には呉氏は三系統あり、「呉榮宗系呉氏」、「呉宗圓系呉氏」、「呉振浦系呉氏」があることが知られるが、三系統の内のいずれの呉氏なのか、石原千里とイサベル・田中・ファン・ダーレンは触れていない。また呉常十郎の名前は『譯司統譜』[16]にも見出せない。ここでも「名村

常十郎」が「呉常十郎」と同一人物であることを裏付ける確実な証拠は、見出せなかった。

　「西海履歴」の「名村氏を去り呉氏に寄る（呉碩氏今現に上海 我總領事館在勤書記）」を読み解くと、呉碩氏とは長崎の唐通事・呉碩（1824-1891）のことで、呉碩の系統は宮田安『唐通事家系論攷』[17]によれば、「呉振浦を祖とする呉氏家系」であることがわかる。しかし、その『唐通事家系論攷』呉碩の項にも呉常十郎の名前はない。「身を寄せる」というのであるから、呉碩の養子というのではなく、庇護を受けていたという可能性を考えるべきかもしれない。

　幕末の開国後の変化などに対応するために世襲制の通詞・通事職が廃止されるなど長崎の地役人の組織改革が行われた慶応三（1867）年七月に綴られた書類の集成である「慶応三年　文書科事務簿　慶応三年御改革申渡留　全」[18]に以下のような史料が含まれている。この時には、世襲制の通詞・通事職が廃止されているが、この文書には「呉恒十郎」という名前が見いだされる。

通詞碩三郎厄介

佛語世話役

呉恒十郎

右濟美館教授方助申付□□間是

迚 通御扶持方三人扶持被下候

卯七月

　この文に出てくる「恒十郎」は人名として「常」と「恒」は「つね」で音通するし、この当時仏語世話役をしていた「呉」姓の人物は呉常十郎しか考えられないので同一人物と考えてよい。また呉姓は唐通事であるが、呉常十郎は「右濟美館教授方助申付□□間是／迚 通御扶持方三人扶持被下候」とあるので、長崎における幕府直轄の語学学校である濟美館[19]で「教授方助」を言い渡されたことがわかる。その時期は「卯七月」とあるので慶応三年七月である。この史料にある碩三郎とは呉碩の前名であるので唐通事の呉碩と呉碩三郎は同一人物である。また「通詞碩三郎厄介」とあるのは、唐通事の呉碩三郎のところに「厄介」になっているということであろう。これによると「厄介」と言う言葉によって、呉碩の養子というわけではないことがわかる。それは『譯司統譜』などには実子であれ養子であれ「悴」と書かれているのが通例だからである。

　しかし「厄介」の意味を検討してみると、日本大辞典刊行会編『日本国語大辞典 19』[20]には「①面倒をみること。世話をすること。また、他の面倒や世話を受けること。②他家に寄食すること。また、その人。居候。食客。③江戸時代、一家の当主の傍系親でその扶助を受ける者。生家に寄食して相続者に養われる次男、三男など④（以下略、引用者註）」[21]という意味であることがわかる。このうち③の「江戸時代、一家の当主の傍系親でその扶助を受ける者」と解する場合、呉碩自身が呉藤次郎（諱は忠告,1789-1851）養子であることを考え

れば、ほかに唐通事に適さない養父藤次郎の実子の呉碩にとっての兄弟がいるということは考えられる。しかし、仮に呉常十郎が藤次郎の実子として考えると、常十郎は阿蘭陀通詞として小通詞末席までになっているのだから、通詞・通事としての能力は十分にあり、外に養子に出したと考えるのは無理があるだろう。仮に「厄介叔父」というのであれば、呉常十郎が弘化三(1846)年生まれだとしても、この時父親に当たるとされる呉藤次郎は 58 歳、嘉永元年生まれだとしても 56 歳となり、父親として高齢過ぎるのではないか。たしかに呉藤次郎自身も父吉郎八(1748-1820)が 42 歳の時の子どもであるし [22]、阿蘭陀通詞で名高い蘭方医であった吉雄耕牛が阿蘭陀通詞家を引き継ぐ権之助を儲けた時は 62 歳と言われるから、可能性がないとは言えないだろう。また、呉碩自身が藤次郎の養子であるので、藤次郎には呉丈之助(1822-?)がいて稽古通事にはなったが、その後杳として跡がわからない呉碩を養子に迎えている。丈之助は唐通事としては見込みがなかったのだろう [23]。

　また、「厄介」について同時代である岩倉使節団のころのことを見てみると、『日本外交文書』「明治五年岩倉特命全権大使締盟各国訪問ニ関スル件」の附属書に「官員生徒拝令表」[24]があり、明治五年二月十五日に自費で加わっていた富永冬樹(1842-1899)が兵部理事官随行となっている記事がある。この「官員生徒拝令表」によれば、富永冬樹は戸籍がある土地という意味の貫属の欄に使節団一等書記官の「田邊太一厄介」となっている。富永冬樹は『富永冬樹伝』収載の富永家の家系図を見ると、田邊太一とは血縁関係にないことは明らかだから [25]、ここの「厄介」は田邊太一に居候している、或いは庇護を受けているぐらいの意味だと推測できる。

　さらに他の例を探してみると、『藤岡屋日記 8』[26]の安政六(1857)年五月四日条に幕府勘定組頭を務めていた高橋平作が勘定吟味役へ役替えした際の由緒についてのべている部分に「厄介」という字句が出てくる。

　　　右平作ハ、元御台処人大谷氏厄介ニて、小日向馬場桜井九右衛門江侍奉公ニ出、夫ゟ 御代官手代へ養子ニ参り、不縁致し、夫ゟ 御普請役高橋江養子ニ参り(後略)
　　(文 意：右に述べた平作は、元江戸城の台所人の大谷氏に厄介になっていたもので、小日向馬場の桜井九右衛門に侍奉公していたが、それから代官手代に養子に入ったが、不縁になって養子縁組解除になり、それから御普請役の高橋家に養子に入った)

　「大谷氏厄介」とは大谷氏の親類、或いは大谷氏の家で居候していて大谷氏の扶養を受けているものであろうが、この「厄介」は高橋平作が「侍奉公ニ出」とあるほどの低い身分であるから、御家人の親類とも考えられないので大谷家で居候している者と解釈するのが妥当だろう。

　従って呉常十郎が通事・通詞に堪えうる語学能力をもっていたと思われるので、実子であれば藤次郎を襲っていたと考えられるので、ここでいうところの

「厄介」は「他家に寄食すること。また、その人。居候。食客」と解すべきだろう。これによって「名村氏を去り呉氏に寄る」という「西海履歴」の記述は実態を正確に言い表しているのではないかと思われるし、呉常十郎が呉碩三郎の養子だったと言うことは否定できるだろうと思われる。つまり呉碩三郎の実子でもなく養子でもないと言うことである。

　呉碩自身も維新後は外務省勤務であったが、『唐通事家系論攷』に載せる呉碩の子たちのうち、長男の呉啓太(1858-1895)は養子で後に外務大臣秘書官、また養子の呉大五郎(1862-1923)は在英公使館書記生などを経てイギリス領インド・孟買(ムンバイ)[27]駐箚領事で、いずれも外務省で高等官六等にまで上っている。第三子の仙壽については不詳である[28]。

　また、「呉恒十郎」については、岩倉使節団で一緒だった今村和郎との関係があったことを窺わせるエピソードがある。それは、使節団随行でフランス語担当であった今村和郎が明治二十四(1891)年五月に死去した際のことである。今村の葬儀で末松三郎(光妙寺三郎あるいは光田三郎[29])が述べた弔辞に「慶應ノ末明治ノ初長崎ニ於テ長劔ヲ帯ヒ短袴を穿チ軀幹偉大ナル人アリテ呉恒十郎氏ニ就キテ佛蘭西學ヲ修ム時ニ弱質衣ニ堪ヘサル如キ短小ナル學生アリテ共ニ呉氏ノ教ヲ受ク其一人ハ斯ニ諸君ト共ニ會葬スル今村和郎君ナリ他ノ一人ハ末松三郎ナリ」[30](下線は引用者;文意:慶応の末年から明治の初めにかけて長崎において長い日本刀を腰に差して丈の短い袴をはいて体が大きな人がいた。呉恒十郎氏についてフランス学を学んだ。時にひょろひょろして服が体に合っていない小柄な学生にいてともに呉氏について学んだ。その一人はここに諸君とともに見送っている今村和郎のことである。もう一人は弔辞を読んでいる末松三郎のことである)とあり、今村和郎とともに「呉恒十郎」に長崎で佛蘭西學を習ったことを述べている。また、慶応四／明治元年に長崎裁判所総督になった沢宣嘉の「九州事件並長崎裁判所御用仮留日記(一・二)」[31]二月十七日の項に「一、十七日／光田三郎／石田栄吉／右兵隊懸り申付候事」とあり、光田とも末松とも称した光明寺三郎が維新前後に長崎にいたことは確実で、呉常十郎にフランス語を習ったというのは蓋然性が高いだろう。

　先に述べた史料と表記は同じということでもある上に、時期的にも「慶應ノ末明治ノ初長崎ニ於テ」とあるので、これは時期的に見ても先述の史料と同一人物とみて差し支えはないと思われる。もっとも池田に改姓していたためか、今村は、パリでの交流はなかったように見える。しかし、今村は維新後に大学南校で池田と机を並べ、岩倉使節団でも同行しているし、末松三郎も同じ時期に光妙寺三郎としてパリに留学しているのにもかかわらずである。パリの狭い日本人社会にあって、不思議なことである。

　第 3 項目では「西海履歴」の叙述から、阿蘭陀通事・名村家の養子となり名村常十郎と称したが、理由はわからないものの、わけあって名村家を離れ、唐通事・呉家に身を寄せたということがわかった。ついで第 4 項目では池田寛治のフランス語学習について述べる。

4.君爾来の世變英佛の貿易盛なるへしと思ふや専ら佛語を學び佛國傳教
師ペチシャンに就て傳習志後又英學を兼學す

　「西海履歴」第 4 項目の「佛國傳教師ペチシャン」とは、フランス人宣教師
・プチジャン神父（Bernard-Thadée Petitjean,1829-1884）のことで、元治二（1865）
年、大浦天主堂での「隠れキリシタンの発見」（信徒発見）に立ち会ったこと
で知られる。プチジャン神父はこの年元治元年一月から、長崎奉行の慫慂で幕
府の語学所でフランス語を教授していた [32]ことから、記事のこの部分も整合
性があると考えられる。
　ここでは呉常十郎がフランス語を習得するに至った理由を述べていて、それ
は幕末の変転期にあたって、これからはイギリスやフランスの勢力が増してそ
の貿易が盛んになるのでフランス語を選択したと述べている。
　幕府の長崎における語学教育機関は、倉沢剛『幕末教育史の研究 1 －直轄学校
政策－』[33]によれば、外交交渉のためから英語の需要からまず安政五（1858）年
七月に英語稽古所設立、さらに英語伝習所と改め、文久三（1863）年七月には語
学所に名称変更、文久三（1863 ／ 1864）年十二月には洋学所と変遷した。さら
に当時の国際共通語であったフランス語も必要性が高まり、万延元（1860）年九
月には、シーボルト（Philipp Franz Balthasar von Siebold, 1796-1866）とフランス
人商人ビクネット（生没年不詳）によって、フランス語伝習が始まる。さらに元
治元年一月には、英語・フランス語・ロシア語などが教授された。六月からは
フルベッキが英語を、長崎駐在のフランス領事エル・デューリ（Léon Dury,1822
-1891）がフランス語を教授を始めた。語学系学校は慶応元年八月には済美館に
改称した。同書にはこの時にプチジャン神父がいたという記述は見いだせなか
ったが、『長崎市史　地誌編名勝舊蹟部』[34]には慶応元年六月二十九日に済美館が
設置され、英仏独語を教えたが、フランス語は「仏語　仏国宣教師、ヂウリー、
プテイヂャン相次いで教師となった」[35]とあるので、呉常十郎がプテイジャン
神父についてフランス語を習得したことは蓋然性が高いといえるだろう。
　イサベル・田中・ファン・ダーレンは前掲「阿蘭陀通詞系図（Ⅴ）－名村家
－」で「慶応二年七月－同年十二月諸書留③運上所掛」[36]の「通詞手当」の項
にある名村常十郎のことに触れている。それは「前同断（運上所掛／町年寄
江」と前書きがあって、「阿蘭陀小通詞並志筑禎之助」を先頭に「小通詞末席
西六馬／堀一郎／今村郡郎」に続いて「名村常十郎」の名前がある。このほか
阿蘭陀通詞としては、「稽古通詞　佐藤麟太郎」「同手加勢　馬場啓次郎」とあ
り、この後唐通事六人の名前があって、次の言い渡しの文が続く。この慶応二
年九月十七日条には、名村常十郎は小通詞末席として、姿を見せている。

　　　　　　　　　　　　　　　　　　　　前同断（引用者註:運上所掛／町年寄江）
阿蘭陀小通詞並
　　　志筑禎之助
　　　　小通詞末席

西　　　六馬
堀　　一郎
今村郡郎
名村常十郎

（以下八人の人名略）

　右者英語幷佛語兼学通弁其外共骨折相勤候ニ付月々金百五拾疋宛被下候
間猶出精可致候
　　　　　九月十七日被仰渡

　とあり、名村常十郎は月々の手当は「金百五拾疋」を支給されていることが
わかる。さらに、「英語幷佛語兼学」とあるので、オランダ語だけでなく英語
にフランス語も兼学していたこともわかり、「西海履歴」の「又英学を兼学
す」を裏付けていると考えられる。この通知の前には阿蘭陀大通詞の品川藤十
郎ら8人に「右者英語幷佛語兼学通弁は勿論御書翰其外翻訳物等引請取扱候ニ
付」とあって同じく月々の手当を出されているが、名村常十郎はやはり一段低
い、まだ駆け出しのような感じがする扱いとなっているようだ。それでも「右
者英語幷佛語兼学」は「西海履歴」の「又英學を兼學す」に対応していて、池
田政懋の英仏兼学を証明しているだろう。
　第4項目では名村常十郎が、英語にフランス語を学んでいたことがわかった。
さらに第5項目では、フランス語関係の教育に当たることを明らかにする。

　　　　5.本港當時濟美館の設あるや幕府君を擧て濟美館の佛語校世話役に任し
　　　　後佛學教導とな里運上所掛りを兼勤し五人口を以て一身通詞に申付らる

　第5項目では、フランス語習得後の動きについて述べている。まず「本港当
時濟美館の設あるや幕府君を擧て濟美館の佛語校世話役に任し」たというのは
先に引用した「慶応三年　　文書科事務簿　慶応三年御改革申渡留　全」に
「仏語世話役呉恒十郎／右済美館教授方助申付」とあるのに照応している。さ
らに前全項目で引用した「慶応三年正月ー同年十二月／御用留③／運上所」[37]
の慶応三年六月頃の文書を以下に引用する。

加藤金四郎
中台信太郎

　　　　済美館仏語教授方助呉常十郎儀外国人通詞ニ被仰付度儀ニ申上候書付
　　　　　　　　　　　　　　　　　　　　　　　運上所掛
　　　　　　　　　　　　　　　　　　　　　　　濟美館掛

　当節運上所掛通詞之内佛語兼学之者無之ニ付先般済美館佛語教授方助呉常

131

十郎ニ運上所掛被仰付同人儀は学術相応出来御用立候ものに御座候処元来
通詞ニ無之候ニ付一体之御用取扱方おゐて仲間内之令聊不行届之場合も有
之旁以通詞ニ被仰付候様仕度且当時御用立候通詞は三等御手当被下置候様
仕度候

（文意:現在運上所（現在の税関にあたる）担当の通詞のうちフランス語が
併せてできるものがいないので先日済美館フランス語教授方助の呉常十郎
に運上所担当を言いつけた。同人は学術は相応にできて役に立つものだと
考えられるが、もともとは通詞ではないので運上所の仕事の方法において
仲間内のしきたりにいささか不慣れなところもあるが、通詞職を言い渡さ
れるよう、また現在は役に立つ通詞は三等の手当を下されているので同じ
ようにお願いしたい）

　「西海履歴」にある「運上所掛りを兼勤し」を裏付ける史料である。また
「同人儀は学術相応出来御用立候ものに御座候処元来通詞ニ無之候ニ付」（呉常
十郎は語学の学術は相応に出来て仕事には役立つものですが、元来は通詞にで
はないので」とあり、「元来通詞ニ無之候」というところが気になるところだが、
これは前職が阿蘭陀小通詞末席であっても、もともとが阿蘭陀通詞・唐通事の
家に生まれていないことを意味しているのではないだろうか。あるいはフラン
ス語の教員では税関業務に詳しくないということを言ったものなのかどうかは、
文面だけからは読み取れない。
　前年の慶応二年九月に阿蘭陀通詞名村常十郎として名前を見せていながら、
半年余り後の慶応三年六月ごろの「戊辰六月改　分限帳」[38]には、「上等通弁
役／役料米八人扶持／役料金六拾五両」のところに、「仏学助教江作付（朱字）
　呉常十郎」と呉常十郎として名前が出てくる。朱書の「仏学助教江作付」は、
通詞としての職掌がフランス語専任に変わったと言うことを指し示している。
　また「慶応三年正月一同年十二月／御用留③／運上所」のなかで呉常十郎と
して姿を現している。それだけでは別人の可能性はなくはないが、「佛語兼学
之者無之ニ付」（フランス語を兼学しているものはいないので）ともあり、フラ
ンス語に英学を兼学していた人物は限られるので、名村常十郎と同一人物とみ
て間違いはないのではないか。その蓋然性は高いと考えていいだろう。
　そして慶応三年五月二十八日に名村常十郎の養父名村常之助が死去している
が、常之助の死去に際して、理由は分からないが、常十郎が阿蘭陀通詞名村家
を相続できなかった可能性を示しているだろう。これについては第五章で再考
する。
　また「通詞ニ被仰付候様仕度且当時御用立候通詞は三等御手当被下置候様仕
度候」（文意:通詞に仰せ付けられたく、且現在役に立つ通詞は三等御手当を下
されているので同じようにお願いしたい）とあって「西海履歴」の「運上所掛
りを兼勤し五人口を以て一身通詞に申付らる」とも一致して、「西海履歴」の
精確さを示しているだろう。「一身通詞」とは一代限りの通詞ということなの
だろうが、慶応三年には、世襲制の通詞・通事職は廃止されているので、呉常

132

十郎は「一身通詞」として勤めていたと考えるべきだろう³⁹⁾。

　第三節では、池田寛治が名村常十郎として阿蘭陀通詞、フランス語教員にもなり通事・通弁として呉常十郎が卓越していく様子がまとめられている。

　　　　　第　三　節　―池田寛治はフランス語を学ぶ

　第三節からは池田寛治の維新後の履歴が遺る前掲『百官履歴』（以下[百官]と略記）と前記「故少書記官池田寛治祭粢料下賜ノ件」（所収の履歴、以下[祭粢]と略記）と「西海履歴」の記事と間に異同があるかどうかを見て行く。

　まず第6項目は「広運館仏語教授方」になったことから始まる。

　　6.時に王政維新制度一變し本港濟美館を改て廣運館となす君名村泰藏君
　　　（當時太政官權大書記官）と共に佛語教授方となり役料米貳拾俵貳人扶
　　　持金貳拾圓を賜る

[祭粢]戊辰五月
　　　一佛學助教申付役料米六拾俵二人口金貳拾兩被下置候事

　　　　　　　　　　　　　　　　　　　　　　　　　　　　　　　長崎府

　　　同月
　　　一勤役中格別之思召ヲ以テ金拾五兩被下置候事

　　　　　　　　　　　　　　　　　　　　　　　　　　　　　　　同

　　　同己巳四月
　　　一佛學教授申付御定之役料米金被下置候事

　　　　　　　　　　　　　　　　　　　　　　　　　　　　　　　同

　　　同九月
　　　一佛學教導申付候事

　　　　　　　　　　　　　　　　　　　　　　　　　　　　　　　同

[百官]明治元年戊辰五月佛學助教申付但役料米六十俵二人扶持金二十兩被
　　下席ノ儀ハ教師上席ト可相心得事　長崎府〇同日格別之思召ヲ以テ勤役中
　　金十五兩被下候事
　　　　同二年己巳四月　佛語教授申付御定ノ役料米金被下候事　長崎府
　　　　　　同年九月　佛學教導申付候事　長崎縣

　「西海履歴」では「本港濟美館を改て廣運館⁴⁰⁾となす君名村泰藏君（当時太政官權大書記官）と共に」とあり、維新後幕府直轄学校の済美館が広運館と改称した時に、呉常十郎（池田寛治）は名村泰蔵とともに広運館の「佛學助教」となった。名村泰蔵はパリ万国博覧会（1867年）に当時はフランス語が使える阿蘭陀通詞北村元四郎として幕府随員で参加し帰朝してから名村泰蔵に改名した。

名村泰蔵との関係は「退職判事名村泰藏特旨叙位ノ件」[41]に「明治元年歸朝ノ上長崎府ノ上等通 便 役申付ラレ且ツ佛學局助教ヲ兼ネ明治二年九月佛學教導助申付ラレ官禄三十三石下賜セラル」（文意：パリ万博随行から明治元年に帰国して長崎府の上等通弁を命じられるとともに、仏学局助教を兼務し明治二年九月には仏学教導助を命じられ官録三十三石支給となった）とあり、ともに仏学助教となっていて、この記事と一致する。また[百官][祭粢]とも「佛學助教被仰付候事但役料米六十俵二人扶持金二十両」とあり、「西海履歴」が「役料米貳拾俵」なのに対し「役料米六十俵」と役料の俵数が三倍になっているのが、記憶違いなのか、それとも少なめに申告したのかはわからないが、仏学助教となり役料を貰うようになったという事実は変わらないだろうと思われる。

このほか、[百官]に「同日格別之思召ヲ以テ勤役中金十五両被下候事　長崎府」とあるのは、長崎歴史文化博物館所蔵「御達，御触書2　自慶応4戊辰閏4月15日至12月28日」[42]にある以下の記事に照応する。

　　　　一金拾五兩　　　　　呉常十郎
　　　　右同文言（引用者註：右格別之思召を以勤ㇱ中を下候事）
　　　　　　辰五月

　　付記すると[百官]の池田寛治の前書には

　　　　　　長崎縣士族　池田寛治　呉　常十郎
　　　　　　　　　　　　　　　　　　政㦮

とあり、池田寛治は前名が「呉常十郎／政㦮」であるとしている[43]。これが、呉常十郎が池田寛治であることに他ならないこと指し示していると言える。また池田寛治の族籍は死去直後の「故少書記官池田寛治祭粢料下賜ノ件」には「長崎縣平民」となっているが、『百官履歴』では、「長崎縣士族」となっている。内閣修史局で編纂の段階で、変わったものかもしれない。ここでなぜ長崎県に注目するかというと、池田寛治の出身地を肥前とするものがあるため、現代に至るまで肥前の佐賀藩出身と誤解されている原因だろうと考えるからである。旧肥前国は西半分は大村藩と平戸藩それに島原藩と五島列島の五島藩に加えて佐賀藩領で、東半分は対馬藩の飛び地もあるがほぼ佐賀藩と唐津藩である。維新後明治二年には長崎周辺などの旧幕府領が長崎県となり明治四年には佐賀藩と唐津藩などと併せて伊万里県が成立した。翌年伊万里県は佐賀県に改められる。この佐賀県は佐賀の乱[44]後の明治九（1877）年八月には、全体が長崎県の管轄となり、同十六（1883）年五月になって旧佐賀県が分離し現在の長崎県となった。この七年あまりの間に旧佐賀藩出身者も長崎県士族と称していた。このあたりの事情が池田寛治が佐賀藩出身と誤認された原因ではないかと思われる。

大正三年刊行の雑誌「成功」大正三年七月号掲載の光岡安藝「大隈總理大臣

と佐賀縣人傑」[45]に池田寛治は佐賀県出身となっており、このあたりから混乱が始まっているようである。 毛利敏彦「明治初期旧佐賀藩出身政府官僚の統計的分析試論(一)」[46]でも長崎県と旧佐賀藩出身者を区別している。これらから見ても池田寛治が、佐賀藩出身とは言えないことは明らかだろう。

　これからは新政府に出仕後の履歴について見てゆく。

　　7.其十一月出府を命せられ呉政懋と稱し大學少助教に任せらる

　　[百]二年十一月十七日　御用有之候間東京へ可罷出候事
　　[祭][百]二年十一月二十九日　任少助教　大學

とあって、いずれも「西海履歴」に一致する。
　まず「呉政懋」について見てみると、明治三(1870)年六月〜七月作成の職員録である「官員録:官版」[47]に「大學中助教」として「呉政懋」の名前で出ている。ちょうどこの時期は、明治二(1869)年に「職員令并官位相當表」[48]が公布され、新政府の「職員録」も「苗字・通称型」から「氏・姓・実名・苗字型」になった。つまり源平藤橘などの氏、それに朝臣などの姓に、実名（諱）が書かれ、その下に小文字で苗字が書かれることになった[49]。この時は池田寛治の場合、姓は「呉」となっていて、苗字も「呉」なっている。この「西海履歴」の内容が「官員録:官版」によっても裏付けられると考えられる。
　また、「長崎縣貫属呉常十郎出仕申付方ノ儀往復」[50]には、明治二年十一月に外務省の申立で「呉常十郎」を長崎から呼び寄せ出仕させたがその後どうなっているのかと太政官の事務方である弁官[51]から外務省への問い合わせのやりとりである。これには以下のようにある。

　　　長崎人呉恒十郎ハ昨年十一月御省ヨリ申立
　　二付召出候處日頃當地へ罷出候趣就テハ如何
　　ノ職掌申付ヘク哉早々御申出可有之然シ判任以下
　　ノ官ニ候ハ、猶御省直ニ御申付可有之候此ノ段
　　申入候也
　　　　庚午正月廿五日　　　辨　　　　　　　官
　　　　　　　　外務省御中
（文意:長崎人呉恒十郎について昨年十一月御（外務）省からの申立で長崎から呼び寄せたところだが、先日東京へやってきたはずだ。ついては如何ような職掌を命じたいのか。早々に連絡をほしい。しかし判任以下の官であれば猶御（外務）省にて直に命じてかまいません。この件についてご連絡を致します。／庚午正月廿五日／弁官／外務省御中）

　この文書の「呉恒十郎」という表記は、「呉常十郎」と同じ人物であると言うことを明らかに示している。従って池田寛治は「長崎人呉恒十郎」として長

崎から出府したことがわかる。この辨官からの問い合わせに対して外務省は同月二十七日付で、「呉常十郎儀當時大學南校少助教相勤候」としたうえで、「當省中譯官判任ニ付於當省可申付ト存候」と回答している。これによって呉常十郎は外務省勤務となったが、この間の外務省と大学南校との間でのやりとりは外務省の「明治三年」（各庁官吏ヲ本省へ採用雑件）[52]に詳しい。

　この文書には「長崎人呉常十郎」とあるだけでなく、文書の標題も「長崎縣貫属呉常十郎」となっていることから、池田寛治が佐賀藩などの長崎以外の他地域の出身とは考えられないことがわかる。特に明治二年の段階で「長崎縣貫属」とあることは、慶応四年二月に幕府直轄地の長崎は長崎裁判所となり、さらにその五月には長崎府と改称して翌明治二年六月に長崎府が長崎県と改称していることから、ここでいう長崎県は幕府直轄地であった地域を示していて、現在の県域をもつ長崎県とは異なると考えるべきである。このことは、呉常十郎こと池田寛治が「長崎縣貫属」と呼称されているうえ、「長崎人」とあることから、旧幕時代に長崎奉行所が支配した長崎の地の出身であることは間違いない。

　池田寛治の族籍は死去直後の「故少書記官池田寛治祭粢料下賜ノ件」には「長崎縣平民」となっているが、昭和二(1927)年から三(1928)年にかけて刊行された『百官履歴』では、「長崎縣士族」となっている。

　ここからは、呉常十郎が新政府に出仕する直前の長崎側の資料を時系列で示すことで、明治初年の呉常十郎の動きを描き出そうと思う。資料には、作成年がないが、それを推認できるものを示した。

　まず神奈川県から長崎府宛正月廿日付「仏語通弁　穎川熊三郎呉常十郎儀至急差廻し方依頼」[53]について述べる。長崎は慶応四／明治元(1868)年一月に新政府に接収され二月に長崎裁判所になるなど名称変更が頻繁に行われている。

　　　佛語通弁 頻川熊三郎呉常十郎儀ニ付及御掛合□趣□□取計當即様□□支□□至急御差廻し方依頼仕度候也
　　　　神奈川縣知事
　　　　正月廿日
　　　　長崎府
　　　　依而如件
（大意:フランス語通訳の頻川熊三郎と呉常十郎について神奈川県に呼び寄せたいのでその交渉をしたい。異動に支障がなければ至急に神奈川県に異動させてもらいたい。／神奈川県知事／正月廿日／長崎府／以上相違ありません）

　まずこの文書の発出の時期を考察する。発信元が神奈川県知事であるので、いつ神奈川県になったかを考える。開港場の横浜は維新後神奈川裁判所と称していたが、神奈川県と改称したのが明治元年九月二十一日 [55]であり、長崎府の設置は慶応四／明治元年五月四日で長崎縣に改称するのは明治二年六月二十日

のことであるので[55]、この資料は明治元年九月二十一日から明治二年六月二十日の間に作成されたものと考えられる。従って「正月廿日」とは明治二年一月二十日と推定できる。

　ついで呉常十郎が大学少監から問い合わせてきた「呉常十郎渡辺一郎両人開成学校出仕可否の問合せ」（大学少監八月）[56]について考える。

　　　長崎學校教授　　呉常十郎
　　　　　同　　　　　渡邊一郎
　　　右之者開成學校ニ出仕被　仰付候而者御差支之儀有之候此段爲念問合候也
　　　八月大學少監
（大意:長崎学校教授　呉常十郎／同　渡邊一郎／右のものは開成学校へ出仕を命じたいので差支があるかどうか、念のための問合です／八月大学少監）

　この文書でいう「長崎學校」は済美館のことで、行政機関でもあった「大学」から呉常十郎と渡邊一郎に開成学校に出仕できないかとの問い合わせだが、その時期を考えると、大学少監が置かれたのは明治二年八月[57]で、「開成学校」が正式に開校したのは、明治二年一月十七日[58]のことだから、この資料の成立は、明治二年八月のことだと推認できる。この時期の大学は教育だけでなく、出版許可・新聞開版免許の公布を担当する政府機関でもあった。

　そして開成学校より長崎県宛十月十九日付の「呉常十郎渡辺一郎両名を大学御用に付出府方の申渡状」[59]についてもみてゆく。

　　　呉常十郎渡辺一郎右大學校御用ニ付出府申渡也
　　　十月十九日
　　　開成學校
　　　長崎縣御中
　　　□□兩人大學少助七等ニ被下ニ候也
（文意:呉常十郎と渡辺一郎は大學校で採用するので上京を申し渡す／十月十九日／開成学校／長崎縣御中／二人とも待遇は、大学小助教で官等は七等になる）

　この文書の成立を考えると、長崎府が長崎県に改称するのは明治二年六月二十日のことで[60]、その一方開成学校は明治二（1869）年十二月十七日には大学南校に改編されるので[60]、この文書の作成は明治二年十月十九日と推定できる。

　最後に弁官より長崎県知事宛十月七日付の「呉常十郎早々出頭について通牒」[62]の作成の日付をさぐる。

呉常十郎、別紙之通被　仰付候間早々罷出候樣御取計可有之候也
　　十月七日　　　　辨官
　　長崎縣知事殿
　　（文意:呉常十郎は、別紙の通りに人事を命じられたので早々に上京する
　よう取り計らいをするように／十月七日／弁官／長崎縣知事殿

　　この文書の日付は「十月七日」になっているが、長崎府が長崎県に改称する
のは明治二年六月二十日 [63]、明治政府で弁事が弁官になったのは明治二年七月
八日で、さらに先に引用した明治三年庚午正月廿五日付弁官から外務省宛「長
崎縣貫属呉常十郎出仕申付方ノ儀往復」[64]に「長崎人呉常十郎ハ昨年十一月御
省ヨリ御申立ニ付召出候處日頃當地へ罷出候（以下略）」とあり、呉常十郎はす
でに上京しているので、この通牒は明治二年七月以降の成立と考えられる。よ
ってこの文書の日付は明治二年の十月七日と推定できる。これらの文書により、
呉常十郎は新政府に出仕するため、明治二年十月下旬以降に長崎から上京した
と考えられる。それに、呉常十郎が上京後に大学に所属したのは、こうした経
過による事情を踏まえていると考えられる。

　　8.翌明治二巳正月外務中譯官に轉志

　　［祭］三年正月　　外務省出仕申付候事
　　［百］三年正月二十八日　　外務省出仕申付候事
　　　　三年正月二十八日　　任中譯官
　　［祭］三年一月二十八日　　任中譯官

　　「西海履歴」には「翌明治二巳正月」とあるものの、年次も干支もあってい
るのだが、前項第 7 項目にある「其十一月」とは明治二年のことだとしか考え
られないので、前文からのつながりを読めば、明治三年以外には考えられない。
さらに外務省中訳官に任ぜられたのは「百官」「祭粲」ともに「明治三年正
月」であるので、この記事にある「翌明治二巳正月」は「翌明治三午正月」の
間違いだと思われる。それを除けば、「百官」「祭粲」と西海新聞記事との間に
なんら異なる点はない。前掲「明治三年」[65]によれば、外務省と大学南校との
間でのやりとりで、呉常十郎は明治二年十一月十七日に外務省の要望で上京し
ている。そして呉常十郎は十一月二十九日には外務省ではなく大学の「大学少
助教」となっている。これは長崎の済美館で呉常十郎は教師であり同僚だった
かもしれないフルベッキが、明治二年二月に上京して、この当時は大学南校に
在職していることが関与しているのかもしれない。フルベッキが池田を岩倉使
節団に推薦したことを考えれば、フルベッキが呉常十郎を大学南校に呼び寄せ
た可能性を示していると考えられる。

　　9.同二月又大學少助教に任せられ同三月中助教に昇り同十二月又大助教

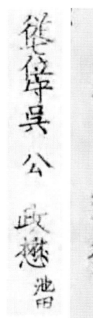

職員録明治4年4月改［国立公文書館所蔵］

職員録明治3年9月改［国立公文書館所蔵］

職員録明治3年6月改［国立公文書館所蔵］

に進む従七位に叙せらる

［祭］［百］三年二月十日　任少助教

［祭］［百］三年三月十六日　任中助教

［祭］三年十二月　任大助教　同月　叙従七位

［百］三年十二月四日　任大助教　同月　叙従七位

　明治三年の動きはいずれも［祭粂］［百官］と「西海履歴」との間に違いは見られない。ただ「任大助教」について［祭粂］が日付が欠けるが、明治初期の中央官庁における官僚の辞令交付記録で宮内省式部寮が編纂した『任解（解）日録』（以下『任解日録』）66）明治三年十二月四日条に「任大學大助教」とあり、いづれも「西海履歴」からは外れない。

　ただ『任解日録』は奏任官以上の高等官についての記録になるが、叙位については触れていない。大助教は明治四年八月に奏任官から判任官に改められる。格下にされたことになる。これは官制改革で、高等官から一般官吏に身分が下げられてと言うことで、［百官］の明治四年八月十日条に「大助教判任官ト被改」とあることからわかる。

　「職員録」明治三年六月改 67）の「大學中助教」に「呉　政懋呉」とあり、姓は「呉」で苗字も「呉」としているが、その三か月後の明治三年九月改 68）には「大學中助教」のところに「呉　政懋池田」として、「呉」を姓としながら「池田」を苗字としていることがわかる。このころには実際は「池田政懋」と名乗っていたと推定される。これによって「呉常十郎」と「池田政懋」が同一人物であることがさらに裏付けられることになる。さらに翌年になる「職員録」明治四年三月改 69）でも「大學中助教」として「呉　政懋池田」としている。ただその一か月後の明治四年四月改 70）は「大助教」として「従七位守呉公政懋池田」として見いだせる。この「従七位守」は位が低く官が高いときの「位署」71）で、これは位階が低いものの官職が高いものに就いていて、釣り合っていないということになる。しかし姓が「呉」ではなく「呉公」とされているのはなぜなのかわからない。

　これに関連して「職員録」に長崎の唐通事出身者を拾うと、同じ大学の処に何礼之は「少博士」として「正七位守何朝臣礼之何」、「大学少助教」として「蔡隆忠蔡」「外務省文書司権正」に「従七位守鄭永寧鄭」とあり、元の姓のま

まの場合は本姓と同じになっている。しかし「外務省文書司大佑」には「葉重寛潁川」が見えていて、潁川重寛は長崎の唐通事潁川氏[72]で本姓が葉姓なので、「葉重寛潁川」としたものであろう。

これからは、池田寛治の活動について見てゆくことにする。

10.同五月副島参議魯國ポシェット灣に出張せらるるに随行し該灣に止ることニヶ月歸京して又文部大助教に復し制度御用掛を兼ぬ

[祭]四年五月　副島参議魯國ポシヱット灣へ差遣候ニ付随行被仰付候事
[百]四年五月十八日　副島参議魯國ポシヱット灣へ被差遣候ニ付随行被仰付候事

[祭]四年　月日不詳　歸朝
[百]四年七月　歸朝
[百]四年七月二十七日　任文部大助教
[百]四年八月　大助教判任ト被改
[祭][百]四年九月七日　制度御用兼勤被仰付候事
[百]四年九月九日　制度御用兼勤被免候事
[祭]四年九月十日　依願制度御用兼勤被免候事
[百]四年九月二十五日　免本官　同日　任大助教

副島参議らがロシア領ポシェット湾を目指したことは第一章でも触れたが、「西海履歴」には「同五月副島参議魯國ポシェット灣[73]に出張せらるるに随行」とあるが、まず「同五月」は前文に「同十二月又大助教に進む」とあるので、これは明治四年のことだろう。これは「大學大助教池田政懋副島参議エ魯國差遣随行ノ旨太政官ヨリ達書」[74]によっても裏付けられるだろう。副島参議は佐賀藩出身の副島種臣のことで、「魯國ポシェット湾」は日本海の北西部にあるロシア領の湾。

この出張については第一章でも触れたが、樺太における日露の国境は幕末の日露交渉以来未確定になっていて、当時樺太では日露雑居状態になっていたことから、日露国境について確定するための交渉に臨むものだったが、結局副島参議の一行は交渉相手がロシア領ポシェット湾のある沿海州まで来なかったため、ポシェット湾（ウラジオストク近辺）まで行くに至らなかった[75]。

「西海履歴」に「該灣に止ることニヶ月」とあるが、これはポシェット湾にニか月滞留していたと言うことではない。この時の交渉の顛末を記した『北雪兎日記』[76]によれば、五月二十四日に品川を出帆、五月二十八日に函館に着港している。そして上記の理由でポシェット湾まで至ることなく、函館を離れずに七月十八日に函館を出港し七月二十二日に品川に帰港している。（函館）滞在期間の「ニヶ月」は外れていないので、「西海履歴」の記述は間違っていないといえるだろう。

[祭][百]は上記のようにあって、日付などの違いはあるものの事実関係に基本的に違いは見られない。「制度御用兼勤被仰付」の後二日後の九日に「兼勤被免候事」となるのは、「昨日池田大助教制度御用兼勤被仰付」で始まる文書「池田大助教外一名外任ニ付佛學教導不行届就テハ右ノ中一人是迄通當校専務爲致度件」（明治四年九月八日）[77]に、過日中助教が開成所兼任となっているうえに「兼テ佛教官之儀ハ少キ處一時ニ両人共抜ケ候テハ所詮教導向行届兼甚夕差支候ニ付（中略）両人之内壱人ハ是迄通リ當校専務ニ至急被命致下度此段御伺候也」と大学南校が文部省にねじ込んだ結果とみることができる。

　付け加えると、池田政懋は『任解日録』明治四年七月二十七日条に「任文部大助教」とあり、ついで「四年八月十日官等ヲ改メ大助教ヲ判任官トス」とあるので、「[百]四年八月　大助教判任ト被改」の日付は明治四年八月十日とわかる。

　また、「任文部大助教」とあるのは、明治四年七月十八日に教育機関と行政機関を兼ねていた大学が廃され文部省が新設された[78]ことを受けている。この時大学南校は南校に改称している。このため「大學大助教」だったのが、「文部大助教」となったことを示している。

　本章では、池田寛治が生まれてから、フランス語を習得し、東京に出て新政府の大学で大学小助教から大学大助教まで一年足らずで昇進し、明治四年の日露の樺太国境画定交渉随行するまでを概観した。

　[補足]「呉」は「ゴ」か「クレ」か
　ところで、池田寛治が一時称していた呉常十郎の「呉」姓は何と読むのだろうか？手元にある『慶応元年　明細分限帳』の索引を見ると、編者によって「呉」は「こ」に分類されているので「ご」と読んだのであろうと分かる。明末清初に渡来してきた人々に由来する姓だから「ご」と読むのは当然だと思うが、実はそうではない。

　例えば、第四章で取り上げた呉常十郎に関する長崎歴史文化博物館所蔵資料四点についてみる。資料名にはふりがなが振ってあるので、読み方を調べると「ゴ」とふりがながふってあるのは「呉常十郎渡辺一郎両名を大学御用に付出府方の申渡状／ゴ（下線は引用者。以下、同じ）ツネジュウロウ　ワタナベイチロウ　リョウメイ　オ　ダイガク　ゴヨウ　ニツキ　シュップカタ　ノ　モウシワタシジョウ」[79]の一点だけである。残りの三点はいずれも「クレ」と読んでいる。「仏語通弁頴川熊三郎，呉常十郎至急差廻し方依頼／フランスゴ　ツウベン*　エガワ　クマサブロウ　クレ　ツネジュウロウ　シキュウ　サシマワシカタ　イライ」[80]「呉常十郎渡辺一郎両人開成学校出仕可否の問合せ／クレツネジュウロウ　ワタナベイチロウ　リヨウニン　カイセイガッコウ　シュッシ　カヒ　ノ　ツウチョウ」[81]「呉常十郎早々出頭について通牒／クレツネジュウロウ　ソウソウ　シュットウ　ニ　ツイテ　ツウチョウ」[82]の三点である。

　このほか、「通弁呉一の滞阪達　三月二十八日／ツウベン　ゴハジメ　ノ　タイハン　タッシ」[83]「呉一通弁勤方についての書状（慶応四年）七月」（クレハジ

141

メ　ツウベン　ツトメカタ　ニ　ツイテノ　ショジョウ」[84)]とあって同じ人物でも読みが異なっている。

　呉常十郎（池田寛治）が身を寄せていた呉碩の養子である呉大五郎（1862-1923)は共編で『日漢英語言合璧』（鄭永慶・1888.12.15.）、同じく『日清英露四語合璧』（島田太四郎・1910.9.1.）の著作があることから、Web NDL Authorities（国立国会図書館典拠データ検索・提供サービス）に「呉大五郎」が取り上げられていた。しかし国立国会図書館では名前の読みは「くれ」となっていた。これは渡邊慎治編『天才乎人才乎:現代実業家月旦』[85)]に「くれ・だいごろう」とあることをもとにしていた。これは令和元（2019)年九月に「ゴ」に修正している。このほか、古林亀治郎編『実業家人名辞典』[86)]では、「ク」の項目に分類されていて「ク之部四頁に掲載されていることから「くれ」と読んだのであろう。「国勢調査の生みの親」と言われる統計学者「呉文聰」（くれ・あやとし／1851-1918)に引きづられたのだろうか。

　「呉」の読みについて明治時代の能楽復興の功労者観世流シテ方能楽師梅若実の『梅若実日記』第五巻明治二十八年十月五日条[87)]に「三田一丁メ四十三三井物産会社ノ上田安三郎より依頼ニテ外務省構内（官舎）呉大五郎（孟買領事）（呉啓太秘書官なり）婚姻之祝ニ付（以下略）」との記述があり。呉大五郎が初出するところで「呉」のところに「ゴ」とふりがなが振ってあった。さらに同日記第六巻明治三十五年八月十五日条[88)]にも「呉大五郎」の名前が見え、「ガウ」と歴史的仮名遣いでふりがなを振っている。現代仮名遣いでは「ゴオ」になる。この日記は凡例に「振り仮名は底本に付されたものを適宜残した」とあるので、もとから振り仮名があったと考えるしかないだろう。

　さらに呉大五郎自身が関わったと考えられる（出版委員会に名を連ねている）"Transactions and proceedings of The Japan Society, London vol.1"[89)]には "THE FAMILY RELATIONS IN JAPAN." が掲載されているが、その著者名としては "DAIGORO GOH,Chancellor of the Imperial Japanese Consulate-general in London, *Hon.Secretary,F.S.*" とあり、"Daigoro Goh" すなわち「ゴ・ダイゴロウ」で、呉大五郎は「呉」を「ゴ」と自称し、また読ませていたことがわかる。その註に "Daigoro Goh" は "Now(1895)Imperial Japanese Consulate at Bombay. *honorary Member F.S.*since April 1894." と書かれていて、1895 年現在インド・ボンベイ（現、ムンバイ）の領事であるとしている。このことを考えるとこの雑誌の出版年は 1895 年か。使用したテキストは覆刻版(1971 ／ Nendeln/Liechtenstei;Kraus Reprint)に拠った。

　このほか、ほぼ同時代の資料がないかと探したところ、長崎の地役人の役職などについて書いた分限帳のうち、嘉永二年のものが見つかった。東京大学史料編纂所が所蔵している「長崎分限帳」（嘉永二年)[90)]で、このなかに、呉常十郎（池田寛治）が身を寄せていた呉碩三郎の名前が見え、「無給　[唐小通事末席][藤次郎伜]呉碩三郎[西貳拾貳歳]」とあり、「ゴセキ」と仮名が振ってある。父親の藤次郎は「御扶持方三人扶持[外受用銀七貫目]　[唐大通事]呉藤次郎[西六拾貳歳]」に「ゴ」と振ってある。これは「鉅鹿」（オウガ）「彭城」（サカキ）などの難読姓にふりがなが振られている。「長

142

崎分限帳」そのものは嘉永二年のものだが、このふりがながいつつけられたのかはわからない。書き込みは筆書きであり、「鉅鹿」（オフガ）「王」（ワウ）などと歴史的仮名遣いであることから、最大限に時代が下がっても戦前までのことだと推測する。

　中国由来の姓であることに加え、ほぼ同時代の資料に書かれたことを参考にすれば、「呉」は「ゴ」と読むのが正解であると考えられる。

註）

1）西海新聞　さいかいしんぶん、発行元・勝山町新聞局（のち以文会社）、社長・本田実［元島原藩御用達商、学校教科書販売業。生没年不詳］、編集長・西道仙［明治時代のジャーナリスト・政治家・教育家・医師,1836-1913］ほか、隔日刊。創刊は明治九(1876)年。廃刊明治十五(1882)年。*cf.*長崎市小學校職員會編『明治維新後の長崎』（長崎市小學校職員會・1925.11.10.）p.564.

2）以文会社　勝山町新聞局から改称。*cf.*前掲『明治維新後の長崎』p.564.

3）国立国会図書館マイクロフィルム（請求記号:YB-345）

4）長崎歴史文化博物館所蔵　明治12年1月〜12月、明治15年1月〜16年12月までを所蔵。マイクロフィルムは、明治十四年一月〜六月　資料番号4 M2 6／明治十三年一月〜六月資料番号4 M2 4P／明治13年7月〜12月資料番号　4　M2 5。

5）長崎区　明治十一(1878)年に長崎県によって設置された行政区。明治二十二(1889)年の市制施行により長崎市となった。

6）「内閣書記官局　故少書記官池田寛治祭粢料下賜ノ件」（公文録・明治十四年公文録・明治十四年・第百十三巻・明治十四年四月・大蔵省（第一））国立公文書館［請求番号］公　03019100［件名番号］017

7）外務省編『外務省沿革類従』（原著1877・［覆刻版］クレス出版・1997.1.25.）

8）頴川君平『譯司統譜』（私家版・1897.9.1.）　頴川君平が長崎の唐通事の任免や由来などを記したもの。

9）前掲『譯司統譜』八十二丁

10）文部省編『日本教育史資料　第8巻』「二十三私塾寺子屋」（文部大臣官房報告課・1892）

11）高島秋帆の大村町の居宅は、天保九(1838)年の大火で大村町（現在の万才町）の高島邸が類焼し、小島（こしま）郷の別宅に移った。

12）長崎歴史文化協会／越中哲也編『慶應元年　明細分限帳』（長崎歴史文化協会／越中哲也・1985.3.1.）

13）石原千里「オランダ通詞名村氏 ―常之助と五八郎を中心に―」（「英学史研究」［日本英学史学会］21・1988.10.1.）と同「名村五八郎と名村泰蔵」（「英学史研究」［日本英学史学会]26・1993.10.1.）、鈴木淑子「蘭通詞名村五八郎」（「學苑」［昭和女子大学光葉会］10-6・1943.6.）

14）イサベル・田中・ファン・ダーレン「阿蘭陀通詞系図（Ｖ）―名村家―」（「日蘭学会会誌」55・2007.12.25.）

15）宮田安『唐通事家系論攷』（長崎文献社・1989.12.10.）［以下『唐通事家系論攷』］

16）前掲『譯司統譜』及び長崎県史編纂委員会『長崎県史　史料編第4』（長崎県・1965.3.31.）

17)『唐通事家系論攷』pp.742.-785.

18)「慶応三年 文書科事務簿 慶応三年御改革申渡留 全」 長崎歴史文化博物館 資料番号 B)14 49-4

19)済美館 安政五年に英語伝習所、英語所、語学所、洋学所を経て慶応元年に済美館となる。 済美館時代は英語フランス語ロシア語を教えた。明治元年に広運館。明治六(1873)年に広運学 校に改称。

20)日本国語大辞典刊行会編『日本国語大辞典 19』(小学館・1976.1.10.)

21)厄介をかけるという意味なので略した。

22)『唐通事家系論攷』p.779.

23)『譯司統譜』によると、丈之助が天保四(1833)年十二月十九日稽古通事についた九年後の天 保十三(1842)年に呉碩が無給稽古通事についている。呉丈之助は通事として見込みがなかった か、何らかの事情があったのかは不明。

24)『日本外交文書』「明治五年岩倉特命全権大使締盟各国訪問ニ関スル件」p.82.

25)柴興志『富永冬樹伝―教養の明治裁判官』(私家版・2008.6.30.)所収の系図には田邊太一との 血縁関係は見つからない。

26)『藤岡屋日記』 鈴木棠三／小池章太郎編『近世庶民生活史料 8』(三一書房・1990.10.31.)*cf.* 姜鶯燕「近世中後期における武士身分の売買について:『藤岡屋日記』を素材に」(「日本研究」[国 際日本文化研究所]37・2008.3.31.)

27)孟買 もとボンベイ Bombay は英語の公式名称で、これの漢字表記。拼音は meng^{4}mai^3。平 成七(1995)年に現地語によるムンバイ Mumbai に変更された。

28)呉仙壽については、許海華「幕末明治期における長崎唐通事の史的研究」(関西大学大学院博 士号請求論文・2012.9.20.)p.142.には「(引用者註:明治十六年の外務省北京留学生派遣計画にあ たって留学生の選抜試験が行われた時の受験者)名簿中の呉永寿は呉大五郎と同じく唐通事家 子弟だと思われるが、家系については不明である。宮田安『唐通事家系論考』「呉啓太」の条 によると、呉碩の三男は「仙寿」という。呉永寿である可能性がある」としているが、高橋弘 幸「明治大正期三井物産における人材の組織的形成」(「三井文庫論叢」43・2009.12.15.)によ れば、呉永寿と呉仙壽はともに三井物産勤務で名前は別々に記載されており、呉仙壽は早稲田 大学英語政治経済科卒業とあるので、呉仙壽は実在し入社時期も違うので、呉永寿とは別人だ と判断できる。

29)福井純子「光妙寺三郎―その人と足跡―」(立命館言語文化研究[立命館大学国際言語文化研究 所]4-4・1993.2.20.)

30)「法政誌叢」[明治法律学校]127(明法堂・1891.5.15.)

31)澤井勇海「明治元・二年長崎の政治外交と沢宣嘉―東京大学史料編纂所所蔵「九州事件並長崎 裁判所御用仮留日記(一・二)外務省外交史料館所蔵「諸事心得留」の翻刻と考察-(一)」(「論 集きんせい」[近世史研究会]38・2016.5.)

32)フランシスク・マルナス Francisque Marnas『日本キリスト教復活史』(久野桂一郎訳・みすず 書房・1985.5.24.)p.238.及び p.271.

33)倉沢剛『幕末教育史の研究1 ―直轄学校政策―』(吉川弘文館・1983.2.25.)

34)長崎市役所編『長崎市史地誌編名勝舊蹟部』(長崎市役所・1937.3.15.)p.788.

35)「仏国宣教師、ヂウリー」とあるが、「フランス領事エル・デューリ」のことと思われる。古

賀十二郎『長崎洋学史上』（長崎学会編集・長崎文献社・1966.3.1.）p.202.に明治三年の項に「十月廿八日、仏国領事レオン・ジュゥリイ Léon Dury は、仏語の教授を嘱託された」とあり、新政府になってもフランス語教授を委嘱されたようだ。

36）森永種夫校訂『長崎幕末史料大成　四』（長崎文献社・1971.3.25.）p.466.

37）森永種夫校訂『長崎幕末史料大成　五』（長崎文献社・1971.7.1.）p.57.

38）「戊辰六月改　分限帳」長崎歴史文化博物館　資料番号14 3 7

39）一代限りの英語通詞には堀一郎らがいた。　これについては「堀一郎外三人身分之義ニ付奉候書付／運上懸リ」に「（前略）殊ニ一郎儀は英蘭両国語反訳和解通弁等差はまり相勤罷在（中略）／申十二月英語稽古通詞へ其身一代限リ新規御抱入受用銀壱貫五百目被下置（後略）」とあるので、一代限りであったことがわかる。慶応三年には、世襲制の通事・通詞職は廃止されている。また佐藤麟太郎については、この「堀一郎外三人身分之義ニ付奉候書付／運上懸リ」に「麟太郎儀は目利より一時御雇之儀ニハ候得共業前熟達勤向勉強罷在本受用七百拾目ニ而は生活相立兼毎々慨歎罷在候次第見聞不忍右は活計之窮迫ニ寄自然勤向ニも拘リ候儀ニ付是亦出格之訳ヲ以七百九拾目相増都合壱貫五百目被成下前書一郎跡小通詞末席繰上ヶ候様仰付候様仕度奉存候（後略）」（『長崎幕末史料大成二』p.439.）とあることから、佐藤麟太郎は「目利」から通詞職に転じたことが裏付けられる。cf.註4）

40）広運館　維新後新政府に接収され幕府直轄学校の済美館から改称した。明治六（1873）年に広運学校に改称。

41）「退職判事名村泰蔵特旨叙位ノ件」叙位裁可書・明治四十年・叙位巻十四　国立公文書館［請求番号］叙00257100　［件名番号］002

42）「御達，御触書2　自慶応4戊辰閏4月15日至12月28日」長崎歴史文化博物館　資料番号へ14 461

43）修史局編『百官履歴　下巻』（日本史籍協会・1928.2.205.）p.187.池田寛治の項の前書。

44）佐賀の乱　明治七（1874）年に元司法卿江藤新平・島義勇（旧佐賀藩士、維新後は北海道開拓・札幌の建設にあたる。のち大学少監など,1822-1872）らをリーダーに担いで佐賀で起こった、明治政府に対する士族反乱の一つ。

45）「大隈總理大臣と佐賀縣人傑」（光岡安藝・成功［成功雑誌社］大正三年七月号所収・1914.7.1.［覆刻］不二出版・2017.3.1.）

46）毛利敏彦「明治初期旧佐賀藩出身政府官僚の統計的分析試論（一）」（「九州文化史研究所紀要」［九州大学］26・1981.3.31.）

47）「官員録:官版」　明治三年須原屋茂兵衛／和泉屋市兵衛　国立国会図書館DA 95コマ

48）職員令『法令全書』明治二年第620、622号　国立国会図書館DC161-169コマ

49）井戸田博史『氏と名と族称－その法史学的研究－』（法律文化社・2003.11.20.）及び尾脇秀和「近世『名前』の終焉と近代『氏名』の成立－官位の通称利用の破綻とその影響－」（「明治維新史研究」［明治維新史学会］16・2019.1.31.）及び尾脇秀和『氏名の誕生－江戸時代の名前はなぜ消えたのか』（ちくま新書1567・2021.4.8.）

50）「長崎県貫属呉常十郎出仕申付方ノ儀往復」（公文録・明治三年・第五十巻・庚午一月～二月・外務省伺）　国立公文書館［請求番号］公00364100［件名番号］013

51）弁官　明治初年の政府で庶務を担当した官職の弁事が、明治二年七月八日の官制改革で、弁事は太政官中の弁官となった。

52)「明治三年」　JACAR(アジア歴史資料センター)Ref.B16080135000、「各庁官吏ヲ本省へ採用雑件(6-1-5-7)(外務省外交史料館)」

53)「仏語通弁 頴川熊三郎，呉常十郎至急差廻し方依頼」（神奈川県から長崎府宛正月□日）長崎歴史文化博物館所蔵　資料番号 14 414 74。

54)神奈川県県民部県史編集室編『神奈川県史　通史編三近世(2)』（神奈川県・1983.3.25.）p.1252.

55)長崎県史編集委員会編『長崎県史　近代篇』（長崎県／吉川弘文館・1976.3.25.）

56)「呉常十郎渡辺一郎両人開成学校出仕可否の問合せ」（大学少監　8 月）　長崎歴史文化博物館所蔵資料番号 14 414 287

57)大学少監　「大学校は官制上集議院の次、弾正台の前に位置し、長官は別当、次に大少監、大少丞等により構成され、また大・中・小博士、大・中・小助教等の教官が置かれている」cf.日本近代教育史事典編集委員会編『日本近代教育史事典』（平凡社・1971.12.1.）及び東京帝國大學編『東京帝國大學五十年史』（上）（東京帝國大學・1932.11.20.）p.11.

58)開成学校の設置　cf.日本近代教育史事典編集委員会編『日本近代教育史事典』（平凡社・1971.12.1.）及び東京帝國大學『東京帝國大學五十年史』（上）（東京帝國大學・1932.11.20.）pp.20.-21.

59)「呉常十郎渡辺一郎両名を大学御用に付出府方の申渡状」（開成学校より長崎県宛 10 月 19 日）長崎歴史文化博物館　所蔵資料番号 14 414 162

60)前掲『長崎県史　近代篇』

61)開成学校は大学南校に改編　cf.日本近代教育史事典編集委員会編『日本近代教育史事典』（平凡社・1971.12.1.）

62)「呉常十郎早々出頭について通牒」（弁官より長崎県知事宛）　長崎歴史文化博物館所蔵　資料番号 14 414 490

63)前掲『長崎県史』近代篇

64)「長崎県貫属呉常十郎出仕申付方ノ儀往復」（公文録・明治三年・第五十巻・庚午一月～二月・外務省伺）　国立公文書館　[請求番号]公 00364100[件名番号]013

65)「明治三年」　JACAR(アジア歴史資料センター)Ref.B16080135000、「各庁官吏ヲ本省へ採用雑件(6-1-5-7)(外務省外交史料館)

66)「任解(解)日録」　概ね奏任官クラス以上の任叙の年月日などを一覧にしたもの。明治六(1873)年の皇居火災で多くの任叙関係の文書が焼失したことを契機に新たに資料を収集して編纂された。宮内庁書陵部では明治二年から同十七(1884)年までを所蔵。宮内庁宮内公文書館・識別番号-識別枝番　2013 ～ 2025 及び「任解日録」国立公文書館[請求番号]187-0131

67)職員録・明治三年六月・職員録改 国立公文書館[請求番号]職 A00024100

68)職員録・明治三年九月・職員録改　国立公文書館[請求番号]職 A00025100

69)職員録・明治四年三月・職員録改　国立公文書館[請求番号]職 A00031100

70)職員録・明治四年四月・職員録改（下）　国立公文書館職[請求番号]A00033100

71)位署　官位、姓名をつづけ書きする際の書式のことを言う。

72)葉姓頴川氏　宮田安『唐通事家系論攷』には陳冲一、陳九官、陳敬山、陳清官、陳三官、陳一官のそれぞれを祖とする六系統をあげている。ところで、パトリツィア・カリオティ（Patrizia Carioti,ナポリ東洋大学教授）は「長崎の唐人社会」（松方冬子編『日蘭関係史をよみとく』（上）（臨川書店・2015.6.30.）所収)p.95.で「一六三五年の法令により唐人居住者が次第に孤立し、唐人地区に集められ、日本人との通婚を禁止され、小さな丘の上に単身での居住を強要さ

れてからも、唐通事は日本人の妻を持ち、多くの場合、妻の日本の苗字を許され、長崎では自由に日本人と雑居することができた」と述べているが、宮田安『唐通事家系論攷』（長崎文献社・1979.12.10.）に記載されている唐通事の家は分家も含み六十二家あり、このうち半数近い二十七家がもともとの鄭や呉それに何などの姓を名乗っているほか、本貫地の地名を姓としたのも十九家あり、あわせて三分の二程度が日本の姓を名乗っていないのがわかり「多くの場合、妻の日本の苗字を許され」るというのとは違うのではないかと思われる。また『譯司統譜』には唐通事のうち、平野、平井、岩永、西村、高尾は妻の姓を名乗ったとしているものの、鉅鹿、東海、清河、河間、神代、深見、穎川は本貫地の中国の地名を名乗ったとある。ただ「神代」（くましろ）はもともとが熊姓であり、それが関係しているかもしれない。「深見」は、もともと渤海王に封じられていたことから渡来後「渤海」の和訓が「ふかみ」により、「渤海（ふかみ）」と称したが読みにくいので同じ読みの深見に改めたという。（『先哲叢談』巻之五・有朋堂書店・1928.12.18.）p.252.

73）ポシェット湾　英語表記は Posyet　Bay。ロシア沿海州の港町で日本海に面する。ウラジオストクの西方にある。朝鮮民主主義人民共和国との国境に近い。名は幕末プチャーチンとともに来日した海軍軍人ポシェット（ラテン文字転写:Konstantin Nikolayevich Posyet,1820-1899）にちなむ。

74）「大学大助教池田政懋副島参議エ魯國差遣随行ノ旨太政官ヨリ達書」東京大学デジタルアーカイブ［参照コード］S0001/Mo001/0013

75）前記『北雪兎日記』

76）前記『北雪兎日記』

77）「池田大助教外一名外任ニ付仏学教導不行届就テハ右ノ中一人是迄通当校専務為致度件」東京大学文書館デジタル・アーカイブ参照コード:S0001/Mo001/0056

78）「法令全書明治4年」7月18日条に「大學ヲ廢シ文部省ヲ被置候事」とある。

79）「呉常十郎渡辺一郎両名を大学御用に付出府方の申渡状」（開成学校より長崎県宛 10 月 19 日）長崎歴史文化博物館　所蔵資料番号 14 414 162

80）「仏語通弁 穎川熊三郎，呉常十郎至急差廻し方依頼」（神奈川県から長崎府宛正月□日）長崎歴史文化博物館所蔵　資料番号 14 414 74。

81）「呉常十郎渡辺一郎両人開成学校出仕可否の問合せ」（大学少監 8 月）　長崎歴史文化博物館所蔵資料番号 14 414 　287

82）「呉常十郎早々出頭について通牒」（弁官より長崎県知事宛）　長崎歴史文化博物館所蔵　資料番号 14 414 490

83）「通弁呉一の滞阪達　三月二十八日」（大阪外国事務局より長崎裁判所宛）　長崎歴史文化博物館　維新史料 518 　（資料番号 14 414 518）

84）「呉一通弁勤方についての書状（慶応四年）七月」／別名西園寺雪江(引用者註;宇和島藩出身外国局権判事を指す)外二名より長崎裁判所宛）　長崎歴史文化博物館維新史料 533(資料番号 14 41 　4 533)

85）渡邊慎治編『天才乎人才乎:現代実業家月旦』（東京堂・1908.5.25.）

86）古林亀治郎編『実業家人名辞典』東京実業通信社・1911.10.25.）

87）梅若六郎・鳥越文蔵監修／梅若実日記刊行会編『梅若実日記』第五巻（八木書店・2002.1.31.）p. 323.

147

88) 梅若六郎・鳥越文蔵監修／梅若実日記刊行会編『梅若実日記』第六巻（八木書店・2003.5.15.）p. 415.

89) "Transactions and proceedings of The Japan Society, London vol.1"（倫敦日本協會雜誌 1・1893.）

90) 「長崎分限帳」（嘉永二年）　東京大学史料編纂所所蔵架蔵番号:外務省引継書類 156

第　五　章

　一「外交内治ノ前途ノ大業」名村常十郎と呉常十郎

第五章では、池田政懋は新政府に出仕し岩倉使節団四等書記官となり米欧回覧に随行する。特にフランスからの帰途には副使大久保利通に付き添いとして同じ船で帰国し、つながりができる。第一章第二章ですでに触れてきたところではあるが、第五章では別の資料から再度池田政懋（寛治）の生き方を描いてみる。そして帰国後は池田政懋から池田寛治へと改名し、これが最後の改名となる。その後は要衝である中国天津に赴任するも、肺結核に罹患する。清朝の実力者北洋大臣李鴻章とも繋がりができるが、肺結核が重態となったため生地の長崎に帰り、長崎税関長在職中に死去する。ここでは、池田寛治の短い生涯の後半生を見てゆくことにする。

第　一　節　―池田政懋は岩倉使節団に

　まずは池田政懋は不発に終わった日露交渉から戻って数ヶ月で岩倉使節団四等書記官になる。「西海履歴」の第 11 項目は岩倉使節団随行について述べる。第一章と第二章に重なる部分もあるが、必要最小限に止めたつもりである。

　　11.同十月特命全権大臣岩倉卿に随て四等書記官となり欧米諸國に随行し
　　専ら大久保副使の書記官を司り

　　[祭粢][百官]四年十月二十二日
　　今般特命全権大使欧米各國ヘ被差遣候ニ付四等書記官トシテ随行被仰付候
　　事

　明治四年池田政懋は岩倉使節団に四等書記官で随行することになった。使節団については、第一章から第三章で触れているので、ここでは取り上げない。[祭粢][百官]ともに事実に異同はないうえに、「西海履歴」とも一致する。し

かし「専ら大久保副使の書記官を司り」とあることについては、池田が全行程にわたって大久保に随従していた訳ではないことなどから、確実な証拠は見つからなかった。

　しかし、日本政治外交史が専門の藤村道生（元上智大学教授,1929-1999）は「征韓論争における外因と内因」[1]のなかで、大久保たちが帰国後四ヶ月足らずの明治六（1873）年九月二十二日付と推定される池田寛治から大久保利通宛に出された意見書[2]が大久保利通の「征韓論に関する意見書」[3]第一条、第二条の下敷きになり、「征韓論に対する有力な根拠としている」と述べている。この日付は、九月十三日に使節団本隊が横浜に帰着し、征韓論争が沸騰していた時期に当たるだろう。

　その大久保「征韓論に関する意見書」第一条と池田の意見書と比較してみる。大久保の「意見書」第一条を以下に引き、そのちに池田寛治の意見書の相当する部分を引用する。

　　皇上の至徳に依り天運を挽回し非常の功業を建て今日の盛を致すと雖も御親政日未た久からす政府の基礎未た確立せす且一旦にして藩を廃し縣を置く等實に古今稀少の大變革にして今日都下の形體を以て臆見する時は既に其事結尾にいたるか如しと雖四方邊隅に至ては又之か爲に所を失ひ參を奪はれ大ニ不平を懷くの徒實に少なからさるへし然とも政府の基礎に於て未嘗て甚き變動なく又鎮臺等の設あつて是に備る嚴になるか故に鼻息を止めて隙を伺い未た重大の患難を生することなしと雖も若間に乗すへきの機あらは一旦不慮の變を醸すも亦計るへからす然るに只眼前其形なきを以て既に憂るに足らすとし後患を慮ることを忘るへからす且維新以來新令多く下り舊法全く變する者不尠して全國の人心未た安堵に至らす常に疑懼を懷き一令下れは俄に能其趣旨を了解するあたわす殆と路傍に方向を失するの勢いあり則一昨年より今歳に至る迄或は布令の意を誤解し或は租税の増加せんを疑念し邊隅の頑民容易に鼓舞扇動され騒擾を起すにより止を得すして鮮血を地上に注ける既に幾回そや是實に能慮るへきの所の者にして未俄に朝鮮の役を起こす可からすの一なり
　　（大意：明治維新を成就せたものの政府の基礎はまだ確立していないし、廃藩置県を行うなど未曾有のことばかりで、不満を持つ者は多く鎮台を設けたため逼塞しているが、隙を見て事を起こさないとも限らない状態だ。全国の人心はいまだ安定せず、新たに法律を作っても疑心暗鬼となりあるいは租税の増税を疑い、情報不足の国民のうちにはいろいろと扇動されて騒擾を起こしたため、何度も流血の騒ぎとなったのは何回あるだろうか。これがいますぐに対朝鮮戦を起こさない理由の一つだ）

以下は池田寛治の意見書から引用する。

　　若シ、戦利アラス遠征年月ヲ歴ル時ハ軍費弥増テ其費量ル可ラス、此欠

ヲ補フ為メ之レヲ人民ニ課セバ、我国民ハ素ヨリ生産乏シキガ故ニ、己レ
ノ苦シムヲ以テ終ニ政府ニ抗ス可キト雖圧政府ノ国民ニ義務ヲ尽サンカタ
メ兵ヲ起シ、以テ今日ノ欠乏ニ至ルノ情ヲ知リ己レノ産ヲ擲テ政府ニ給シ
此乏ヲ補ントスル者少カル可シ。此時、我国ノ景况ヲ遙察スルニ、全国疲
弊シ、民情安カラズ、頑民党ヲナシテ四方ニ蜂起シ、良民ヲ救ハンニハ、
兵乏シクシテ全國ノ大乱トナルモ亦量ル可ラズ、

　大久保意見書の第一条で、国内の現状がまだまだ不安定でいつ擾乱が起こっ
てもおかしくないという認識を示して、征韓論に対する反対の根拠を述べる。
この点を踏まえて、特に相似しているか下敷きにしたと思われるのは、池田の
「此時、我国ノ景况ヲ遙察スルニ、全国疲弊シ、民情安カラズ、頑民党ヲナシ
テ四方ニ蜂起シ、良民ヲ救ハンニハ、兵乏シクシテ全国ノ大乱トナルモ亦量ル
可ラズ」（我が国の現状を考えるに全国は疲弊し、国民の心は安定していない。
情報不足で旧弊な人民は徒党を組んで四方に蜂起しても、大事な国民を保護し
ようとしても、守るための兵力は乏しくて一旦乱が起これば全国規模に及ぶこ
ともありうる）などは、大久保の意見書第一条の「則一昨年より今歳に至る迄
或は布令の意を誤解し或は租税の増加せんを疑念し邊隅の頑民容易に鼓舞扇動
され騒擾を起すにより止を得すして鮮血を地上に注ける既に幾回そや」ではな
いだろうか。
　さらに大久保の「意見書」第二条を引くと、以下のごとくになる。

　　今日、已に政府の費用莫大にして、歳入常に歳出を償ふこと能はさるの
　患あり。况や今禍端を開き、數萬の兵を外出し、日に巨萬の財を費し、征
　役久を致す時は其用費又自ら莫大に至り、或は重税を加へ、或は償却の目
　算なき外債を起し、或は償ふこと能はさるの紙幣を増出せさるを得ず。然
　れは其數増加するに從て、其價次第に減却し、人生日用に必要なる品物交
　換の間自ら紛擾錯亂を生じ、大に人民の苦情を發し、終に擾亂を醸し、亦
　言ふべからざるの國害を來すや、實に計るへからす。且現今我國の外債已
　に五百萬有餘にして其償却の方法に至て未た確然たる定算なく又定算ある
　も恐くは此の一擧に因て大に目的の差異を生し殆と救ふへからさるの禍を
　招くに至らん是大に憂ふへき所の者にして未俄に朝鮮の役を起す可らすと
　するの二なり
（大意:政府の予算は莫大になっていて、しかも歳入を歳出が上回っている
状態だ。この状態で数万の兵を外征させれば一日に巨万の費用がかかる。
長期戦になればもっと軍費がかかるのは必定で、増税や償却の見通しが立
たない外国債を発行し、市民生活は混乱することになり、また擾乱となる
恐れもある。現在でも返す当てがない外国債が五百万にも上り、さらに国
家予算が疲弊することになる。このままでは国家破綻に至りかねないのが
朝鮮への兵を進めることはできない第二の理由である）

これに対して、池田寛治の意見書を引く。

　目今、我日本ノ会計ヲ察スルニ、歳入五千万円、政府ノ常務二給スルモ猶足ラズ、必要急務ノ資本ヲ外国二負債ス。偶新税ヲ起シ歳入ヲ増加セント欲スト雖モ、人民頑愚ニシテ、政府国民ノ為メニスルノ意ヲ知ラス、却テ物議ヲ生シ、終ニハ擾乱ヲ誘フノ恐レアリテ以テ施ス能ワザルコ多シ。
（大意：現在の我が日本国の経済を考えると歳入は五千万円で、政府経常支出に充当しているけどなお不足の状態である。必要なもので緊急のものはその原資を外国から借り入れている状態である。たまたま新税を賦課して歳入を増やそうとしても国民が理解しないため政府が国民のために役立てようとしていることを知らず、逆に議論が噴出し最後は騒動発生の心配があるので、国民のための政治が出来ないでいることが多い）

　池田の「目今、我日本ノ会計ヲ察スルニ、歳入五千万円、政府ノ常務二給スルモ猶足ラズ、必要急務ノ資本ヲ外国二負債ス」は大久保意見書の第一及び第二段落に相当することは明らかである。さらに池田は「偶新税ヲ起シ歳入ヲ増加セント欲スト雖モ、人民頑愚ニシテ、政府国民ノ為メニスルノ意ヲ知ラス、却テ物議ヲ生シ、終ニハ擾乱ヲ誘フノ恐レアリテ以テ施ス能ワザル」は大久保の「然れは其數増加するに從て、其價次第に減却し、人生日用に必要なる品物交換の間自ら紛擾錯亂を生じ、大に人民の苦情を發し、終に擾亂を醸し、亦言ふべからざるの國害を來すや、實に計るへからす」のベースとしていることは見て取れる。特に池田の「人民頑愚ニシテ、政府国民ノ為メニスルノ意ヲ知ラス、却テ物議ヲ生シ、終ニハ擾乱ヲ誘フノ恐レアリ」は大久保の「自ら紛擾錯亂を生じ、大に人民の苦情を發し、終に擾亂を醸し、亦言ふべからざるの國害を來すや、實に計るへからす」に相当し、藤村が「征韓論争における外因と内因」で言うように岩倉使節団でパリ滞在中に見聞きしたパリ・コンミューンの惨禍が念頭にあったことは間違いないだろう。
　ついで、藤村は述べていないが、大久保の「意見書」第七条 [4]を引くと、いざ実際に戦争になった場合のことを説明している。

　若征役直に利を得ると雖も其得る所恐らくは其失ふ所を償ふに足らす況んや遠征歳月の久を經るに於ておや譬へ終に全勝を得或は全國を略有し或は和議を許し賠還を成さしむるも數年の間常に兵を屯し要處を守り彼か違約を預防せさるを得ず況や全國を略有するの日に至ては必國中不平の徒多く四方常に紛擾を生し國土を保有すること殆と餘日なきの勢あるに至らん然れは今征討保衞の費用を算するに恐くは朝鮮全土の物品又是を償ふに足らす
（大意：もし征韓をしてすぐに利益を得ることができてもその得るところはたぶんその戦争で失ったものを補償するに足らないだろう。まして征戦が長引いた場合は全く得るところはなくなるだろう。たとえ征戦が全勝に終

わり、或いは全土を占領し、或いは和議となってその賠償金を求めても、賠償金がすべて支払われるまでの保障占領をして要所要所を確保して、平和条約を守るようにしないといけない。いわんや全土を占領した場合には、国中に不平の徒が多いので、あらゆるところで常に紛争を生じ占領地を維持するのは困難になる。このことを考えてみると戦争を起こし占領地を確保するには、計算してみれば朝鮮全土の物品でその経費をまかなうことは出来ない）

　大久保の第七条を読んだ上で、池田意見書に目を通すと征戦が成功した場合にも幾多の不安要素を抱えていると説いていることがわかる。

　　　仮令今軍用ノ金ヲ民ニ課シ一時軍資ニ給シ以テ彼ヲ征シ戦ヒ利アリテ其地ヲ領スト雖モ其出産ハ之ヲ守ルノ費ニ過キス、仮令守ルノ費ニ足ルト雖モ其地ヲ用ユルニハ必ス夥多ノ資本ヲ要シテ開拓シ得可カラス、幸ニシテ開拓シ得ルト雖モ我国今日ノ景況ヲ以テハ用ヲ為スニ所ナシ。若シ和ヲ講スルニ至リ償ヲ責ムルト雖モ彼ノ土民ノ産業ハ固ヨリ我国ニ劣リ軍費ヲ補フノ償金ヲモ納メ得可カラス、無益ニ人命ヲ損シ政府ノ心ヲ労スルノミ、然ラハ戦ヒ利アリト雖モ我国ニ益スルコ無シ、
　　（大意：いまかりに軍事費を国民に課して一時は軍事費に使用して朝鮮に遠征し戦闘が有利にすすみ、その領土を領有することになったとしても、彼の地の生産は彼の地を守る費用に過ぎない。かりに維持するための経費が足りるとしても、占領地を経営するには多くの資本が必要になるから、たとえ開発が出来たとしても我が国の現在の状況を見るに益するところがない。もし講和に至り賠償金を得ることになっても朝鮮では産業はもとより日本より低く、軍事費を補う賠償金を日本に納めることはできないだろう。戦争は無益に人命を損ない、政府が頭を抱えるだけだ。そうであるならば、戦闘が日本に有利だと言っても我が国には利益はない）

　池田が「若シ和ヲ講スルニ至リ償ヲ責ムルト雖モ彼ノ土民ノ産業ハ固ヨリ我国ニ劣リ軍費ヲ補フノ償金ヲモ納メ得可カラス」と述べているのは大久保意見書の「然れは今征討保衛の費用を算するに恐くは朝鮮全土の物品又是を償ふに足らす」とほぼ同じ論旨で、この段落は大久保意見書が池田意見書を下敷きにしたといえるのではないか。長期戦になったり、たとえ勝利しても保障占領をするなど経費はかかるばかりで征戦に利はないと説いていることがわかる。
　大久保の「征韓論に関する意見書」の一部とは言え、その下敷きになったということは、大久保利通の池田寛治に対する信頼の一つを指し示していると考えられる。なんと言っても、信頼できない部下の言を自らの論議の主張に取り入れることなどはあり得ないことだろうからである。かつまた藤村道生は池田寛治を「大久保の秘書官」と書いているが、このことは岩倉使節団の帰国後のことではあるが、「大久保副使の書記官を司り」とする「西海履歴」の記述が

あながち的外れではないことを示していると考えられる[5]。

　また池田寛治の帰国は岩倉大使や木戸副使より早く、大久保利通に随行して明治六年五月二十六日であった。さらに、帰国後明治六年十一月に内務省が設置され、大久保利通が内務卿に補されると二か月もたたないうち、文部省から新設の内務省勤務になる。そして池田寛治が天津副領事に転出するまでのあいだ、池田寛治から大久保利通宛の書簡六通と意見書一通が『大久保利通関係文書　一』[6]に収録されている。このほか国立国会図書館『大久保利通関係文書（所蔵）目録』に「濟貧所」[7]一綴がある。用紙は内務省の罫紙であり、冒頭には池田寛治から大久保利通宛の一筆箋のような紙片が挟み込んである。年次については記載はないが、日付は六月七日になっている。

　この「濟貧所」の「六月七日」という提出の日付を検討すると、大久保内務卿の時代に池田寛治が内務省に在籍していたのは、明治七（1874）年一月七日から明治八（1875）年九月に清国天津駐箚副領事に転出するまでの間で、六月七日は二回ある。この時期、社会福祉的なことに関連する事項がないかと探すと、同年初めに滋賀県と浜田県（のちの島根県）[8]から生活に困窮している県民への対応について内務省へ「救恤申請伺」[9]が出されているのに気がつく。これをめぐって大久保内務卿が太政大臣に伺を提出したのが、同年六月十七日であることから、「濟貧所」が提出されたのは、伺いの直前の明治七年六月七日だと推定できる。大久保が貧者恤救をめぐって、ヨーロッパの状況を調べたく思い、フランスの状況について知るために池田寛治に調査を命じた理由であることはたしかだろう。この申請は正院に出されなどした結果、同年十二月に太政官は「恤救規則」[10]を定めている。

　「濟貧所」は内務省罫紙で一葉20行、1行20字で39丁のものである。表紙の付箋に「内務卿ノ命ニ依リ池田寛治譯」とあり、大久保利通との関係が見えてくると思われる。そして、「濟貧」とは現代で言えば「救貧」のことで生活困窮者に対する救済のことであるが、「濟貧所」の実際の中身はフランスの貧民対策の救貧院の制度についての資料を集め翻訳している。まず冒頭「第五年霜月七日ノ法律以前ノ制度」（「第五年」はフランス革命暦五年のことで、西暦の 1796 年を指す）で、「佛國ニ於テ公ノ救恤ノ行ハレタル五百六十七年トゥールニ會シタル僧會ノ決議書中ニ見ヘタリ」から始まって、第五年霜月まで歴史をとりまとめている。そして「第五年霜月七日ノ法律」を「此ノ法律ノ諸ヶ條ハ濟貧所ノ原則タル」と述べている。さらに「現今濟貧所ノ組立」、救貧院でのものの受け取り方についての「濟貧所ノ受領品」、「所有品の支配」、「會計」、「救助品ノ配當」について解説した後、「論説」で「當今佛國各所ニ設ケタル救恤ハ作業ヲ務ムルヲ主意ト爲シ貧人ヲ集メテ養育スルニ非ス貧人ヲシテ貧窮ノ界ヲ脱セシメル事ヲ助クルニアリ」（現在のフランスの各所に設けられている救済施設は作業をして少しでも自助するところで貧しい人を集めてただ救済するのではなく貧困から脱するのを助けるにある）と述べている。

　「濟貧所」は何かの基になるまとまった一つの資料があってそれを翻訳したのではなく、池田七等出仕が様々な資料から抜粋しまとめたものと考えられる。

「濟貧所」がその後の「恤救規則」の作成に生かされたかは不明ではあるが、池田寛治が大久保の命をうけて池田寛治が滞仏中に資料を収集したもののなかから、必要と思えるものを選び帰国後に旺盛な飜訳活動を行っていたことがわかる証拠だろう。

　これらから使節団のなかで、池田が大久保副使に知遇を受けたというのは間違いないであろう。ついで第 12 項目では、池田書記官は使節団本隊とは別行動したことを述べる。

　　12.六年二月佛京巴里に滞留し民律を取調ふることを命せられ留まること
　　　三月

　第 12 項目は、岩倉使節団滞欧中に池田政懋は特にフランス・パリに滞在したことについてである。ここで言う「民律」とは、現在の民法のことをいい、この当時ではナポレオン法典を指している。前記「記録材料・大蔵省考課状一」のいうところの「佛國政令」であろうか。

　　[祭粂]六年二月　御用有之佛國巴里へ三ヶ月滞在被申付候事

　「百官」にはこの記述がないが、「西海履歴」の項目も[祭粂]に異ならないうえ、『外務省沿革類従』[11]に「同六年二月　御用有之佛國巴里へ三ヶ月滞在」とほぼ同文の記述がある。また使節団のフランス滞在中の書類をとりまとめた『在佛雑務書類』[12]にも「御用有之佛國巴里府へ三ヶ月間滞在申付候事／但御用相濟候次第歸朝可致候事」とあり、この記事には事実関係については信憑性があると言える。また、「西海履歴」ではそれだけではなく、「御用有之」の中身がわかる。「民律を取調ふること」というのであるから、フランス民法典を取り調べていたことになるだろう。あるいは、先に述べたような「佛國政令」のことも調べているだろうから、幅広く社会的なことを考究していたのだろうか。法律だけだと司法省派遣団やボアソナードとの関係をもってもおかしくないが、それを示す証拠となる材料はない。
　第 13 項目では、本隊より一足先に大久保副使とともに帰朝して池田政懋から池田寛治に改名し教育職の文部大助教から行政職の文部省七等出仕への異動がある。

　　13.歸朝して池田寛治と改名し文部省七等出仕に任せられ

　　[祭粂]六年五月　歸朝
　　[百官]六年五月二十六日　歸朝
　　[祭粂][百官]六年六月四日　文部省七等出仕被　仰付候事

　第 13 項目では、帰国して池田政懋から池田寛治に正式に改名するというよ

りは、通用している寛治を選択したのであろう。池田寛治がヨーロッパから帰朝したのは、前述の通り明治六年五月二十六日のことで、[祭粢][百官]との間で、日付の有無だけの違いのうえ、「西海履歴」では、帰朝年月日が欠落してる。

「西海履歴」に「帰朝して池田寛治と改称し」とあるのは、高級官僚である奏任官クラス以上の任官などの日付などを一覧にした『任解日録』明治六年六月四日条 [13] に「任文部省七等出仕」とあるだけでなく「池田政懋改め寛治（朱字）」とあり、この時に公的に名前を改めたことがわかるので、間違いはないであろう。ただ太政官への改名届は見つからなかった。

この改名は、岩倉使節団が帰国する前年に太政官布告 149 号（明治五年五月七日）[14] に「從來通稱名乘兩樣相用來候輩自今一名タルヘキ事」（これまで通称と正式な名前と二つながらに使われてきたが、これからは一種類しか使えなくなる）とあるうえに、太政官布告 235 号（明治五年八月二十四日）[15] には「華族ヨリ平民ニ至ル迄自今苗字並屋號共改稱不相成候事」（華族から平民にいたるまで、これからは苗字と屋号などは改称できない）とされ、従来必要に応じて名前を換えることは珍しくなかったが、今日のように名前は一つで、勝手に改名はできなくなった事態に合わせたのだろう。前にも述べたが、池田寛治は使節団四等書記官として米欧に向かう前から「池田政懋」だけではなく「池田寛治」をも使用していて、次第に「池田寛治」の使用が多くなっていて、新しい事態を受けて、「池田寛治」を選択したと言うことだろうと思われる。

池田「寛治」の名前は、使節団出発の前から使用が認められる [16] が、岩倉使節団ではどうだったのか。同時期にパリに滞在していた成島柳北の『航西日乗』[17] でその一端を改めてみることにする。『航西日乗』において池田寛治の名前は以下のように出てくる。第二章でも触れているが、成島柳北は旧幕臣で外国奉行などを務め欧米事情にも明るかったため、東本願寺法主の大谷光瑩の欧州視察に随行していた。第二章でも掲示したが再掲する。

　　　　明治五年十一月二日（池田寛治）
　　　　同　　　十一月四日（池田氏）
　　　　同　　　十一月八日（池田）
　　　　同　　　十一月十一日（池田）
　　　　明治六年一月二十七日（池田）
　　　　同　　　三月四日（池田子）
　　　　　　　　三月十四日（池田）
　　　　　　　　四月八日（池田寛治）

とあって、八回のうち二回は池田寛治でパリ滞在中から成島柳北にとっては池田寛治であったことがわかる。成島柳北が『航西日乗』を後年加筆修正したことは考えられるが、池田政懋は滞欧中にすでに池田寛治を称していたことがわかる。渡航前には池田政懋と池田寛治の名前を併用していて岩倉使節団派遣

中に池田寛治という通称使用の比重を高め、帰国後に正式な名乗りとすること
にしたと考えられるので、記事との間に整合性は取れている。『航西日乗』に
は、明治六年四月八日で、池田寛治が帰国することでその名前が途切れるが、
池田寛治は大久保副使とともに同じ明治六年五月二十六日に帰国している[18]。
木戸副使は七月二十三日に帰国し、岩倉使節団の本隊はこれより遅れて同じ明
治六年九月十三日だった。

　明治六年五月の「池田政懋欧米各国ヨリ帰朝届」[19]は、標題に「池田政懋」
とある。しかし、帰国後一週間ほど後の六月に入っての『任解日録』明治六年
六月四日条[20]には「池田政懋／改メ寛治（朱字）」とあるので、帰国後に池田
寛治に正式に改名し周知して使用したことがわかる。

　また、「文部省七等出仕」については発令日の有無はあるが一致している。
「文部省七等出仕」となったのは、大学南校という教育機関から行政機関の文
部省への転身だったと思われる。

　第14項目では、池田寛治が文部省から大蔵省にさらに転じたことがわかる。
教員ではなく、行政官僚に籍が変わったためと考えられる。

14.同月更に大蔵七等出仕に轉し記録寮に勤仕せ里

　　[祭粲][百官]六年六月九日　大蔵省七等出仕被　仰付候
事
　　[百官]六年六月十七日　記録寮七等出仕被　仰付候事

　第14項目では、池田寛治は文部省七等出仕から大蔵省七等出
仕に転じたことを確認する。

　大蔵七等出仕については、[祭粲][百官]とも一致し、記録寮に
ついては[百官]のみであるが、「太政官日誌明治六年第八十三
号」[21]には「六月九日大蔵省七等出仕被　仰付　文部省七等出仕
池田寛治」とあり、さらに「太政官日誌明治六年第九十一号」[22]
に大蔵省として「六月十七日記録寮七等出仕被　仰付　大蔵省七
等出仕池田寛治」とあり、文部省から大蔵省に転じたことがわか
る。そして、帰国後に実際に「池田寛治」と改称していたことが
わかり、「西海履歴」には符合する。

　このほか、奏任官クラス以上の任官や叙位についての日付など
を一覧にした『任解日録』明治六年六月九日条[23]には「大蔵省
七等出仕」とあり、「西海履歴」の記事と食い違いはなく、事実
関係は一致し証明されている。この『任解日録』明治六年六月九
日条には「任大蔵省七等出仕」だけでなく「池田寛治[前名]政
懋」とあるので、帰国後に正式に改名したことが裏付けられる。

　また、六月四日に「文部省七等出仕」になり、ついで5日後に
「大蔵省七等出仕」に転じるのは、この時大蔵卿が大久保利通で

「任鮮日録」明治6年
6月4日条（国立公文
書蔵）部分

あるからだろう。大久保卿から引き抜かれた形であろう。8 日後には大蔵省記録寮に配置となる。これに関連して、年次は不明だが、『大久保利通関係文書一』に「三　五月三十日」付大久保利通宛池田寛治書簡 [24]がある。それには以下のようにある。

　　　玉章奉拝誦候、明三十一日第十字参殿可仕候　以上
　　　　五月三十日　　　　　　　　　　　　　　寛治拝
　　　大久保公閣下

　書簡の日付に注目すると、五月三十日に書簡を受け取り、三十一日に大久保の元に赴くというのであるから、二人がともに在京なのは明治六年、七年、八年の三年が該当する。この 3 年の内、七年は八月に大久保が全権弁理大臣として北京に赴くことになり、池田寛治が随行するが、その内定を伝えるにしてもまだ台湾での軍事行動中で少し早すぎるだろう。また八年は七月に内務省六等出仕になり、九月に天津の副領事に転出するが、まだ領事館設置が確定していない時期だから、その時期は除外できるのではないかと思う。

　可能性としては、大久保と池田の二人は岩倉使節団本隊より早く五月二十六日に帰国しているので、大久保が帰途の船中で池田を手元に引き取ることを考え、帰国後に池田が所属している文部省の文部大輔である宍戸璣に池田の異動の交渉をし、了解を取ったのであろう。書簡の日付が帰国直後の五月三十日であるとすれば、池田の異動が六月四日にまず同じ文部省内で教育職から「文部省七等出仕」という行政職に身分を変更させ、その 5 日後に大蔵省七等出仕に転じるという一連の動きに符合し、これは大蔵卿を務める大久保の元に池田を引き取ることができたと言うことを池田に伝えるために呼び出したと考えると理解しやすいのではないか。推論ではあるが、日付を並べてみると、蓋然性が高いと考えられる。

　このほかの年次が明らかでない大久保利通宛池田寛治書簡についても述べる。日付順にまずは「四　七月三十一日」[25]から。

　　　四　七月三十一日
　　　州政治草稿壱巻奉差上置候。国議院草稿御手元へ有之候分ハ乍御面倒松
　　方へ御遣し被下候様奉願上候、私儀も里政治まて草稿相済候間明日カ明後
　　日熱海辺罷越、来月十二三日頃帰京之心組ニ御座候
　　　七月三十一日　　　　　　池田寛治再拝
　　　大久保公閣下

　この書簡には「州政治」「國議院」「里政治」という言葉が見える。まだ訳語が定着していなかった明治初期のことだから、現代風に「國議院」を言い換えると「國議院」は「国会」で「州政治」は現代の都道府県、「里政治」は地方自治体の市町村ではないだろうか。こうした用語の問題を考えると、「佛國政

令ノ反譯ニ従事スル去年七月ヨリ十二月」と半年かかって、池田が精力的に取り組んでいたフランス語文献からの翻訳をしていたのは、大蔵省記録寮に在籍した時期であると考えられることから、この書簡も明治七年七月三十一日付であると考えられる。

　ついで、「五　十二月九日」の書簡である。

　　　　　五　　　　十二月九日
　　昨日者御紙面有難奉拝誦候、訳書ハ頃日筆記之者二人を増し精書取掛り
　居候ニ付速に落成可仕奉存候、書余近日参を以て万々可奉申上候
　　　　謹言
　　十二月九日　　　　寛治
　　大久保公閣下

　これは、大久保から文献翻訳の進捗状況の問い合わせに対する返書であろう。「訳書ハ頃日筆記之者二人を増し精書取掛り居候」とあるのは、先に引用した本省稟白之部に「豈電勉スト謂ハサル可ケンヤ」（どうして努力をしなかったといえるだろうか）[26]とあるのに相当すると考えられるので、この書簡も明治七年十二月九日のものであると推定できる。さらに十二月廿六日付の書簡を見る。

　　　　　六　　　　十二月廿六日
　　奉拝呈候、陳ハ訳書落成昨日大隈殿へ記録寮より相納め置候間御含まて
　奉申上候也
　　　　十二月廿六日　　　　寛治拝
　　大久保公閣下

　池田が帰国後「佛國政令」の翻訳にあたったことは前記「本省稟白之部」からわかる。それとは別にこの書簡にも「奉拝呈候、陳は訳書落成昨日大隈殿へ記録寮より相納め置候間御含まで奉申上候也／十二月廿六日」（お手紙を差し上げます。お伝えしたいことは訳書はできあがり昨日大隈内務卿に記録寮提出しましたのでご連絡をいたしました。／十二月廿六日）とあることから裏付けられる。「大隈殿へ記録寮より相納め」とあるのは、大久保が大蔵卿から内務卿に転じた後は大隈重信が大蔵卿を襲っているので、訳したものは現大蔵卿の大隈重信に呈出したと、大隈の前任者でもともとの発注者でもある大久保前大蔵卿にも通知したものとみられる。

　この七月三十一日付に続いて十二月九日付と十二月二十六日付の書簡は、上記の明治七年の大蔵省記録寮「記録材料・大蔵省考課状一」本省稟白之部[27]にある「舊七等出仕池田寛治卿ノ命ヲ奉シ佛國政令ノ反譯ニ従事スル去年七月ヨリ十二月ニ至リ草稿成ヲ告ク乃チ之ヲ上呈ス」とあるのに、対応していると考えられる。

まず「四　七月三十一日」にある「州政治草稿壱巻奉差上置候。国議院草稿御手元へ有之候分（中略）、私儀も里政治まて草稿相済候間」は「佛國政令ノ反譯」に相当するだろうし、「五　十二月九日」の「訳書ハ項日筆記之者二人を増し精書取掛り居候」は「十二月二至リ草稿成ヲ告ク」に矛盾しないと考えられる。さらに「六　十二月廿六日」の「訳書落成昨日大隈殿へ記録寮より相納め」は、訳稿が完成し清書して現在の大蔵卿である大隈重信に提出したとわかることから、これらによって、四から六に至る池田寛治書簡は、いずれも明治七年のものだ同定して間違いはないだろうと思われる。従って、これらの書簡四通は岩倉使節団から帰国後に大久保からの依頼で「佛國政令ノ反譯」に務め、半年がかりで完成させたとわかる。

　ちなみに前記本省稟白之部には「舊七等出仕池田寛治卿ノ命ヲ奉シ佛國政令ノ反譯二従事スル去年七月ヨリ十二月二至リ草稿成ヲ告ク乃チ之ヲ上呈ス此書ヤ全部九冊ニシテ政令法律二關シ尋常ノ譯書ト異ナリ況ンヤ僅々ノ月数ヲ以テ此成功ノ速ナルヲ奉ス豈黽勉スト謂ハサル可ケンヤ」（旧大蔵省七等出仕の池田寛治からの命令によりフランスの政令の翻訳に従事して去年の七月から始まり十二月になってようやく草稿が出来あがり全部出来上がったので呈出しました。この書は全部で9冊あり、通常の法律政令の翻訳書とは異なるうえに、短期間の月数で出来上がったのは出精したしたと言わなければならない）池田寛治による膨大な清書業務をこなしたので清書担当者に「金百円褒賜」することになったと述べていて、「全部九冊」と量が多くしかも「政令法律二關シ尋常ノ譯書ト異ナリ」と難渋したことを訴えている。

　第14項目では池田政懋（寛治）の改名を含む帰国後の動きについて触れたが、第15項目ではさらに大蔵省から内務省に転じたことを記す。

　　　15.七年一月内務省を設けらるるや同省の七等出仕に轉志諸規則取調掛となり

　第15項目では、明治六年十一月十日に大久保利通を初代内務卿とする内務省が設置され、翌年一月に池田寛治は大蔵省から内務省に転じる。

　［祭粂］［百官］七年一月九日　補内務省七等出仕

　第15項目に関しては、［祭粂］［百官］ともに、全くの同文で異なるところはなく、『任解日録』明治七年一月九日条[28]にも「補内務省七等出仕」とあり、「西海履歴」とは一致することが明らかである。内務省は明治六年十一月の設置で、「諸規則取調掛」については、『袖珍官員録』（内務省明治七年改）[29]にその名前は見えないが、『内務省史　四』[30]の組織変遷図に「諸規則取調掛」が明治七年七月四日に設置され、同年七月三十一日「規則草案取調所」に、同年十一月十五日には第一局に変わっている。「諸規則取調掛」が設置されるのは、池田が内務省に転じてから五か月ほどの間があるが、無任所から係を割り当て

られたということと考えられるので、やはり「西海履歴」の正確さが示されているといえるだろう。

　第十四項目で引用した「記録材料・大蔵省考課状一」に「佛國政令ノ反譯ニ従事スル去年七月ヨリ十二月ニ至リ草稿成ヲ告ク」とあることから、翻訳業務は半年かかって十二月にめどが立ち、年が明けて一月に大蔵省から新設の内務省に転じている。大久保が大蔵卿から内務卿となっているので、この池田の異動は、大久保に引っ張られたものだといえるだろう。

　池田が内務省に転じてからのことは、第 16 項目において、台湾出兵処理 31)のための北京交渉に全権弁理大臣の大久保利通の随行で北京に赴くことが述べられる。

　　16.同八月臺灣の事あるに当り君大に盡力し全權辨理大臣大久保卿に隨て
　　北京に趣き事畢て帰京し

　第 16 項目では、台湾出兵についての日清交渉が北京で行われるのにともない、池田寛治は「日本近代法の父と言われる」フランス人お雇い外国人で法学者のボアソナードの通訳を務めたことが明らかになる。ボアソナードは、この交渉で国際法などの観点から大久保全権弁理大臣の顧問の立場で交渉を支援する。

　　［祭粂］七年八月三日　大久保参議清國ヘ被差遣候ニ付随行被仰付候事
　　［百官］七年八月四日　全權辨理大臣大久保利通清國ヘ被差遣候ニ付随行
　　被仰付候事
　　［祭粂］七年十一月二十六日　歸朝
　　［百官］七年十一月二十四日　歸朝
　　［百官］七年十二月九日　勅語　先般清國出張苦勞ニ存ル　同日　白羽二
　　重二匹　右下賜候事

　　明治四年十一月に沖縄・先島諸島の宮古島の船が那覇からの帰路強風に遭い台湾の東側に漂着したところ、現地の先住民に 54 人が殺害され 12 人が救助されたと言う宮古島漂流民遭難事件が起きた。新政府は清朝政府に厳重に抗議したが、「台湾は化外の地」（国家統治の及ばないところ）と責任を回避した。このため、日本政府は責任追及と称して台湾に出兵したが、この撤兵をめぐる問題の処理のため、大久保利通が全権弁理大臣としてフランス人法学者ボアソナードらとともに北京に赴き、清朝と交渉した。北京で交渉するに際しての随行員名簿、明治七年八月五日付「辨理大臣随行官員名前」32)に仏国法律博士ボアソナードらとともに内務省七等出仕池田寛治、続いて司法省七等出仕名村泰蔵の名前も見える 33)。これについては帰朝の日付が二十四日と二十六日でやや異なる。「池田内務七等出仕清国ヨリ帰朝届」34)は十一月二十四日としており、［祭粂］［百官］ともに事実に異同がなく、「西海履歴」は事実と認められる。

この時の交渉について随行した金井之恭（1833-1907）が記した『使清辨理始末』[35]に基づいて、それぞれの交渉の通訳が誰であったかを示す。

　第一回交渉（明治七年九月十四日）太田資政筆記、鄭永寧通話。
　第二回交渉（同年九月十六日）太田資政、鄭永寧通話。金井之恭筆記。
　第三回交渉（同年九月十九日）太田、鄭通話。金井筆記。
　第四回交渉（同年十月五日）鄭通話。太田、金井筆記。
　同年十月十四日英国公使来訪、太田資政通訳。仏国公使来訪、太田資政通訳。
　第五回交渉（同年十月十八日）鄭永寧通話。太田資政、金井之恭筆記。
　第六回交渉（同年十月二十日）鄭永寧通話。太田資政、金井之恭筆記。
　第七回交渉（同年十月二十三日）鄭永寧通話。太田資政、金井之恭筆記。
　同年十月二十四日英国公使来訪、吉原重俊通訳。
　同年十月二十五日独逸公使来訪、太田資政通訳。
　同年十月二十五日英国公使来訪、太田資政通訳。英国公使来訪、吉原重俊通訳。

　清朝の外交部門に当たる総理衙門との交渉だけに、鄭永寧（1829-1897）と太田資政（1835-1895）があたっている。この二人は長崎の唐通事出身だから、当然と言えば当然だろう。しかも太田資政は英語の使い手でもある。従ってフランス語の池田寛治が交渉の前面に通訳としてたっていたということはないようだ。
　これに別に、『大久保利通日記　二』[36]からこの交渉の時の部分を抜き出してみる。

　明治七年八月廿日条
　　今夜ボアソナード氏江質問池田子太田子名村子入來[37]
　同九月二日条
　　ボアソナード氏池田名村入來質問[38]
　同九月廿六日条
　　今朝ボアソナード氏江質問通辯池田金井記之[39]
　同十月七日条
　　今晩ボアソナード氏江公法戦上ノ名義且日清今日ノ景況ヲ以テ段々及質問通辯池田[40]

　これをみると池田寛治一人でボアソナードとの通訳に当たっている例があるのに気がつく。それに対して、ボアソナードの訪日に付き添ってきた名村泰蔵が、ボアソナードと二人で大久保の元を訪れたのは、以下の通り。

　明治七年八月三日条
　　御雇法律家佛人名村同道入來

同八月廿八日条
　尤ボアソナードヨリ面會イタシ度トノ事ニテ六字比仝人并通辯名村ヲ引テ公使ヲ訪フ
同九月十二日条
　法律家ボアソナード氏呼ヒ　開談ノ三ヶ条ヲ陳シ意見ヲ問彼レ異論ナシ尚同氏見込モアリ名村譯官ヲシテ筆記セシム

　以上の 3 例で、会談が始まる前のことである。もっとも大久保日記に「ボアソナード氏質問」「ボアソナード氏入来」などとあるだけで、通訳者が不明のものは 14 例 [41]あるほか、『大久保利通日記』のこの時期以前に通訳者が不明のものは、六月と七月に 3 例ある [42]。

六月二十四日
　大隈子入來同道李仙得ノ招ニ至ル佛法律家某入來九字退ク
七月二日
　九字參　朝今日蕃地處分ニ付佛法律家某李仙得被召呼云々ノ御尋問有之

　ここにある「佛法律家某」は後述するように、ボアソナード以外にいない。李仙得はフランス系のアメリカ人・リゼンドル（Charles William Joseph Émile Le Gendre,1830-1899）のことで、台湾事件の処理について、この 2 人を交えて意見交換が行われたのであろう。七月四日には、大隈重信の自宅でボアソナードとリゼンドルとともに会食している。この時にも、ボアソナードの六月二十四日付の答申内容を検討したのかも知れない。

七月四日
　六字大隈子江參御雇法律博士某李仙得氏會食

　七月二日に先立つ六月十八日付で台湾問題の事務局である蕃地事務局長官大隈重信（明治七年四月五日任命）と外交顧問であり、台湾出兵を提言したリゼンドルから、ボアソナードに法律上の問題点などについて、ボアソナードに問い合わせがあり、その六月二十五日付回答内容が『大隈文書　第 1 巻』[43]に収載されている。ボアソナードとリゼンドルは 5 歳違いだが、同じパリ大学に学んでいる [44]ので、来日してから何かしらのつながりがあって依頼された可能性はあると考えられる。この内容が大久保に伝えられたのが、七月二日のことであり、検討が加えられたのであろう。このため七月二日の「佛法律家某」はボアソナード以外はありえないことがわかる。
　ボアソナードの六月二十五日付答申が、フランス語で書かれていたことは間違いないことであろうし、七月二日と四日についてもボアソナード自体はフランス語で話しただろうから、その通訳は誰だったのかとの疑問がわく。フランス語を学んでいる司法省法学校の生徒では、機密に関わることで通訳をさせる

には無理があったと考えられる。その通訳は、半年前に来日するボアソナード
に付き添って帰国した名村泰蔵か、池田寛治ではないだろうか。事前に共通理
解を持った上で北京交渉に臨んだと考えた方が理にかなっている。現代でも通
訳をする場合は、その分野の専門書を読みこなして、知識を蓄えてからその場
に当たるというから[45]、六月の段階から絡んでいたとすれば、池田寛治の役
割は、この交渉の顧問であったフランス人法律顧問ボアソナードと大久保利通
との意思疎通だったと確実に言えるのではないか。

　この北京での交渉自体は、駐清国英国公使ウェード（Sir Thomas Francis Wade,
1818-1895）の斡旋や交渉相手の李鴻章の融和姿勢により決裂は避けられ決着し
た。またこれにより、清朝は琉球の漂流民を日本人と認めたことになり、清朝
に朝貢していた日清両属だった琉球の日本帰属が認められる結果になったとさ
れる。

　この北京交渉が終わり、池田寛治が東京に戻ったのは十一月二十四日のこと
[46]で、大久保弁理大臣が帰国したのは十一月二十七日であった[47]。

　大久保が帰国する十一月二十七日に行われる歓迎会の式次第の予定が残され
ている。そのなかに「辨理大臣并随行官員且爲迎出張三職諸省卿輔へ横濱ニテ
下賜候御祝酒」[48]のメニューがある。それによれば「一鴨　シチウ／附合同／
一ヒーフステーキ　焼牛／附合同／一干菓子二品　　カステーラ／ハニーアン
物／一水菓子二品　蜜柑／ブドウ／一カヘー／一ハン／一ボートル／一酒　サ
ンハン／ブドウ」というフルコースである。池田寛治も「随行官員」であるか
ら、こうした宴に連なったのであろう。そして大久保弁理大臣が復命報告のた
め皇居を訪れるが、池田ら随行員も皇居で明治天皇に拝謁する[49]。

　このほか、年が明けた明治八年一月九日に旧幕時代の浜御殿（現在の浜離宮
恩賜庭園）内にあった迎賓施設である延遼館で祝賀会が開かれ、北京交渉の妥
結を祝う随行員一同やボアソナードからの祝辞[50]も披露された。新政府は清
朝との交渉がまとまり、決裂であれば東アジアの超大国・清朝と事を構えなけ
ればいけないという危機的な情況を脱したといえるだろう。

　［補説］
　ここで明治七年十月に池田寛治から大久保利通宛に出された書簡から、大久
保利通との関係を探るとともに、書簡の発出年次を検討をする。最初は『大久
保利通関係文書　一』[51]収載の「一明治七年十月十五日」付の池田寛治書簡が
明治七年ではなく明治八年の発出ではないかを検討する。まず、「一　明治七
年十月十五日」から。

　　　一　明治七年十月十五日
　　　益御清適奉慶賀候、私儀来ル十八日上海を発シ天津ニ赴き候積リニ御座
　　候、今日道台馮焌光ニ面会仕候、道台之説ニ雲南之一件ニ付道を開く事ハ
　　清政府ニても承諾致シ居候へ共、他のケ条ニ付今以て落着致シ兼居候趣、
　　且先便ニて申上候李鴻章の北京行ハ実説ニ御座候、道台の説ニ同人ハ雲南

事件のため北京ニ行くニ非す、同治帝祭礼之爲め参り候と申居候、本日発之郵船ニて別紙両大臣英国ニ赴き申候、是等を以て愚考候へは道を開き英国ニ使臣を遣す之ニ件ハ公然と承諾し、余の件々は既ニ政府ニて決定致し居候へ共また口外不致儀と奉存候、右申上度

　　　　　　　　　　　　　　　　早々謹言
　　　十月十五日　　　　　　　　　　　　　寛治拝
　　　　大久保公閣下
（同封）
欽差出使英国大臣候補侍郎署福建按察使司郭嵩燾
欽差副使二品頂戴候補道許鈴身
　　（註　封筒表書に東京大久保内務卿殿　上海　池田寛治　十月十五日認とあり）

　『大久保利通関係文書　一』収載の「一明治七年十月十五日」付の大久保利通宛池田寛治の書簡を検討すると、「私儀来ル十八日上海を発し天津ニ赴き候積リニ御座候」とあるのに対し、同じ日付の『大久保利通日記　一』明治七年十月十五日条[52]には「今日ボアソナード氏入來昨日ノ話ヲ示ス全氏大ニ滿足調所氏着黒田氏書簡落手」とある。この二通を照合対比すると、この時明治七年十月には大久保利通は北京交渉で北京滞在中でしかも北京に随行している池田寛治もまだ帰国していない。三日前の明治七年十月十二日には、大久保利通は北京にあって大久保の宿舎で池田寛治らがボアソナードの文書を飜訳している。さらに池田寛治書簡に出てくる馮焌光（Féng Jùnguāng,1830-1878）が上海道台（日本の県知事に相当）に就任したのは、清の光緒元（1875）年・明治八年のことで、上海道台になっていない明治七年に池田寛治が上海道台の馮焌光に面会することはありえない。
　さらに郭嵩燾と許鈴身（Xǔ Qiánshēn,？-1890。「鈴身」は誤植もしくは読み誤り）が雲南省と当時イギリスに植民地化されていたビルマとの境界付近で駐清イギリス公使館員マーガリーが現地民に殺害された雲南事件[52]の謝罪のための訪英と駐英公使赴任含みで英国派遣が決まり、光緒帝（在位:1875-1908）からの上諭が出されたのは光緒元年七月二十八日（明治八年8月28日）のことで、明治七年のことではありえない。さらに池田寛治が書簡のなかで触れている郭嵩燾（Guō Sōngtáo,1818-1891）について前年の同治十三（1874）年にイギリスへ出発と書き綴ることはあり得ない。ただ「本日発之郵船ニて別紙両大臣英国ニ赴き申候」とあるが、郭嵩燾が実際にイギリスに向け出発したのは、光緒二年十月十八日（1876年12月3日）になる[54]。この池田の情報は事実に即していなかったことになる。
　また、同治帝が同治十三年十二月五日（明治八年一月十二日）に崩御しているので、李鴻章（Lǐ Hóngzhāng,1823-1901）が「同治帝祭礼」のために、北京に上るというのは雷禄慶『李鴻章年譜』[55]光緒元年九月十八日（1875[明治八]年10月16日）条に「光緒帝奉兩宮大后躬送穆宗皇帝（引用者註:同治帝[在位:1861-

1875]の廟号）,孝哲皇后梓宮山陵（恵陵）,鴻章随扈」（光緒帝は皇太后二人とともに穆宗皇帝と孝哲皇后の棺を恵陵に葬った。李鴻章もこの儀に従った）とあることからも裏付けられ、池田寛治の情報の正確さが知られる。

　先にも述べたが宛先が「東京大久保内務卿殿　上海　池田寛治」となっているが、発信が明治七年十月であるとすると、大久保利通・池田寛治ともども台湾出兵の処理交渉で在北京なのにもかかわらず、書簡の発出地が上海で受信地が東京の大久保ということはありえないので、「一　明治七年十月十五日」付の大久保利通宛書簡の発信は明治八年十月だといえるだろう。

　従って池田寛治は後述するように天津の副領事として明治八年九月二十五日に東京を出発していて、天津赴任の途中に上海での情報収集だったと考えられるので、この書簡発出は明治七年ではなく明治八年であると言えるだろう。

　これによって、この「池田寛治書簡一」には「且先便ニて申上候李鴻章の北京行ハ実説ニ御座候、同台の説ニ同人ハ雲南事件のため北京ニ行くニ非ず、同治帝祭礼之爲め参り候と申居候」など李鴻章の動静をさぐったり、郭嵩燾、許鈴身の両大臣が英国に派遣される情報などを大久保利通に報告しているのは、池田寛治が大久保の耳目となっていたということではないだろうか。特に「先便ニて申上候李鴻章の北京行」について考えれば、池田寛治は当然のように李鴻章の動静を探って大久保利通に報告していることが明らかだと考えられる。

　ついで「書簡二」を検討する。

　　　　　二　明治七年十月二十日
　奉拝呈候、陳ハ沈葆楨、丁日昌（丁氏は李鴻章の傍ニ在リテ北洋通商事務ヲ司ル大臣）の両大臣五六日中ニ上海ニ罷越候よし、当地道台之説ニ御座候、しかし何之ため参り候哉其実相分不申候
　　英国公使ウエードも近日上海ニ来着可致よし、是ハ雲南事件ニ付英政府と伝報往来之便宜ゆへと云ふ説有之候、愚考候ニは支那両大人も矢張雲南一件之ため当地ニ参候儀と奉存候
　李鴻章委員宋宝華と申し者当三月頃より御用ニて当地ニ滞留候処、此節英副ミニストル書記官之事哉同道ニて雲南ニ罷越候よしニ御座候
　右御含之ため奉報知候　早々謹言
　　　　　十月廿日　　　　　　　　　　　　　　　寛治拝
　　　　　大久保公閣下
　　　　　尚々東洋之一件ニ付私儀含ニ付相成候儀ハ諸事御教示被下度奉願上候
　（註　封筒に「東京大久保内務卿殿　上海池田寛治」とあり）

　「沈葆楨、丁日昌（丁氏は李鴻章の傍ニ在リテ北洋通商事務ヲ司ル大臣）の両大臣五六日中ニ上海ニ罷越候よし（後略）」については、最初に出てくる沈葆楨（Shěn　Bǎozhēn,1820-1879）は同治十四年四月壬辰（明治八年5月30日）に江蘇省・安徽省・江西省を管轄し、華中の外国貿易港を担当する南洋大臣兼任の江蘇省・安徽省・江西省の総督である両江総督に就任したばかりで、直前まで欽差

弁理台湾等処海防兼理各国事務大臣として、台湾の防備強化にあたっていた。また丁日昌は呂實強『丁日昌與自強運動』[56]によれば「（前略）日昌乃於光緒元年春間，到達北京。奉旨前往天津，幫同北洋大臣李鴻章商辦事務」（文意：丁日昌は光緒元年の春の間に北京にやってきた。そして天津に行き、北洋大臣李鴻章の経済行為の事務を手伝うようにと命令された）とあり、池田寛治が書き送った情報の「丁氏は李鴻章の傍ニ在リテ北洋通商事務ヲ司ル大臣」に符合する。丁日昌（Dīng Rìchàng,1823-1882）はこの年の9月26日に沈葆槙の推薦で福建船政大臣に就任する。駐清国英国公使ウェードは、雲南事件について清朝との交渉で強硬姿勢を取っていた。雲南事件では、駐清国英国公使館員のマーガリー（Augustus Raymond Margary,1846-1875）が清と英領インドを結ぶ陸路の貿易ルートを探るため四川や雲南などを経てビルマに至り、その帰路に清とビルマの境界付近で現地住民と衝突が起きマーガリーと中国人スタッフ4人が殺害された事件で、イギリスが清朝に圧力をかける口実となった。その交渉が停頓すると本国への連絡を口実に電信がまだ通じていない北京から電信が通じている上海に移動して、清朝を脅迫した。第一次北京離脱は明治八年四月二日に北京を発ち、四月十日に上海に到着する。ウェードは前後3回北京離脱をしているが、3度目は翌明治九(1876)年六月のことだから、この十月の北京離脱は2度目のものであろう。

　「雲南事件ニ付英政府と伝報往来之便宜ゆへと云ふ説有之候」というのは、1871年6月までにロンドンから上海までの海底ケーブルを使った電信線が開通していたが、北京―上海間はヨーロッパにつながる電信線はなかっただけでなく、北京からウラジオストクを経てヨーロッパをつなぐ回線もなかったことを指している[57]。ウェードの北京離脱はこの状態を利用したものといえるのだろうと思われる。

　このほか「李鴻章委員宋宝華と申し者当三月頃より御用ニて当地ニ滞留候処、此節英副ミニストル書記官之事哉同道ニて雲南ニ罷越候よしニ御座候」とあるが、雷禄慶『李鴻章年譜』には光緒元年二月廿七日(1875年4月3日)条[58]に「鴻章函總署，可派署天津海防同知宋寶華伴送英員前往雲南観審」（李鴻章は書翰で、天津海防同知の宋寶華を英国公使館員とともに雲南まで行かせて現地調査をするべきだと知らせた）とあり、この文面に対応しているといえるだろう。

　また、「二　明治七年十月二十日付」の大久保利通宛池田寛治の書簡でも、宛先が「東京大久保内務卿殿　上海池田寛治」となっていることから、明治七年十月二十日はまだ北京に滞在していて、大久保利通が在京していなければ、この宛先はあり得ないし、大久保利通一行がこの件で北京から横浜に帰港するのは明治七年十一月二十七日なのでこの書翰は「一　明治七年十月十五日」と同じく明治八年の発出だと考えられる。

　「東洋之一件」については、当事者同士の暗号のようなものなのであろうから、内容を推定することはできなかった。ここまで明治七年発出の書簡は翌年の明治八年発出だということを示した。これらによって、池田寛治が時の内務

卿大久保利通と内務省での上下関係だけのつながりとは考えられないものがあったのではないかと思料させる。

［補論］
　ところで、「二　明治七年十月二十日付」の大久保利通宛の池田寛治の書簡は、国立歴史民俗博物館に所蔵されている「大久保家資料／資料番号 H-1316-28-2」[59]にあたる。これについて国立歴史民俗博物館の図録『企画展示大久保利通とその時代』の解説では「同（明治7）年9月10日から11月1日までの間、全権弁理大臣として派遣された大久保は北京に滞在し、台湾出兵の処理をめぐり清国政府との交渉にあたっていた。池田はその随員の一人であり、情報収集のため上海に派出していたらしい。文中に登場するイギリス公使ウェードは、日清の仲裁に乗り出していた。清国が50万両を撫恤金として支払うことで交渉が妥結したのは当月末のことである。池田寛治（1848 ～ 81）は長崎出身、文部大助教として岩倉使節団に参加したほか、後に天津領事や長崎税関所長などをつとめたが、この時は内務省七等出仕だった」[60]と記されている。この説明で理解に苦しむのは「池田はその随員の一人であり、情報収集のため上海に派出していたらしい」とあることである。当時の通信事情については、『天津居留民団三十周年記念誌』[61]に「（引用者註:池田副領事着任の）當時の交通々信機關は極めて不備にて、領事館費の如きも内地から上海經由の外船に託して現送する狀態であり、郵便物の如きも上海天津間は早くて一週間、東京天津間は半ヶ月、遅ければ一ヶ月餘を要し、北京天津間も支那馬車で丸三日間要する等、その不便は言語に絶するものがあった」と述べているうえに、当時北京上海間の電信は開通しておらず、情報収集してもどうやって、その情報を北京の大久保に送ることができたのか、理解できない点であった。付言すれば上海・北京間が電信で天津経由で結ばれるのは1900年以降のことで、情報伝達も簡単にはできなかった時代だったことに留意が必要だろう。これは立教大学日本史研究室編『大久保利通関係文書　二』の「明治七年」にそのままに従ってしまい、結果として誤った解釈をしているのではないか。これには封書の画像がついていて宛先が北京にいる大久保にむけてになっていればともかく、「上海池田寛治」発となっていても宛先が「東京大久保内務卿殿」になっていることを考えれば、確認しなければならない不審点は数々あったはずだろうに、「上海池田寛治」から上海派出ということまで付加したとしか考えられない。
　［補論終わり］

　第 17 項目では、池田寛治は内務省で七等出仕から六等出仕へと昇級したことを示す。

　　17.八年七月内務六等出仕に進み

　　［祭楽］［百官］八年七月七日　補内務省六等出仕

169

第 17 項目については、[祭粢][百官]も同文で「西海履歴」との間にも事実関係は異なる点がない。

　この第一節では、池田政懋から池田寛治に正式に改名し、文部省から大蔵省に転じさらに新設の内務省に転じたことを述べた。初代内務卿の大久保利通が池田寛治を内務省に呼び寄せたと考えるのは合理性があると思われる。またそれだけでなく、池田寛治の側も、国の政体や地方の政体などについて、フランスの制度に基づき、翻訳したものを大久保利通に提出して、期待に応えている様子が浮かび上がっていると考えられる。

　　　　第　二　節　－池田寛治は天津へ

　第二節では、池田寛治が岩倉使節団に随行し、帰朝後、大久保利通のもとで内務省に活躍の場を移しフランス語を生かしてフランス語文献の翻訳などの活動をみせる。そして、中国・天津に副領事として赴任する明治八年以降について、「西海履歴」と『百官履歴』及び「故少書記官池田寛治祭粢料下賜ノ件」との照合を行う。

　まずは池田寛治が天津の副領事に任命される第18項目から。

　　18.八月清國天津の副領事に任せられた里抑天津は清京の咽喉にして交際
　　上必用の港なれとも未た本邦の領事館なきを以て君新に領事館を設る□
　　説を献し自ら副領事の任を蒙り該津に到り該館を新築せられた里

　　[祭粢][百官]八年八月十七日　任副領事〇同日　清國天津在勤被　仰付
　　候事

　第 18 項目では池田寛治は中国天津の副領事に任命される。天津は、清と英仏連合軍の間で戦われたアロー戦争(1856-1860)[62]後の咸豊十(1860)年に英仏露と結んだ北京条約で開港され、1860 年にイギリス、ついでフランスが租界(外国人居留地で行政自治権や治外法権をもつ)を設立して、その後一時は九か国が租界を設置していた。日本も日清戦争後の明治二十九(1896)年に租界を設置している。

　天津領事館は日本の領事館としては上海についで 2 番目の設置。清の同治九(1870)年には直隷総督(首都北京を含む直隷省[現河北省]・河南省・山東省を管轄する)が対外交渉権を付与されたため、直隷総督は天津に常駐して [天津が面する港湾などが結氷してしまうため貿易シーズンが終わると冬の間は本来の任地・保定に戻った] 対外交渉にあたることになった。明治初期の日中関係はアジアの大国清朝を相手に基本的に天津で処理されたことから [63]、公使館は

北京にあったが、天津は当時の明治政府にとって対清交渉の重要地であることから、日本は明治四年九月十三日に調印し明治六年四月三十日に批准書が交換され発効した「日清修好条規」第八条に基づき、明治八年九月に天津領事館が開設された。

　この開設にあたって、「西海履歴」の言うような池田寛治が設置についての上申をしたかは、探り当てることはできなかった。しかし明治八年五月五日付「天津領事館設置ノ儀上申」[64]が外務卿寺島宗則から太政大臣三条實美に出され、10 日後の五月十五日付で設置が認められている。上申のなかで、天津に領事館がないために、上海北京間の通信が民間業者の手を煩わせているだけでなく、「緊要之封物類等ハ天津ヘ着然ハ其儘北京ヘ申送り再ヒ北京より天津まて受取之人員出張致候」（北京公使館宛ての重要書類は書類が天津に着いたと知らせが行き、受け取りのための人を北京から天津まで出している）[66]などと重要書類は北京から人を出して受け取らせる不便な状況だと述べている。それだけでなく「北京之咽喉とも可申格別之要地にも有之候」と要地であることを強調している。この文言は「西海履歴」に見られる「抑天津は清京の咽喉にして交際上必用の港」にも照応している。

　そのうえ、昭和五（1930）年に刊行された天津居留民團編『天津居留民団二十週年記念誌』[66]には「當時岩倉大使一行の通譯として隨行せし池田寛治は天津にも領事館設置の必要なる事を知り大久保卿を通じて建白書を呈出せり其結果廟議は天津に領事駐在の緊要なるを認め初代領事として之を建議せし池田氏を最適任者と認め」とあるので、池田が献策したというのもあながち虚説ということはないだろう。

　そして 3 か月ほど過ぎた明治八年八月八日付で外務卿寺島宗則から「清国天津ヘ領事館被置候儀御達相成度伺」[67]　に天津領事館の設置と池田寛治を副領事とする伺いを太政大臣三条實美に提出し、八月十七日に認可されている。これによって天津領事館は明治八年八月十七日に開設され、池田寛治が明治八年九月三日に駐天津副領事に任命された。池田寛治は同年九月二十日に天津に着任し、『戦前期日本官僚制の制度・組織・人事』（主要官職の任免変遷）（以下「主要官職の任免変遷」）[68]によれば、九月二十日に天津で領事業務を開始している。

　池田寛治が天津領事に任命された事情については、審らかではない。「西海履歴」では「天津は清京の咽喉にして交際上必用の港なれとも未た本邦の領事館なきを以て君新に領事館を設る□説を献し」たとある。天津は北京に至る喉元にあたり、外交上必要不可欠の港であるにも拘わらず領事館が設置されていないので設置すべきだとして上申したというのだが、その確認は取れなかった。しかし「西海履歴」中の「清京の咽喉にして交際上必用の港」（地理的には清朝の都・北京の喉元にあたり、外交交渉上不可欠な港）と言う表現は「北京之咽喉とも可申格別之要地にも有之候」（地理的には清朝の都・北京の喉元にあたるとも言うべき港で、格別に重要な土地である）という上申文中の表現に通ずるところがあり、全くの無関係であったとも思えない。

「西海履歴」の「該津に到り該館を新築せられた里」（天津に到着してから、はじめは間借りしていたがちゃんとした領事館を新築した）については、これも裏付ける史料がある。それは「天津領事館建築費用ノ儀伺」[69]が明治九（1876）年八月二十四日付で出され翌月五日には、経費の件でも了承されている。また、池田寛治の次の次の領事にあたる第三代天津領事になった原敬の「懐旧録」[70]に以下のようにあって、「西海履歴」の当該部分とは違背していない。

　（前略）從前天津領事は単に上海 北京間の足溜りとした名目のみの程度でもとより領事館の設置もなかつたが、君の任に赴くや先ず領事館の敷地を求め、館舎を構築して名實ともに備わつた譯である。三代目領事であった原敬の懐述談に曰く
　『池田寛治といふ人が初めて赴任して建てたのであるが、此の人は病氣で歸朝して間もなく死んだやうである。フランス語を話す人であつたと聞いて居る。外國の事情にも通じてをつたかにて、餘程廣い土地を取ておいたのである』
　と。当時としては先見の明があつたと言ひ得るのである。

　ただ、この時期になぜ天津の副領事になったかは、その理由を直接明示するだけの資料を見つけられなかった。明治十六（1883）年十二月二十九日付と推定される伊藤博文宛井上馨書簡[71]に当時天津領事であった竹添進一郎に関連して公使に任命できる条件を述べている。それは「（前略）将来対清国政略上は竹添を公使にするよりは、英仏語に通し公使等親密利害相謀り候方将来得策と見込居申候故、少々竹添と政略も見込違ひ候事も可有之候得共、完全なる欧語、漢語等にエみなる人物も難得事故（後略）」（大意：将来対清国政略上は竹添を公使にするよりは、英仏語に通じ欧米の公使などと親密にして利害相謀るようになると将来は得策になると見込んでいるから、少々竹添とは政略も違いもあるかもしれないが、完全なるヨーロッパ系の言語、中国語（漢学？）などに卓越している人物も得がたいので）とあって、「英仏語に通し」という条件を挙げているので、フランス語に堪能で英語もできる池田寛治が選ばれた理由であるとは考えられる。この時期はすでにイギリス、フランスが租界を開いていることからフランス語ができる池田寛治が配されたと考えることも可能かもしれない。

　先に引用した第三代天津領事の原敬も、1884年のベトナムをめぐる清仏戦争の前年に、天津領事となっている。清朝とフランスの間が、険悪になってきたことを受けて、原敬がフランス語とフランス法を学ぶ司法省法学校に在籍経験があり、フランス語を使えたことから急遽天津領事に任命され清仏間の情報収集にあたったということもあり、池田の天津副領事任命も同じような状況であったことが考えられる。それゆえに前記『天津居留民団二十週年記念誌』の言うように「廟議は天津に領事駐在の緊要なるを認め初代領事として之を建議せし池田氏を最適任者と認め」[72]たというのではないか。

　ただ領事職は現在の日本の私たちが考えている大使や公使の外交官とはやや

違っていることに注意が必要だろう。外交使節と領事とは、それぞれ由来が違い、国際法上の地位も異なる。現在は『日本外交史辞典』[73]によれば「領事は接受国で派遣国および派遣国の国民の主として通商上・経済上の利益を保護するために任命された国家の在外機関である。しかし、常駐外交使節のように派遣国を代表して接受国の政府と政治上の重要問題について交渉を行う権限はなく、ただ接受国の領域内に定められた領事管轄においてのみその任務を遂行し、その地区の地方当局と交渉することができるだけである」とされている。領事の地位や職務などについては、原則として二国間の条約で定められていたが、1963 年に「領事関係に関するウィーン条約」によって一般国際法上の地位を明確にしたというのだから、意外と歴史は浅い。

　領事は、歴史的には海外において商人間の紛争を仲裁した商事仲裁人に由来するといわれ、伊藤不二男は「中世の領事が、一面において領事であると共に、他面においてかく常駐外交使節に相当するものであったのは、一つには、その時代において、未だ常駐外交使節の制度が確立していなかつだこと、従って、領事が唯一の常設的な在外機関であったことと、他に、領事を任命した商業都市自体が、当時の国際政治の上で重要な役割を演じていた事由によるものである」と述べたうえで、「かかる内容をもつた中世の領事制度が、現在の制度に変遷したのは、（一）近代国家の成立と、（二）それにともなう領土主権の観念の確立と、（三）常駐外交使節の制度が一般化したことのためである」[74]と述べている。外交官制度がヨーロッパ諸国によって規定されたのは十九世紀前半であり、十九世紀後半ではまだ領事も過渡的な存在で、常駐外交使節のような役目を果たしていたのであろうと思われる。アメリカの初代駐日総領事タウンゼント・ハリス（Townsend Harris,1804-1878）、イギリスの初代駐日総領事ラザフォード・オールコック、それにプロイセンの初代駐日領事マックス・フォン・ブラント（Maximilian August Scipio von Brandt,1835-1920）など、幕末に来日した外交使節は領事の肩書きで、のちに公使に昇格したものが多いことがわかる。この時期に池田寛治は天津の副領事となった。

　ところで「池田副領事外二名清国天津へ発途届」[75]に「清國天津領事館在勤被命候副領事池田寛治外務三等書記生水品梅處本日東京出發赴任致候□外務四等書記生鉅鹿篤義者長崎ヨリ同行候筈二有之候此段及御届候也／八年九月二十五日外務大少丞／史官／御中」（清国天津領事館在勤を命ぜられた副領事池田寛治、外務三等書記生水品梅処は本日東京を出発、赴任しました。外務四等書記生の鉅鹿篤義は長崎より同行する予定ですので、届けます／八年九月二十五日外務大少丞／史官／御中）とあり、長崎の唐通事出身の鉅鹿篤義が長崎から外務四等書記生として同道することがわかる。鉅鹿篤義（1830-1892）は明治十（1877）年六月まで官員録に二等書記生として名前が見られるが、八月以降は見られないので、この時期までは天津に在勤していたと考えられる。

　第 18 項目では、池田寛治は中国華北の要衝の地・天津に副領事として赴任する。そして第 19 項目は、池田寛治は正七位に叙されたものの、肺病を発病したことを明らかにする。

19.同十月正七位に叙せられ牛莊 ⁷⁶⁾兼轄を命せらる而して始めて此地に
於て肺病を發したりと雖ども尚□勉勤怠らず

[祭粲]八年十二月　叙正七位
[百官]八年十二月二十四日　叙正七位
[百官]八年　清國牛莊兼轄被仰付候事
[祭粲][百官]九年三月九日　清國牛莊兼轄被免候事
[祭粲][百官]九年四月六日　大久保全權辨理大臣ニ隨行清國出張中格別
勵精候ニ付爲其賞別紙目録之通下賜候事　目録　縮緬代　金百七拾圓
[祭粲]九年七月二十日　願濟一時歸朝
[百官]九年七月二十日　歸朝
[祭粲]九年九月六日　再渡

　第十九項目では、池田寛治は正七位に昇叙するが、肺病を発症したことにつ
いて述べていて、検討する。池田寛治が正七位に叙位されたのは[祭粲][百官]
ともに明治八年十二月としていて「西海履歴」の「十月」とは相違する。『外
務省沿革類従』⁷⁷⁾には「八年十二月五日叙正七位」とあるので、「西海履歴」
では「十二月」の「二」の脱落が疑われる。
　また「清國牛莊兼轄被仰付候事」は、[百官]のみとなっているが、「副領事
池田寛治清國天津領事館在勤被仰付候付御委任状御下渡ノ儀上申」⁷⁸⁾には「天
津及牛莊芝罘ニ領事ヲ在留セシムルコトヲ必要ト慮リ」とあり、すでに兼轄
していたと考えられる。また外務省記録局編『外務省沿革略誌』⁷⁹⁾には「（明治
八年）八月十七日清國天津ニ領事館ヲ創置シ牛莊ヲ兼轄セシム」とあることか
ら、「清國牛莊兼轄被免候事」については、[祭粲][百官]ともに記載があり、
兼轄していたことが明らかで「西海履歴」の当該部分と一致する。それに『外
務省沿革類従』にも「九年三月九日　清國牛莊兼轄」⁸⁰⁾とあるが、明治九（187
6）年三月四日付「清國牛莊ヘ領事被置度儀上申」⁸¹⁾には「清國牛莊江領事被置
度儀　清國牛莊之儀ハ天津在勤副領事池田寛^{ママ}次兼轄之場所ニ候處」とあるの
で、これは「被免候事」が脱落しているのではあるまいか。
　ところで、[祭粲]九年七月二十日には「願濟一時歸朝」とあるが、これに関
しては「臨時領事代マクレン領事代任命ノ件　自明治九年五月」⁸²⁾に「明治九
年六月十四日付天津副領事代水品梅處発外務大輔鮫島尚信宛「明治九年第九号
　以公信罷り在候然池田副領事母親急病付□ヶ月間長崎歸省之願間許可外務省
一昨十二日在上海総領事代理加藤木甕より別紙甲号電信を寫（後略）」⁸³⁾とある
ので、これに対応していると考えられる。長崎在住の母親が病気のため、歸省
するというのであるから、池田寛治の出身地が現在の長崎市である長崎である
ということに当時としては疑いを挟む余地はないだろう。「主要官職の任免変
遷」⁸⁴⁾にも、明治九年六月十四日に天津の副領事業務から離れていることがわ
かる。

この時は、［祭枀］九年九月六日に「再渡」とあるのは、明治九年九月六日付
「鄭外務一等書記官并池田副領事清國へ出發届」[85]にある「乙第九十八号　外
務一等書記官鄭永寧副領事池田寛治本日清國へ出發致度此段及御届候也」とあ
るのに照応している。池田寛治は九月二十日に天津で領事業務を再開している。
　これに関連して、明治九年九月十一日付「東京曙新聞」[86]に「息子を学問修
業のため支那へ同行／支那の副領事官池田寛治君は先頃より在京して居られま
したが、去る六日横浜を出帆して彼国へ赴かれしに九歳になる息子さんを学問
修業のため同行されたる由」とある。これについて、当時横浜で発行されてい
た週刊新聞の "The Japan Weekly Mail" Sept.9,1876)[87]［1876 年 9 月 9 日付］の
"shipping list"（乗船客名簿）には、九月六日に横浜港を上海などに向けて出帆
した船舶 "Hiroshima Maru for Shanghai and ports.--（中略）" には、天津行きの
日付は合致しているのだが、池田寛治の名前は見られない。
　しかし、乗船客名簿には、"Mr.and Mrs Tey and child（後略）" とある。この
"Mr.and Mrs Tey and child" の "Tey" は当時北京在勤だった鄭永寧のことと
推測される。年齢的には、この時鄭永寧は満 46 歳、池田寛治は満 29 歳で、16
歳ぐらい違うので、池田寛治が子供といえなくもないが、この当時、鄭永寧の
長男・鄭永昌(1856-1931)は安政三(1856)年生まれで 19 歳ほど、次男・鄭永邦
(1863-1916)は文久三(1863)年生まれで当時 12 歳ぐらいで、池田寛治の息子と
いうよりは可能性としては鄭永邦かもしれない。
　それに後述するが、池田寛治の長男は慶応三(1867)年生まれなので、満で九
歳、数えでは 10 歳でありちょうどいい年齢で候補にはなるが、単身赴任して
いる池田寛治のもとに一人で行くのはどうだろうかと考える。これ以外につい
て考えると「海外旅券勘合簿」（長崎縣之部）[88]明治九年九月二十五日許可の
「清國北京へ鄭永寧隨行」として「東京府鄭枀太郎十年二ヶ月」に旅券が発給
されているので、この鄭枀太郎（生没年不詳）のことを指すのかもしれない。該
当する名前は『唐通事家系論攷』には見えないが、鄭枀太郎 [89]は鄭永寧の甥
の可能性がある。
　ただ、その一方で、前記『天津居留民団二十周年記念誌』には「（引用者註:
池田領事は)肺病の爲十二年三月職を退き十四年に僅か三十三歳尚前途春秋に
富む身を以て此の世を去れり従つて天津に於て奮闘し敏腕を振ひたるは二十六
歳から三十歳に満たざる若年の頃なりし當時頑是なき姿にて父君と共に天津に
在住せし同氏の令息賢太郎氏は父君逝去の後は（後略）」[90]とあることから、あ
ながち虚報とも言いにくい。
　また「西海履歴」の「始めて此地に於て肺病を發したり」については、明治
十(1877)年十二月十九日付の「池田副領事妻天津行旅費支給方」[91]を見ると
「本年二月以来病災ニ罹リ過日危篤ニ赴キ遠隔ノ地看病等不行届」とあって、
明治十年二月には発病していたことがわかる。さらに妻の旅費については「妻
女呼寄儀属官等ヨリモ情實申越不止得次第付看病トシテ罷越看護ノ上漸ク歸朝
候儀ニ有之候間實際ヲ酌量シ此度限リ旅費支給取計申候右ハ條例に明文無之儀
ニ付」（妻を天津に呼び寄せた件は領事館の下僚などからも実情を上申してき

175

ていてやむをえないことだと考える。妻が看病のため天津に渡り看護をしたのでやっと帰朝できるようになったので実際の処を考えて今回に限り旅費の支給を取り計らうことにする。このことは条例には明文がないので)として大蔵省に上申し、許諾を得ている。旅費支給については明文化された規定がなかったため、大蔵省に問い合わせをした結果、妻が天津まで赴き看護をしてやっと帰国できたので妻に旅費を支給をしたと言うことである。

さらに明治十年五月十日付「在清國天津副領事池田寛治暑中賜暇繰上ノ儀伺」[92]をはじめ、「在清国池田副領事病気療養追願ノ儀伺」[93]などの公文書が存在し、この時期・明治十年二月に池田寛治が発病していたことを指示しており、「西海履歴」の当該部分の裏付けをしているので、この部分の記事も信用が出来ると言える。これらは明治政府が西南戦争のさなかにあっても発病した池田寛治に配慮をしていたことを窺わせる文書である。以下に文書を引用する。

まず、明治十年四月一日付の「池田副領事任所清國天津へ妻女呼寄願」[94]についてである。池田寛治から任地天津に妻を呼び寄せ看病に当たらせたいという出願である。

　　　　　池田副領事任所清國天津へ妻女呼寄願
　　　　　　　　　　　　　私儀
　　　今般任所清國天津へ妻女呼寄セ度此段相願候也
　　　明治十年四月一日　　　　　　　　副領事池田寛治
　　　　　太政官書記官
　　　　　　　御中

この件は四月十六日に許可されている[95]。肺病を発病した池田寛治の看病をするために妻を呼び寄せなければならないほどで「過日危篤ニ赴」いた事態になったことがわかる。

そして、明治十年五月十日には、池田寛治は暑中賜暇を繰上げて取得し、長崎に帰国転地し療養したいとの願いを出している[96]。

　　　甲第五十五號
　　　　暑中賜暇繰上願之義上申
　在清國天津副領事池田寛治病氣ニ付當夏休暇ヲ繰替一時長崎迄歸朝之上療養致度尤即今ハ困臥罷在候ニ付病間見計可也運動出來候樣相成次第彼地出發致度願出同館事務上別ニ差支モ無之候間許容相成候樣致度此段上申候也
　　　十年五月十日　　　　　　　　外務卿寺島宗則
　　　　右大臣岩倉具視殿
（大意:在清国天津副領事池田寛治儀病気のためことしの夏期休暇を振り替えて一時長崎まで帰朝の上療養したいと思っている。今は病臥中で動けないが具合のよい時を見計らうつもりです。身体の自由がきくようになったら天津を出発したく願い出でたため上申します）

この件は五月十二日に許可されている 97)。さらに明治十年七月二十日付「在清國池田副領事病気療養追願ノ儀伺」98)には以下のようにある。

　　　甲第八十九號
　　　在清國天津副領事池田寛治病氣ニ付過般伺□當夏休暇ヲ繰替一時長崎迄歸朝療養罷在候處本月廿二日ニハ期限相滿チ然ルニ未タ全快不致ニ付日數百日ノ間湯治療養致シ度旨願出同館事務上別ニ差支モ無之候間許容相成候樣致度此段上申候也
　　　　　十年七月廿日　　　　　　　　　　　　外務卿寺島宗則
　　　　　　右大臣岩倉具視殿
　（大意：在清国天津副領事池田寛治儀病気のため前回ことしの夏期休暇を振り替えて長崎まで帰朝の上療養していましたが今月二十二日にその期限が満期になるが未だに全快しないので百日間湯治療養したい願いを出してきました。領事館の仕事は特段の差し支えはないので許可したいと思っていますので上申します）

　病気療養のため中国・天津から長崎に戻っていたが、七月二十二日には夏期休暇の期限も切れてしまうが、まだ全快には至っていないので、百日の間湯治をしたいとの上申である。これもまた七月二十三日に許可されている 99)。
　さらに明治十年十月三十一日付「池田副領事滯留延期願」100)には以下のようにある。

　　　甲第百五十三號
　　　清國天津在勤副領事池田寛治病氣ニ付當七月廿三日ヨリ十月三十日迄百日間之賜暇ヲ以歸朝長崎ニ於テ療養罷在追々快活ニハ候得共未タ全快ト程ニハ無之候處最早天津川氷結通船難相成時期 101)ニ接シ此節押而赴任旅行致候テハ病氣再發モ難計旨醫師申聞候間天津川氷解ノ期迄賜暇療養致度樣申聞候該館事務此節別而差支ニ相成候事モ無之候得ハ賜暇御聞届相成候樣致度此段上申候也
　　　　　十年十月三十一日　　　　　　　　　　外務卿寺島宗則
　　　　　　右大臣岩倉具視殿
　（大意：在清国天津副領事池田寛治儀病気のため七月二十三日より十月三十日まで休暇をとり長崎まで帰朝の上療養していたところ、追々はよくなっているものの未だに全快というわけにはいかない状態です。そうこうするうちに早くも天津の河口が氷結し船が動きにくくなる時期になり、この時期に無理をして赴任のための旅行をしては病気再発もありうると医師から言われているので、雪解けの時期まで休みを取り療養するように言っています。領事館の業務はこの時期特別の支障はないと言うことなので休暇の件お聞き届け願いたく上申しました）

この件が許可されたのかどうかわかる文書は見当たらなかった。しかし池田寛治は国内に滞在していただろうことは推測できる。その証拠は、「各国駐在帝国領事任免雑件（天津之部）第一巻」（外務省外交史料館所蔵)[102]に「池田副領事滞留延期願」に、ある医師の書類が挟み込まれている。

診断書
池田寛治
　右者昨年末天津ニ於テ肺病ニ罹リ時々吐血咳嗽有之候故當春長崎表江爲療養歸郷候処輕快ニ及ヒ候將□未タ全快ニ及ヒ難ク依テ當冬ハ暖和ノ地ニ於テ療養相加ヘ可然候哉ニ愚考候也
　明治十年第十月十八日

陸軍軍醫吉雄圭齋

　この診断書を書いた医師吉雄圭斎は、長崎の阿蘭陀通詞・蘭方医の吉雄耕牛の孫で、長崎で開業していたが明治十年の西南戦争では長崎軍団病院 [103]に勤め、陸軍一等軍医となっていたので、明治十年十月は西南戦争の余燼がまだくすぶるなかで、長崎で池田寛治の診察に当たったと思われる。前記「池田副領事滞留延期願」中の「此節押而赴任旅行致候テハ病気再發モ難計旨醫師申聞候」とあるなかの医師であろう。

　これらの文書では、発病した池田寛治が長崎にて療養するということであり、さきの母親が長崎で死去したということも考え合わせると、池田寛治にとってやはり長崎が本拠であったことを指し示していると考えられる。

　「主要官職の任免変遷」[104]によれば、明治十年五月十二日に天津領事業務を離れ翌明治十一（1878）年四月に日本から天津へ向け出発している。これにより、気候がよくなり体力的に赴任旅行に耐えられるようになるまで長崎で療養し、翌年の四月になって天津に戻ったことがわかる。

　次の第 20 項目では、池田寛治がそうしたなかでも副領事から領事に昇進したことを明らかにする。

　20.十一年二月領事に昇進し居ること四ヶ年

［祭粂］十一年三月一日　任領事
［百官］十一年二月二十八日　任領事

　第 20 項目では、池田寛治は副領事から領事に昇任したことについて述べる。［百官］と［祭粂］では領事昇進が二月と三月に分かれるが、実質は一日違うだけで実質大きな差はなく、「西海履歴」に概略合致する。『任解日録』十一年二月二十八日条に「任領事」[105]とある。「居ること四ヶ年」は副領事に任命されて以来の年数が足かけ四年になることを示すと考えられる。

この年明治十一年五月十四日に大久保利通が暗殺されているが、この事件の二日後の五月十六日付で池田寛治から大蔵卿大隈重信宛の書簡 [106]に、「迂生無恙本月三日着津仕候」（小生は無事五月三日に天津に到着しました）とあり、五月三日に任地の天津に到着していたことがわかる。当時の電信事情で池田の元に大久保遭難の一報が届いていたかどうかは、疑問である。

　この「五月三日」というのは、現地に到着したと言うことを言っている。しかしながら「池田領事天津へ出發」[107]に「外務省届 領事池田寛治儀一昨十日任所清國天津へ向ヶ東京出發致候此段申進候也 十一年四月十二日」とあり、「四月十二日」という日付は出発をもって領事業務に復帰したということなるし、「主要官職の任免変遷」[108]の明治十一年四月十二日に領事職復帰となっているのも同じであろう。「四月十日」に東京を発ち外務省から届け出のあった「四月十二日」から書類上は任務に復帰したと言うことに照応するのではないか。東京から天津に到着まではかなりの日数を要したと言うことは言うまでもないだろう。

　この時の大隈宛の書簡中に中国北部における飢饉の状況［支那北部凶荒のため既ニ今日迄ニ餓死シタル者五十万人以上］について触れた上で「滞京之頃拝顔仕置候香港行之儀何分急速御評議被成下候様奉願上候先ハ拝顔旁近景申上度」[109]と述べている。これは、前年の明治十年に長崎で肺病療養に努め、あるいは自宅があったであろう東京 [110]で療養し、領事に昇任したうえで、天津の河港の氷が解けた時期になって東京から、天津に帰任したということを示唆している。それだけでなく、「香港行之儀何分急速御評議被成下候様奉願上候」（文意:香港赴任の件は何分にも早く評議ししていただくようお願い致します）と書き及んでいて、天津への帰任の前に、冬は寒気厳しい天津から亜熱帯の香港への異動を希望して大蔵卿の大隈重信に斡旋を依頼していたと見られる。しかし大久保利通の暗殺の混乱でこの件は沙汰止みになったと理解できよう。

　天津に戻ってからの池田寛治の動きを見ると、「主要官職の任免変遷」[111]によれば、池田寛治の領事職は明治十一年十二月三日に職務を外務一等書記生加藤秀一に替わり、翌十二（1879）年三月三十一日に池田寛治は領事の職務に復帰している。これは病気のため冬季の気候が厳しい天津から離れていたためではないかと推察するが、それを支持する資料は見当たらなかった。

　ところで、この書簡には「〇李鴻章ト談話之内間々御含ミニも可相成件々御座候處是ハ其巨細ヲ書記シ竹添より閣下ニ上申候由ニ御座候間別段不申上候」（李鴻章との会見のうち秘密事項についてはそのことを筆記した竹添進一郎から閣下にお伝えしているのでその件は特には申し上げません）とあって、清国を訪問中で後に池田寛治の職を引き継いで第二代の天津領事になる竹添進一郎とともに、李鴻章に面談したことがわかる。明治十一年は清の光緒三/四年にあたり、李鴻章は首都北京を含む現在の河北省などを管轄する直隷総督兼北洋大臣で、北洋大臣として対外交渉権を付与された清朝の地方大官筆頭だったことから、朝鮮半島情勢についての情報収集だった可能性はあると見られる。あるいは前月の四月四日に行われた琉球処分、琉球王国（藩）を廃して沖縄県を設置

179

した動きに対する清朝側の動きを探ったのではあるまいか。琉球は朝貢国であり、清朝の領土という認識の清朝がどのような反応をするのか、直隷総督で実力者の李鴻章に探りを入れたのではないだろうか。天津における池田寛治の活動は詳らかではないが、その一端が垣間見える一文ではある。

これに関連して『大久保利通日記　二』[112]の明治八年三月十四日条には「四字ボアソナード氏池田同道入來琉球處分ノ事ニ付及質問」とある。このことは、少し時期を遡るが、池田寛治がボアソナードの通訳を務めていたことによって、琉球処分について全く関係がなかったと言うことではなく、関与していた部分があることが分かり、興味深い事実だろう。実際に琉球処分が行われたのは明治十二(1879)年のことだが、日清間では確執のもととなっていて、天津副領事・領事であった池田寛治にとって李鴻章との間で情報収集にあたるべき重要課題の一つであっただろう。

時の直隷総督・北洋大臣の李鴻章に面談したということに関して、竇宗一編『李鴻章年(日)譜:近代中國血涙 史實歷紀要』[113]に、この年五月三日以降で池田寛治が李鴻章に面談したという記事を探したが、見当たらなかった。しかし、翌年の明治十二(1879)年十二月七日(光緒五年十月二十四日)条[114]に「日浪人竹添進一郎受外務省意謁鴻章談琉球」(日本の浪人竹添進一郎が日本外務省の意向を受け李鴻章に面会して琉球問題について話し合った)とあることに気がつく。これから推測するに、竹添進一郎が池田寛治とともに李鴻章に面談した翌年も琉球処分について、李鴻章と面談していると言うことは、この明治十一年の面談も琉球処分についてのことだったと推測してもあながち間違いではないのではないか。

また前記『李鴻章年(日)譜』の清の光緒四(1878)年に「四月,華北大旱,估計死者在五百萬以上」([日本語訳]四月、華北はひどい旱魃となり、死者は五百万人以上と見積もられる)と触れている。これは死者の桁が池田書簡より一つ大きいが、大隈重信宛て書簡中の「中国北部における飢饉」[支那北部凶荒之ため既ニ今日迄ニ餓死シタル者五十万人以上]という記述に相対していて、同書に池田寛治との面談の記録は同書にないものの、実際に面談したのは確かだろうと思われる。

ところで前記『李鴻章年(日)譜』には、池田寛治が竹添進一郎とともに李鴻章に面談した前年の明治十年五月三日(光緒三年三月二十日)条[115]に以下のようにある。

　　日領事池田以本國西郷隆盛作亂,謁鴻章請借士乃得[116]槍子百萬發,鴻章撥十萬與之。
　　[日本語訳]
　　日本領事池田寛治が本国で西郷隆盛が乱を起こしたため、李鴻章に面会してスナイダー銃[117]の銃弾百万発を借用したいと訴えたが、李鴻章は十万発を与えた。

この記述は池田寛治が李鴻章とはかなり近い関係だったともとれる。この交渉自体は当時の上海総領事品川忠道がおよそ九か月前に李鴻章が百万発のスナイドル銃の銃弾を上海の売主から購入したという情報 [118] に基づき、品川忠道から池田寛治宛ての明治十（1877）年四月七日付書簡によって李鴻章との交渉を依頼したことで裏付けられる。品川忠道は池田寛治以外にも香港の副領事に依頼したほか、清国の商人経由で天津の清国軍の軍人から銃弾二十四万発の借り入れを手配するなど八方手を尽くしていることは、品川忠道から大蔵卿大隈重信宛の書簡からうかがわれる [119]。

　雷禄慶『李鴻章年譜』[120]光緒三年三月廿日（1877 年 5 月 3 日）条にも以下のようにある。

　　　函告總署,借與日本士乃得槍子彈十万粒。（日有薩摩島之亂。）日領事池田向鴻章商借士乃得槍子百萬粒,以供運囘日本官軍剿平内亂之用,鴻章 姑 十 萬 之,以示敦睦。
　　[文意:日本にスナイドル銃の弾丸十万発を貸した。（日本では薩摩島の乱が起きていた）日本の領事池田が李鴻章に向いスナイドル銃の弾丸百万発を借りて日本に回送して官軍が内乱を平定するために使いたいという相談をしにきた。李鴻章はとりあえず十万発を渡して、親密さをしめした]（「姑 gū」は「沽 gū」の誤植か）

　前記『李鴻章年（日）譜』と同じことを記録している。よほど驚いたのかもしれない。清朝とは琉球を巡っても微妙な関係にあった隣国の、その清朝の重臣に銃弾の貸与を求めるというのは現代の常識からは相手に対して言い出しにくいことと思われるから、池田寛治と李鴻章が通り一遍の関係であったとは考えにくい。明治十年二月に始まった西南戦争の対応に明治政府がそれだけ苦慮していたといえるのではないだろうか。

　この池田寛治の動きは、「大蔵省より英商へ注文のスナイトル早合云々」（引用者註:「早合・はやごう」は火縄銃などの前装銃の装填をしやすくするため弾と火薬を筒状にしたもので、後装銃の時代になっても実包のことを指したのではないか）別紙に明治十年六月十九日付在上海総領事品川忠道から大蔵卿大隈重信宛文書 [121]に「清國軍様所より借入之スナイトル弾藥十萬發返弁方之儀ニ付而ハ本月十四日附を以再應之御上申候ニ付最早委曲御承知之事と被存候（後略）」（清国軍から借り入れたスナイドル銃の弾薬十万発の返済の仕方については、本六月十四日付で再度上申したので、詳細についてはすでにご承知のことと思います）とあるのに、対応しているのだろう。「清國軍様所」（清国軍のところ）は李鴻章に、「スナイトル」は「士乃得」に、「彈藥十萬發」は「十万」に、それぞれ照応していると考えられる。それゆえに池田寛治と李鴻章との会談は、虚説と言うにはあたらないと考えられる。西南戦争にあたって、本国政府から指示があったかどうかは不明だが、陸軍省の文書からは、何らかの指示が本国からあったことを伺わせる。西南戦争に使われている陸軍の制式銃であ

ったスナイダー銃の銃弾は、「長崎居留英商ギリブル」[122]を通して三百万発を調達するだけでなく、清国軍からも調達する必要に迫られている状況下で、西南戦争という内戦にあたり外国軍に銃弾の補充を依頼するざるを得ないというのは、政府の継戦能力に問題があったと言えるだろう。

　この「長崎居留英商ギリブル」（生没年事績とも不詳）について長崎在住、もしくは拠点として活動していた商人の名前を長崎県立長崎図書館編『幕末・明治期における長崎居留地外国人名簿Ⅲ』[123]の「明治九年以降三十三年迄各国人員并戸数調表」によって、探したが、見出し得なかった。しかし、「九州文化史研究所所蔵古文書目録　六」の「松木文庫 721」[124]に「取引書（ヘンリーギリツブル商社宛）／1874年／キーロン地石炭代（日本政府買入）」が所蔵されていることに気がついた。内容は確認はできていないが、「長崎居留英商ギリブル」の実在を推認できるようだ。「キーロン」は石炭の産地であった台湾の基隆（キールン）のことだろう。

　これらのことを考えると池田寛治が天津に領事として赴任したのは、やはり清朝の外交権も握る、李鴻章との円滑な関係を築き、清朝の情報を収集するためであって、いわば大久保利通の耳となり目となり、あるいは手となり足となることだったのではないか。

　池田寛治と李鴻章との交渉については、清国派遣中の竹添進一郎の明治十一年六月二十二日付大隈重信及び伊藤博文宛て書翰[125]から池田寛治と李鴻章との会談がどのようなものであったのかがわかる部分を引用する。会談の一端がわかると思われる。

　　　先般密件ヲ以て呈覧候面晤之書取リ中ニも有之候通池田領事ニ向テ殆ント襟懐ヲ披露シ銀貨鋳造も或ハ我國ニ相談セントスル者ノ如シ
　　　（文意：先日秘密のこととしてご覧に入れました。直接会談しての書き取りの中にもあるように池田領事に向かってはほとんど胸襟を開き気を許してて国家の大事な権利である銀貨の鋳造まで我が国にて鋳造できないかと相談するような感じであった）

　この会談では李鴻章は「池田領事ニ向テ殆ント襟懐ヲ披露」するほどだったという竹添進一郎の観察が述べられている。実際のところはわからないが、池田に襟懐を開くほど親しくしていたことのようである。それゆえ、「銀貨鋳造も或ハ我國ニ相談セントスル」ほどであったと竹添は述べている。荻恵理子「北洋大臣の設立—1860年代の総理衙門と地方大官」[126]によれば、1870年に李鴻章は直隷総督と北洋大臣を兼ね、組織的には北洋大臣・直隷総督のもとに「津海関道」が新設され、各国の領事は日常的な交渉をこの「津海関道」と行うことになっていたので、李鴻章と池田寛治が簡単に会うことができたかはわからない。

　しかし、前記『天津居留民團二十週年記念誌』に「開設當初の領事館は困難なる立場にありしが偶々好都合なりしは池田領事が赴任の途次上海滞在中に偶々來滬（引用者註：「滬」は上海の別称）せし天津道臺黎兆棠と懇意になりし事

にて黎道台は直隷總督李鴻章の信任厚き人なりしかば領事赴任後同氏の懇切なる紹介に依りて李鴻章に面接し頗る優遇を享けたり」[127]とあり、李鴻章が駐在する天津の道臺黎兆棠に知遇を得たことがきっかけで李鴻章に食い込むことができたと述べていて、資料価値は低いものの、興味深いことを伝えている。黎兆棠(1827-1894)は、『清官履歴涯略』[128]によると、広東省出身で、咸豊六(1856)年の進士。咸豊帝の弟で洋務運動を主導した恭親王(1833-1898)に推薦され總理衙門章京に上り、台湾道台、天津海関道台、直隷按察使に至った。その後は福建船政大臣、光禄寺卿。

　黎兆棠との関係を考えてみる。明治八年五月に内務省から清国に農産物や畜産関係の調査のため派遣された調査団が上海をはじめ、天津など各地を調査して同年十二月までに帰国しているが、上海では領事の品川忠道の紹介で道台の馮焌光、天津では馮焌光の紹介で道台の黎兆棠に会い、さらに李鴻章に大久保内務卿からの書簡を手渡している[129]。十月には池田も天津赴任前に上海に寄っていて、この調査団の帰国前の滞在の時期と一致しているうえ、上海の領事館には長崎の唐通事出身の品川忠道、池田の厄介先であった呉碩が一等書記生でいるので、黎兆棠と知り合ったと推測できるだろう。

　李鴻章と池田寛治の会談がどういった言語で行われたかはわからないが、李鴻章がフランス語や日本語を話せたとは思えないし、この時期は赴任時に同行した長崎の唐通事出身の鉅鹿篤義は明治九(1876)年には帰国していて、通訳を誰が担当したかはわからない。明治十一年六月の天津領事館の陣容は『官員録　明治十一年六月』[130]によれば「二等書記生　水品梅處／書記一等見習　島村久」で、水品梅處(生没年不詳)はともかく、池田寛治が直に話していた可能性も否定はできないが、島村久の可能性が高い。島村久(1850-1918)はこれより四年前の明治七年に清国に渡っていることから、中国語の北方語ができた可能性はあるうえに、後述する曾国藩(Zēng Guófān,1811-1872)の次男・曾紀澤(Zēng Jìzé,1839-1890)が駐英公使兼駐仏公使となり、ヨーロッパに向かう際に、天津に寄った時の日記の記述に「翻訳官島村久」とあり、中国語で「翻訳」は通訳の意味も含むので明治十一年の頃も島村が通訳を担当していたと考えられる。

　それは池田寛治が副領事から領事に任命される二月二十八日もしくは三月一日ごろは、異動命令を受けるため在京していたと思われるが、異動命令をうけて東京を出立する迄の間の明治十一(1878)年四月九日に、池田寛治は面白いところに出入りしているのに気がつく。この日は清の光緒四年三月七日(1878 年4 月 9 日)にあたるが、清朝の初代駐日公使である何如璋に随行の参賛官(書記官)として来日していた黄遵憲(Huáng　Zūnxiàn,1848-1905)が日本の漢詩人と筆談していて公使館に戻ろうとして、魏通事に呼ばれる。

　　我要回去、走過公署廳旁、碰見了魏通事他帶我到面前。這時候公使和池田寛治正在閑談 [131]。
　　(文意:私[黄遵憲]が公使館に戻ろうとしたところ、たまたま魏通事が私を迎えに来たのに出会い公使のところに連れて行った。この時公使は池田

寛治とちょうどおしゃべりをしているところだった］

　『日本雑事詩』[132]などで名高い詩人黄遵憲が長崎の唐通事出身の魏通訳に呼ばれて公使の前に顔を出すと何如璋公使と池田寛治が閑談していたというのである。この魏通事は、池田寛治が天津に赴任する時に伴った鉅鹿篤義の婿養子鉅鹿赫太郎（1860-1933）のことで、清朝の公使館に雇われるにあたって本姓の「魏」姓を称していたのであろう。黄遵憲が、公使の前に出て知らない誰かと話していたと言うのではなく、「公使和池田寛治正在閑談」と述べていて、これによって黄遵憲が池田寛治と顔見知りだったということがわかる[133]。何如璋は前年の光緒三（1877）年十二月に日本に赴任しているが、光緒三年八月八日（1877 年 9 月 23 日）に天津で李鴻章に面談している[134]。そしてこの時、西南戦争勃発で一時帰国していた駐清公使の森有礼が帰任するのに天津で出会い面会しているので、天津で領事として駐箚していた池田寛治と出会っていたであろうことは推定できる。さらに言えば、池田寛治は何如璋と対面で通訳を通さずに話をしているように伺え、李鴻章との会談も通訳を挟んだ形跡が見られない。池田寛治は幕末に唐通事の呉碩（上海領事館に勤務）に厄介になっていたので、明清時代には官僚の共通語であった南京語は話せたのではないかという推測が成り立つだろうが、はっきりした証拠はない。
　さらに光緒四年曾国藩の次男の曾紀澤が駐英公使兼駐仏公使となり、ヨーロッパに向かう時の日記『出使英法俄國日記』[135]にも池田寛治は登場する。曾紀澤は北京から天津に下り、九月八日李鴻章にヨーロッパ派遣を前に挨拶をする。そして九月十六日には「日本領事官池田寛治,副領事島村久來,談極久」[136]とあり池田寛治らが表敬訪問している。さらに答礼なのか、十九日には「拝日本領事池田寛治,翻譯官島村久,談極久」[137]という記述がある。

　　　十六日　日本領事の池田寛治と副領事島村久が挨拶にやってきて、長いこと話し込んだ。
　　　十九日　日本領事の池田寛治と通訳の島村久と長いこと話し込んだ。

　九月二十三日には曾紀澤は上海に到着し、領事の品川忠道と呉碩が挨拶に訪問している。「十月七日　日本領事品川忠道,翻譯官呉碩來,一坐」とあって、九月十六日と十九日に池田寛治と島村久が訪れて「談極久」（談話した時間は極めて長かった）だったのに品川忠道と呉碩は「一坐」（短い時間）だったうえに答礼もない。池田寛治は曾紀澤がヨーロッパに向かうに当たって、岩倉使節団でのイギリス・フランスで経験を曾紀澤にあれこれと先輩面をして談じ込んだのではあるまいか。この時は二回とも書記生の島村久が附いてきているし、曾紀澤は島村のことを一回目は「副領事」だが二回目の時に「翻譯官島村久」と書き留めている。この時も島村久が通訳をつとめていた可能性が高い。
　振り返って明治八年の「天津領事館設置ノ儀上申」をみると「我國貿易之爲ニ者渡來望ミ候有之」と明治八年の領事館開設当時の天津には日本人はほとん

ど住んでいなかった事実がわかるが、このことは領事の役目は自国民の保護と通商の保護であるのに、天津にはその対象がいなかったことになる。池田寛治が期待された領事としての役割は、外交的なことだったと言えるのではないだろうか。

続く第 21 項目では病気が重くなったため、池田寛治に帰朝命令が出ることになる。

　　21.十二年六月を以て歸朝を命せられ發途に臨て病患甚募り吐血止めさる
　　　を以て上京する不能本港に止て療養すること六ヶ月

　[百官]十二年七月三十一日　御用有之歸朝被仰付候事

　第 21 項目では池田寛治は、帰朝することになったものの、肺結核の病勢が強まったことを伝えているのでこれを検討する。「西海履歴」には「十二年六月を以て帰朝を命せられ」とあるが、[百官]では七月三十一日に帰朝命令が出されていて、「西海履歴」との間に整合性がない。しかし池田の病気がいよいよ重くなってきたので、内地に召喚することになったと考えられる。あるいは当時でも人事異動は突然発令されると言うよりは、異動内示があってからと考えるのが順当だろうから [138]、内示時点からと考えるとこの記事は妥当だと考えられる。また、記事には六月に帰朝命令の内示が出て、長崎で「療養六か月」とあるが、次項で「十二月上旬に上京」とあって、これも月数が合わない。しかし、これも異動の内示が出た六月から起算して足かけ六か月と考えれば、計算上は一致するかと思われる。あるいは推測だが、池田寛治は明治十（1877）年に発病し長崎で療養しているが、この時は長崎での療養が半年以上にも及んでいるので、あるいはこれと混同したものかと疑われる。

　明治十二（1879）年七月三十一日付「池田領事帰朝」[139]には「御用有之帰朝被仰付候事辞」とあり、[百官]と一致している。そして小文字で「辞」とあり、天津領事の辞職含みだったことが知られる。

　「主要官職の任免変遷」[140]によれば、天津領事の事務は明治十二年九月十二日以降は加藤秀一が事務代理を務めていることから、池田寛治が天津を離任し、もしくは長崎に到着したのは明治十二年九月のことだと思われる。これは「西海履歴」の「發途に臨て病患甚募り吐血止めさるを以て上京する不能」というのに照合していると考えられる。ただ、「本港（長崎）に止て療養すること六ヶ月」というのに対応している資料は見いだし得なかった。天津から上海を経由して長崎という航路はあった [141]ようなので、長崎で動けなくなったと言うことは十分に考えられる。

　第 21 項目では池田寛治は病気が重くなり、体の自由がきかなくなってきたことを伝えた。第 22 項目では、帰朝してからの池田寛治を点綴する。

　　22.十二月上旬に至りて上京し從六位に叙せられ宿痾再發するを以て豆州

熱海 に到りて療養し

[祭粢]十二年十一月十三日歸朝
[祭粢][百官]十二年十二月十七日叙從六位

　第 22 項目では帰国し療養して持ち直したものの、肺病が再発していること
を伝えており、これを検討する。「西海履歴」の「十二月上旬に至りて上京
し」とあるのは十一月ではあるまいか。「從六位に叙せられ」については[祭
粢][百官]とも一致する。また、前記「池田領事昇任ニ付委任状」[142]に付属し
ている「外務省届出／領事池田寛治／任清國天津ヨリ去ル十三日歸朝相成候此
段申進候也十二年十一月十七日」[143]があり、帰朝届出を出していて、[祭粢]
の記述と一致することがわかる。また、明治十二(1879)年十一月三日付太政官
書記官宛外務省書記官発「領事池田寛治熱海 温泉入浴發程ノ件」[144]で十二月
一日から凡二か月の湯治を予定して、豆州熱海温泉(現在の静岡県熱海温泉)の
湯治に向かったとあるので、この記事についても、事実と認められる。ただ、
十二月十七日の叙位は熱海で療養中に叙位をされたのであろうか。
　第 22 項目では、帰国の日時に齟齬が見られるが、十二月には上京していた
と思われる。そして、第 23 項目では池田寛治は長崎税関長に転じる。

　　23.翌三月大藏少書記官長崎税關長に任せられ途次神戸に在りて又發病し
　　ニヶ月間療養して本港に赴任せられたり(已下次号)

[祭粢][百官]十三年三月五日　任大藏少書記官
[祭粢]十三年三月六日　關税局勤務申付候事
　　　十三年三月六日　長崎税關長申付候事

　「西海履歴」に「途次神戸に在りて又發病しニヶ月間療養して本港に赴任せ
られたり」とあるものの、長崎に着任の西海新聞の記事が発見できなかったの
で確認は出来なかった。西海新聞明治十三(1880)年三月十六日付記事に大坂か
ら船便にて長崎に向かうとあるが、「神戸にて發病」と異なっている。これに
対して、長崎歴史文化博物館所蔵「官員ニ関スル部　明治十三年／第二　庶務
課文書係事務簿」[145]の明治十三年六月二十一日付第五十三号で、長崎税関か
ら長崎県に在職していた者を採用するにあたって長崎県宛に照会をした際の発
出者に「長崎税關長　池田寛治」と池田寛治の名前を見いだせるので、この時
期までには長崎税関長に着任したとみられる。代表者が不在の場合は職務代理
者が、代行して対応するようになっていて、この文書に引き続く明治十三年七
月十三日付第五十九号では、宛先を「縣令代理／長崎縣少書記官　金井俊行
殿」として発出者は「長崎税關長　池田寛治」と署名している。代理者の場合
は代理者と表記しているので、この場合は池田寛治は六月頃までには確実に長
崎税関に着任していたと考えられる。

池田寛治が長崎税関長に補された理由を考えてみると、大隈重信との繋がり
が考えられる。大隈重信は明治六年十月二十五日から明治十三年二月二十八日
まで大蔵卿を務めている。池田が明治十二(1879)年七月三十一日に帰朝命令が
出され、天津から帰朝後、翌明治十三年三月五日に大蔵少書記官に、翌三月六
日には長崎税関長に任命されている。このことは、大隈が大蔵省に大蔵卿とし
て在官していて、大隈が池田のために心を砕いたと考えていいのではないか。
言うまでもなく池田と大隈は長崎でフルベッキを通しての、あるいは幕府直轄
学校の済美館と佐賀藩の長崎における藩校・致遠館の円環のなかでの知人であ
ることは、明治六年に大隈に気候の暖かい香港あたりに転勤したいと相談して
いると見られる形跡があることにもつながっているのだろう。この関係のなか
から、外務省から大蔵省に転じ大蔵少書記官長崎税関長につながったと考える
のは整合性があるといえるだろう。出身地で残りの人生を過ごさせてやろうと
いう温情だとみていい。池田の前任の第二代長崎税関長高橋新吉は、のちに岩
倉使節団一等書記官となる何礼之に長崎で英語を学んだ旧薩摩藩士の高橋新吉
で、神戸税関長に転出する。
　そして池田寛治は病勢が革まり池田寛治は死去する。

　　　[祭粢]十四年一月八日　病死
　　　[百官]十四年一月八日　死

　「西海履歴」にはないが、池田寛治の死去を伝える一月十一日付記事と[百
官][祭粢]に全く相違はない。さらに、明治十四(1881)年一月十一日付「少書
記官池田寛治病死ノ件」[146)]が大蔵卿佐野常民から太政大臣三条實美宛出され
ている。

　　　　　　　　　　長崎税關長
　　　　　　　　　　大藏少書記官　　池田寛治
　　右病氣之處養生不相叶去八日死去致候旨電報ヲ以届出候間此段御届出申
　　候　　　　　　　　　　略儀乍ら

　池田寛治は病中とは言え外務省から大蔵省に転じて、長崎税関長に任じられ
ており、官位である大蔵少書記官と職位である長崎税関長との間に事実関係に
おいて、異同はなく、間然するところがない。死去した日についても、「故少
書記官池田寛治祭粢料下賜ノ件」と『百官履歴』の間に齟齬はなく、公電でも
死去した日は一月八日と大蔵省に報告されており、『大蔵省人名録−明治・大正・
昭和−』と『明治過去帳〈物故人名辞典〉』の一月七日死去はどこで取り違えた
のか、根拠を失っている。

　　　☆明治十四年四月二十日付西海新聞には
　　故長崎税關長大藏少書記官従六位池田寛治君に多年奉職中勉勵せられた

187

るに付て去る八日太政官より祭粢料金六百圓を下賜されたり

[百官]十四年四月八日　多年奉職勉勵候ニ付爲祭粢料金六百圓下賜候事

　この記事も[百官]とほぼ同様の文言となっていて、異なるところはないと言える。
　第二節では第18項目から23項目まで池田寛治の比較的若い晩年の五年余りを見てきた。天津副領事続いて天津領事となり、明治初年における日本の大きな外交的内政的課題に取り組み、今となっては誰も注目することのないところで成果を上げていたことは看取できたであろう。しかし、宿痾となった肺結核のためにその短い生涯を閉じることになった。池田寛治は早世したためその生涯について業績などに未解明な部分が残る。岩倉使節団の各種メンバー表でも、維新以前については不明であり、維新後は役職はわかるが何をしていたかはわからないという人物になってしまった。池田寛治は歴史の襞に埋もれることになったと言えるであろう。

註）

1）藤村道生「征韓論争における外因と内因」（『国際政治』37:日本外交史の諸問題Ⅲ[日本国際政治学会]・有斐閣・1968.10.28.所収）のなかで、藤村道生は「池田意見書は、大久保に同感をもって迎えられたようである。かれも、意見書第一条で、征韓を実行したときには、「頑民の擾乱」が「不慮の変を醸す」危険があると指摘され、第二条でも、征韓のための支出が「大に人民の苦情を発し、終に擾乱を醸し、亦いうべからざるの国害を来す」と、池田意見書を下敷として発言し、それを征韓論に反対する有力な根拠としている」と述べている。

2）立教大学日本史研究室編『大久保利通関係文書　一』（吉川弘文館・1965.1.25.）pp.11.-13.

3）日本史籍協会編『大久保利通文書　五』（日本史籍協会・1928.9.25.）pp.53.-64.

4）註3に同じ。

5）「明治六年政変の実相と西郷隆盛〈対談〉毛利敏彦／藤村道生」（西郷隆盛全集編集委員会編『西郷隆盛全集3』（大和書房・1978.2.28.）「月報3」掲載）に、「藤村／私も後者（引用者註:征韓論反対の七ヶ条）は大久保自身ではなくて秘書官あたりが書いたと思いますね。あれでは喋った途端に西郷から反駁を受けるわけですから。長崎の通詞やっていて、岩倉使節団に随行した池田寛治という人が書いたんじゃないですか。毛利／そうかも知れませんね。（後略）」とある。

6）国立国会図書館憲政資料室「大久保利通関係文書（所蔵）目録」213

7）「濟貧所訳」　「内務卿ノ命ニ依リ池田寛治譯」とあり、フランスの救貧院、もしくは貧民救済の資料を集め翻訳している。

8）浜田県の成立は、明治二(1869)年に浜田藩と隠岐県が合併し、大森県。翌三(1870)年二月に浜田県に改称。明治九(1876)年四月に島根県に編入。

9）「窮民恤救規則附滋賀県究民救助」　（太政類典・第二編・明治四年〜明治十年・第百三十七巻・保民六・救済一）[請求番号]太　00359100[件名番号]011　cf.北場勉「国民国家の形成と救済:恤救規則の制定に焦点をあてて」（「日本社会事業大学研究紀要」58・2012.3.）

10)明治七年太政官 162 号達　（公文録・明治七年・第八十六巻・明治七年十二月・内務省伺
　　（一））国立公文書館［請求番号］公 01102100［件名番号］012　DA70 コマ

11)外務省編『外務省沿革類従』（原著 1877［覆刻］クレス出版・1997.1.25.]）p.897.

12)「単行書・大使書類　原本在佛雑書類」国立公文書館［請求番号］単 00327100　DA88　コマ

13)『任解日録』　国立公文書館［請求番号]187 － 0131［冊次]0007 DA163 コマ

14)『法令全書』明治六年五月七日 p.101.　国立国会図書館 DC106 コマ

15)前項書 p.185.　国立国会図書館 DC149 コマ

16)「池田寛治外七十四人職名ノ件」の大助教の筆頭に、「池田寛治」とある。東京大学デジタル
　　アーカイブ［参照コード]S0001/Mo002/0072。第一章に引用した「全権大使欧米同覧關係資料」
　　にも「池田寛治」とある。

17)松田清他「航西日乗」を読む会校注『海外見聞集』新日本古典文学大系明治編 5（岩波書店・
　　2009.6.26.）

18)「池田政懋歐米各國ヨリ歸朝届」（公文録・明治六年・第二百五十八巻・明治六年五月～六
　　月・着発忌服）国立公文書館［請求番号］公 01008100［件名番号]044 また、木戸孝允関係文書
　　研究会編『木戸孝允関係文書一』（東京大学出版会・2005.10.25.）pp.164.-165.に「35 池田寛治」
　　として明治六年四月六日付の木戸孝允宛書簡に「私義も来る十三日郵船を以て帰朝可仕候」と
　　あり、帰国の先発組に池田寛治が入っていたことが裏付けられる。

19)前項「池田政懋歐米各國ヨリ歸朝届」

20)『任解日録』　前掲明治六年 165 コマ

21)「太政官日誌明治六年第八十三号」（JACAR（アジア歴史資料センター)ref.C07040158000

22)「太政官日誌明治 6 年第 91 号」（JACAR（アジア歴史資料センター)ref.C07040158800

23)『任解日録』　前掲明治六年 167 コマ

24)註 3)前掲書 p.11.

25)註 3)前掲書 p.11.

26)「本省裏白之部 」　国立公文書館［請求番号]記 01159100　［件名番号]002　DA1 コマ

27)「本省裏白之部 」　国立公文書館［請求番号]記 01159100　［件名番号]002　DA1 コマ　全文
　　は「本寮裏白ノ部　三月三日ヨリ五月二十七日至　　第九号　舊七等出仕池田寛治卿ノ命ヲ奉シ
　　佛國政令ノ反譯ニ從事スル去年七月ヨリ十二月ニ至リ草稿成ヲ告ク乃チ之ヲ上呈ス此書ヤ全部
　　九冊ニシテ政令法律ニ關シ尋常ノ譯書ト異ナリ況ンヤ僅々ノ月數ヲ以テ此成功ノ速ナルヲ奉ス
　　豈電勉スト謂ハサル可ケンヤ依テ金百圓褒賜トシテ給與ヲ請フト寮頭ヨリ之ヲ上候ス乃チ候ス
　　ル處ヤ如ク許可アリ　三月三日」とある。

28)『任解日録』　前掲明治六年 165 コマ

29)「袖珍官録」（内務省:明治七年七月五日改）　国立公文書館 ［請求番号] 165-0309

30)大霞会内務省史編集委員会『内務省史　四』（大霞会・1971.11.1.）p.749.

31)台湾出兵処理　明治四年十月、台湾に漂着した現在の沖縄県宮古島の島民五十四人が殺害さ
　　れる事件が発生した。この事件で清朝が「台湾人は化外の民で清政府の責任範囲でない事件」
　　としたため、犯罪捜査などを名目に出兵したもの。

32)「弁理大臣随行官員名前」　国立公文書館［請求番号］単 007941　00［件名番号]014

33)「池田寛治外一名ヘ公談ニ付本局出頭ノ往柬（八月四日）」　台湾問題を扱う番地事務局から
　　の呼び出しの文書で国立公文書館［請求番号］単 00758100［件名番号]006)に「本局ヨリ池田寛

治外一人へ法律博士ホアソナート遣清ニ付従者渡方等出局云々往東八月四日發法律博士ホアソナート全權辨理大臣随行相成候ニ付テハ同人従者有無井支給物渡方等ニ付御談申度候間右御取調ノ上至急御出局有之度候也　七年八月四日　蕃地事務局　池田寛治殿名村泰蔵殿」とあり、早い時期から池田寛治が北京交渉におけるボアソナードの通訳としての働きをしていたことが分かる。

34）公文録・明治七年・第二百九十三巻・明治七年十一月・着発忌服（着発・忌服）（JACAR（アジア歴史資料センター）ref.A01100078200

35）『使清辨理始末』（［原著］金井之恭編・官版・1875.1.17.／明治文化研究会編『明治文化全集　11 外交編』（日本評論社・1968.3.25.）

36）日本史籍協会編『大久保利通日記　二』（日本史籍協会・1927.4.25./［覆刻］東京大学出版会・1969.10.10.）p.302.-317.［以下『大久保利通日記　二』］

37）前掲『大久保利通日記　二』pp.302.-303

38）前掲『大久保利通日記　二』p.307.

39）前掲『大久保利通日記　二』p.314.

40）前掲『大久保利通日記　二』p.317.

41）①八月廿五日朝飯後ボアソナード氏江質問②八月廿六日朝飯后ボアソナード氏江質問③九月一日今晩ボアソナード氏入來④九月三日今晩ボアソナード氏入來⑤九月十六日今晩ボアソナード氏江來書ノ趣意ヲ申シ含同人ノ見込書ヲ譯セシメ候⑥九月廿日今日午前ボアソナード氏江昨日ノ談判ノ形行ヲ話ス⑦九月廿二日今日佛教師應接ニ付足ラザルヲ補ヒ彼ノ答書ヲ不待詰問スヘキケ條ヲ調尚其直話ヲ聞⑧九月廿四日總理衙門ヨリ答書ノ趣ヲ教師ニ話ス教師猶見込ヲ書取可出トノ事也⑨九月廿四日今日ボアソナード氏見込ヲ聽聞シ金井之ヲ書ス⑩九月廿五日今日ボアソナード氏江結局云々ノ事ヲ質問スル⑪九月廿九日今朝十字ヨリボアソナード氏江質問⑫十月六日井上田邊小牧入來ボアソナード氏ト質問⑬十月九日今朝ボアソナード氏江質問⑭十月十五日ボアソナード氏入來昨日ノ話ヲ示ス仝氏大ニ満足

42）前掲『大久保利通日記　二』六月二十四日 p.282.七月二日 p284.七月四日 p.285.

43）早稲田大学社会科学研究所編『大隈文書　1』（早稲田大学社会科学研究所・1958.2.5.）p.49.「八、臺灣處分ニ付法律博士フヲンタラビ氏ノ説 抜萃　佛・ボアソナード　明治七年六月二五日（A 四三九九）」及び pp.51.-74.「九、［臺灣事件ニ付日本政府ノ諮問ニ答フル意見書］佛・ボアソナード　明治七年六月二五日」（A 四四〇〇）　ボアソナードは「臺灣事件ニ付日本政府ノ諮問ニ答フル意見書」で種々検討しているが、このあたりのことは明治七年七月十六日付柳原前光駐北京公使宛岩倉具視書簡に「貴卿には斯迄御配慮本文ノ運ひに至り候處費金請求之段ニ至り定而御思慮外心配と存候へ共リセンドルは勿論米佛御雇法律家等百方取調爲致候上條理判然なる處を以て爰に至り候」（日本史籍協会編『岩倉具視関係文書　第六』（日本史籍協会・1931.7.25.）pp.170.-172.）を裏付けている。

44）"Charles William　Le Gendre,26 August 1830-1 September 1899" リセンドルについてはまとまったものが見つからなかったので Samuel Stepheson が web 上に書いていたものを参照。https://rdc.reed.edu/c/formosa/s/r?_pp=20&s=82e72a35800bf1b63cc660d8a27391c1078e4215&p=8&pp=1（最終閲覧日:2023.5.13.）

45）旧ソ連邦が崩壊する前後をはさんでロシア語同時通訳として名を馳せ早逝した米原万里（1950-2006）は、通訳の困難さをその著書『不実な美女か貞淑な醜女か』（徳間書店・1994.9.30.）p.110.

で次のように述べている。

　　翻訳者はより完璧な訳を捻り出すのに、通訳者に比べて遙かに潤沢な時間を与えられている。辞書を引くこともできるし、参考書も覗ける。専門書にも当たることができるし、ときには電話で専門家や先輩に尋ねられる。図書館に足を運ぶことだってできるし、何よりも考える時間がある。いい訳が出てこないために三日三晩知恵を絞った挙げ句、夢のおつげで、適訳を授けられた著名な翻訳家もいるほどだ。／ところが、通訳者には、そのいずれもが許されない。通訳者は訳している最中に、自分が今現在、記憶の蓄えの中から引き出せる限りのすべてを総動員するしかない。辞書や参考書や、専門書などという名の、自分の外部の記憶装置に当たれない。翻訳者のように、記憶の負担を外在的記憶装置に肩代わりさせることが出来ない。せいぜい自前の記憶力以外に頼れるのは、通訳中に記すメモと、事前にヤマをかけて作成しておいた、それも一枚の紙に納まりきれる程度の豆用語集ぐらいである。生まれてこのかた意識的、無意識的に形作ってきた教養と常識、以前に蓄えたり、事前の準備であたふたと詰め込んだ知識と語彙など諸々の記憶の持ち駒を、しかも瞬時に引き出して使っていくしかないのである。

46)「池田内務七等出仕清国ヨリ帰朝届」（国立公文書館［請求番号］公 01316100［件名番号］043）に「當省七等出仕池田寛治大久保辨理大臣江隨行清國出張致居候処昨二十四日歸京候旨届出候間此段御届申候也／内務卿伊藤博文／太政大臣三条実美殿」とある。

47)「大久保全權辨理大臣清國ヨリ歸朝届」明治七年十一月二十七日付　国立公文書館［請求番号］公 01316100［件名番号］04　5

48)「辨理大臣歸朝式部寮調書上申」国立公文書館［請求番号］単 00681100［件名番号］015　DA6 コマ

49)「式部寮ヨリ辨理大臣歸朝ノ日諸官員天機伺達ニ付」（往復単行書・処蕃始末・甲戌十一月之十一・第八十一冊）　国立公文書館［請求番号］単 00675100［件名番号］024

50)「ボアソナート延遼館宴席祝辞」　国立公文書館［請求番号］単 00796100［件名番号］009

51)立教大学日本史研究室編『大久保利通文書　一』（吉川弘文館・1965.1.25.）

52)前掲『大久保利通日記　二』p.325.明治七年十月十五日条

53)雲南事件　マーガリー事件とも。1875 年 2 月 21 日に駐清国イギリス公使館員のマーガリー（Augustus Raymond Margary,1846-1875）が、清とビルマが接するところで現地民に殺害された。マーガリーは当時ビルマ（現、ミャンマー）を植民地化していたイギリスが、清の雲南省との通商路開拓のため、探査隊を送り込んだのに通訳として同行していた。英国公使ウェードはこの事件を利用して、清朝に譲歩を迫り、翌年芝罘条約が李鴻章との間で調印された。この交渉の際に英国公使ウェードは公使館がある北京から上海へ離脱を三度行った。

54)郭廷以/尹仲容/陸寶千『郭嵩燾先生年譜』（下）（中央研究院近代史研究所・1971.12.）pp.565.-567.

55)雷禄慶『李鴻章年譜』（臺灣商務印書館・1977.10.）

56)呂實強『丁日昌與自強運動』（中央研究院近代史研究所・1972.12./1987.5.）p.228.

57)イギリスの大東電信会社（Eastern Telegraph Company,のち Cable & Wireless）系列会社の手で1871 年 6 月までにスエズからシンガポール、サイゴン（現、ホー・チ・ミン）、香港までケーブルが開通した。一方で1870 年 4 月にはデンマークの大北電信会社（Great Northern Telecom,

現 GN Store Nord A/S）系列会社の手で、香港一上海間が海底ケーブルで結ばれていた。1872年1月には上海一長崎一ウラジオストクーシベリア経由でヨーロッパとつなぐ回線も出来上がっていた。このため、上海ではヨーロッパ（イギリス）と南回りと北回りで通信が可能になっていた。上海・北京間が天津経由で結ばれるのは 1900 年以降のことだった。*cf.*大北電信会社編 国際電信電話株式会社監訳『大北電信株式会社:1869-1969 百年略史』国際電信電話株式会社・1972.3.1.）

58）『李鴻章年譜』p.230.光緒元年二月廿七日（1875 年 4 月 3 日）条

59）国立歴史民俗学博物館所蔵「大久保家資料」H-1316-28

60）国立歴史民俗博物館編『大久保利通とその時代』（国立歴史民俗博物館・2015.10.6.）p.64.

61）臼井忠三編『天津居民團三十周年記念誌 』（天津居留民團・1941.5.31.）p.208． 国立国会図書館 DC158 コマ（最終閲覧日:2023.4.3.）

62）アロー戦争 1856-1860。1856 年イギリス国旗を掲げていたアロー（Arrow)号に清朝の官憲が乗り込んで中国人海賊を逮捕したアロー号事件を口実にイギリスがフランスとともに戦争を仕掛けた。広州占領後に条約改正を求めたが、回答に不満の英仏連合軍は天津を制圧した。これによって公使の北京駐在と賠償などを決めた天津条約を結んだが、清朝は変更を求めたため英仏軍は北京近郊まで迫った。このため九龍半島のイギリスへの割譲などを定めた北京条約が結ばれた。この時の北京の円明園の略奪は著名。

63）天津地域史編集委員会編『天津史－再生する都市のトポロジー』（東方書店・1999.6.30.）pp.112.-114.

64）「天津領事館設置ノ儀上申」（公文録・明治八年・第二十六巻・明治八年五月・外務省伺国立公文書館［請求番号］公 01404100［件名番号］014）の外務卿寺島宗則から太政大臣三条実美宛の上申書に「天津ハ（中略）北京之咽喉ニモ可中格別之要地」（天津は（中略)北京の咽喉もとにもあたり格別の重要な土地）とある。

65）「天津領事館設置ノ儀上申」 註 60）と同［請求番号］［件名番号]014

66）天津居留民團編『天津居留民團二十週年記念誌 』（天津居留民團・1930.5.29.）p.248． 国立国会図書館 DC248 コマ（最終閲覧日:2023.4.3.）

67）「清国天津ヘ領事館被置候儀御達相成度伺 公文録・明治八年・第二十九巻・明治八年八月・外務省伺」国立公文書館［請求番号］公 01407100［件名番号］ 005

68）戦前期官僚制研究会編／秦郁彦『戦前期日本官僚制の制度・組織・人事』（東京大学出版会・1981.11.30.）p.320.

69）「天津領事館建築費用ノ儀伺」（公文録・明治九年・第二十四巻・明治九年九月～十月・外務省伺） 国立公文書館［請求番号］公 01747100［件名番号]001

70）對支功勞者傳記編纂會編『對支回顧録 （下）』（對支功勞者傳記編纂会・1936.4.18.）p.53.出典は、『原敬全集 （上）』（［原著］原敬全集刊行会・1929.7.10 ／［覆刻］原書房・1969.4.1.）p.669.で、初出は「大阪毎日新聞」明治三十三年八月九日～二十七日に連載された「懐舊談」。この記事の特定には原敬記念館に教示を受けた。

71）伊藤博文関係文書研究会編『伊藤博文関係文書 一』（塙書房・1973.1.30.）p.188.

72）天津居留民團編『天津居留民團二十週年記念誌 』（天津居留民團・1930.5.29.）p.248． 国立国会図書館 DC248 コマ（最終閲覧日:2023.4.3.）

73）外務省外交史料館日本外交史辞典編纂委員会編『新版 日本外交史辞典』（山川出版・1992.5.20.）pp.1054.-55.*cf.*堂ノ脇光朗「領事の制度、職務および特権－ウィーン会議に論議をめぐってー」（外

務大臣官房調査課『外務省調査月報』4-11～12・1963.11-12)p.29.

74)伊藤不二男「中世の領事制度の特色―領事の職務を中心として―」(「法政研究」[九州大学]21-3・4・1954.3.20.)

75)「池田副領事外二名清国天津ヘ発途届」(公文録・明治八年・第二百九十九巻・明治八年九月・着発忌服(著發・忌服之部)国立公文書館[請求番号]公 01691100[件名番号]032

76)牛荘　Niúzhuāng 現在の遼寧省海城市。清代は、山海関の東側にあり、奉天府の管轄だった。かつて黄海に注ぐ遼河の河川港で、港として栄えていたため、天津条約で開港場と定められたが、開港場は後に、土砂の堆積などでより河口に近い営口へと移された。清の咸豊八(1858)年の天津条約によって牛荘(Newchwang)が開港場と決まり、イギリス領事館が営口に設けられたため、外国には Newchwang の名でも呼ばれる。cf.平凡社編『アジア歴史事典』第 1 巻(平凡社・1959.9.25.)p.362b.の「営口」の項。

77)前掲『外務省沿革類従』p.899.

78)「副領事池田寛治清国天津領事館在勤被仰付候付御委任状御下渡ノ儀上申」(公文録・明治八年・第三百三十一巻・官符原案抄録(課局))国立公文書館[請求番号]公 01723100[件名番号]037

79)『外務省沿革略誌』　外務省記録局編『外務省沿革略誌』(外務省・1889.6.)p.19.国会図書館 DC12 コマ

80)註 77)に同じ。

81)「清国牛荘ヘ領事被置度儀上申」(公文録・明治九年・第十九巻・明治九年三月・外務省伺)国立公文書館[請求番号]公 01742100[件名番号]008

82)「臨時領事代マクレン領事代任命ノ件　自明治九年五月」(JACAR(アジア歴史資料センター)ref.B14090819200)

83)註 82)に同じ。

84)前掲『戦前期日本官僚制の制度・組織・人事』p.320.

85)「鄭外務一等書記官井池田副領事清国ヘ出発届」(公文録・明治九年・第二百三十巻・明治九年九月～十月・着発(九月・十月)国立公文書館[請求番号]公 01962100[件名番号]004

86)明治九(1876)年九月十一日付東京曙新聞　自由民権派の新聞で、明治八(1875)年創刊。明治十二(1860)年廃刊。明治前期に「東京日日新聞」「郵便報知新聞」「朝野新聞」とともに東都四大新聞に数えられた。

87)"The Japan Weekly Mail"「復刻版『ジャパン・ウィークリー・メイル』」(監修:横浜開港資料館・紀伊國屋書店・2005.12.)

88)「海外旅券勘合簿」(長崎県之部)　外務省外交史料館管理番号 3.8.5.5-1

89)鄭粂太郎　旅券は「明治十二年六月二十六日東京府ヘ返納」とある。鄭永寧の実兄・島田(旧姓・呉)彌三次について『唐通事家系論攷』に「東浜町の島田治八の養子になった。その子久米太郎が継いだ」とあるので、この久米太郎と同一人物の可能性がある。「三井商店理事会議事録」(三井文庫編『三井事業史資料篇 4 上』(三井文庫・1971.8.10.)p.131.明治三十(1897)年十二月二十八日(第 99 回)「海外在勤俸増額ノ件可決」に香港支店支配人呉大五郎とともに「営口支店勤務島田粂太郎」の名前がみられる。「粂」は「久米」の合字なので同一人物と考えられる。

90)天津居留民団編『天津居留民団二十週年記念誌』(天津居留民団・1930.5.29.)p.248.　国立国

会図書館 DC552-553 コマ（最終閲覧日:2023.4.3.）

91)「池田副領事妻天津行旅費支給方」（太政類典・第三編・明治十一年〜明治十二年・第七十四巻・理財・旅費）国立公文書館［請求番号］太 00679100［件名番号］058

92)「在清国天津副領事池田寛治暑中賜暇繰上ノ儀伺」（公文録・明治十年・第十四巻・明治十年六月〜七月・外務省伺（六月・七月））国立公文書館［請求番号］公 02020100［件名番号］008

93)「在清国池田副領事病気療養追願ノ儀伺」（公文録・明治十年・第十四巻・明治十年六月〜七月・外務省伺（六月・七月））　国立公文書館［請求番号］公 02021100［件名番号］022

94)「池田副領事任所清国天津ヘ妻女呼寄願」（公文録・明治十年・第百二十七巻・明治十年四月〜六月・官員）国立公文書館［請求番号］公 02149100［件名番号］001　DA1 コマ

95)前項［請求番号］公 02149100［件名番号］001　DA2 コマ

96)「在清国天津副領事池田寛治暑中賜暇繰上ノ儀伺」公文録・明治十年公文録・明治十年・第十三巻・明治十年五月・外務省伺［請求番号］公 02020100［件名番号］008

97)「在清池田副領事療養ノ為暑中休暇繰上長崎ヘ帰朝ヲ許ス」（太政類典・第二編・明治四年〜明治十年・第三十七巻・官規十一・朝参休暇）国立公文書館［請求番号］太 00259100［件名番号］017

98)註 93)に同じ。

99)前項に同じ。

100)「池田副領事滞留延期願」（公文録・明治十年・第十四巻・明治十年六月〜七月・外務省伺（六月・七月））国立公文書館　［請求番号］公 02152100［件名番号］011

101)天津を流れる河川が冬季氷結することは、前記『原敬全集　（上）』p.660.の「懐旧談」にも記述がある。「白河の閉づるのは年によつて遅速はあるが、先ず十一月の末から十二月の初には結氷する。それから氷が解けて河の開くには、早きときは二月中旬晩ければ三月初旬になる。尤も閉河といつた所で必ずしもその時に河一ぱいに氷が張るという訳ではないが、閉河のころになれば、絶えず氷塊が流れてをり、烈風が吹くか又は何かの故障でその氷塊が河中に停滞すると、一夜の中に堅氷を以て全く河を鎖さゝのであるから、ヨシ河が氷結してをらずとも、何時氷結をするか知れぬから、大沽より河を遡ることが甚だ危険でもあり、又大沽沖は遠浅で加ふるに風浪の烈しき所であるから、閉河の頃になれば、河が実際氷結してをつてもをらんでも、北清の航海は来春まで停止せらゝのである」とあり、天津の冬の厳しさを伝えている。

102)「各国駐在帝国領事任免雑件（天津之部）第一巻」（外務省外交史料館資料番号:6-1-5-6_11_001）

103)長崎軍団病院　西南戦争で長崎に設置された傷病兵のための軍病院。cf.青木義勇「明治初期の長崎医学校・病院概述、特に建造物の興廃と戦時仮病院指定二回の経験」（「長崎談叢」［長崎史談会］67・1983.7.）

104)前掲『戦前期日本官僚制の制度・組織・人事』p.320.

105)任領事　『任解日録』宮内庁宮内公文書館・識別番号-識別枝番 2013 〜 2025

106)日本史籍協会編『大隈重信関係文書　三』（日本史籍協会・1933.12.25.）pp.329.-330.

107)池田領事天津ヘ出発　太政類典・第三編・明治十一年〜明治十二年・第十八巻・外国交際・公使領事差遣［請求番号］太 00622100［件名番号］069

108)前掲『戦前期日本官僚制の制度・組織・人事』p.320.

109)早稲田大学大学史資料センター編『大隈重信関係文書　一』（みすず書房・2004.10.19.）には、

この書簡は収載されていない。日本史籍協会が編纂後に滅失した可能性は否定できない。*cf.*早稲田大学大学史資料センター編『大隈重信関係文書』編集担当「日本史籍協会編『大隈重信関係文書』調査報告」(「早稲田大学史紀要」46・2015.2.27.)

110)「職員録・明治十二年二月・職員録(外務省)改」(JACAR(アジア歴史資料センター)Ref. A09054300200)に住所は「築地二丁目四十番地」とある。

111)前掲『戦前期日本官僚制の制度・組織・人事』p.320.

112)前掲『大久保利通日記　二』p.384.

113)寶宗一編『李鴻章年(日)譜:近代中國血淚 史實紀要』(友聯書報発行公司・1986.6.)

114)前掲『李鴻章年(日)譜:近代中國血淚 史實紀要』p.123.

115)前掲『李鴻章年(日)譜:近代中國血淚 史實紀要』p.115.

116)士乃得　スナイダー銃(Snider-Enfield Rifle)のこと。

117)スナイダー銃　日本では蘭語読みで「スナイドル」と呼ばれた。スナイドル銃は、イギリス陸軍の前装式(先込式)ライフル銃であるエンフィールド銃(Enfield rifle)をイギリス陸軍が後装式(後込式)に改良したもの。スナイドル・エンピール銃(エンフィールドが日本ではエンピールと俗称され、エンピール・スナイドル銃)とも呼ばれた。日本陸軍の制式小銃であった。西南戦争では、先込式の薩摩軍の銃器を圧倒したと言われる。*cf.*『日本陸軍兵器集』(ワールドフォトプレス・1988.10.20.)、大塚一軌『銃器大百科』(データハウス・2012.11.15.)、及び小橋良夫／関野邦夫『ピストルと銃の図鑑』(池田書店・1972.11.20.)及び佐山二郎『小銃 拳銃 機関銃入門新装解説版』(潮書房光人新社 NF文庫・2022.11.24.)

118)「4月7日　品川総領事より池田副領事宛李鴻章より弾薬購入の事」来翰綴明治十年四月六日～十一年五月十四日　JACAR(アジア歴史資料センター)Ref.C09082783400

119)「大蔵省より英商へ注文のスナイトル早合云々」(「大日記 諸省来書 7月月 陸軍省第1局」JACAR(アジア歴史資料センター)Ref.C04026956600

120)『李鴻章年譜』(臺灣商務印書館・1977.10.)p.247.

121)「大蔵省より英商へ注文のスナイトル早合云々」(「大日記 諸省来書 7月月陸軍省第1局」JACAR(アジア歴史資料センター)Ref.C04026956600

122)「長崎居留英商ギリブル」長崎県立長崎図書館編『幕末・明治期における長崎居留地外国人名簿Ⅲ』(長崎県立長崎図書館・2004.3.31.)

123)長崎県立長崎図書館編『幕末・明治期における長崎居留地外国人名簿Ⅲ』(長崎県立長崎図書館・2004.3.31.)

124)九州大学文学部附属九州文化史研究施設編「九州文化史研究所所蔵古文書目録」6・九州大学文学部附属九州文化史研究施設・1966.3.30.)p.42.

125)早稲田大学史資料センター編『大隈重信関係文書　7』(みすず書房・2011.2.15.)p.150.

126)荻恵理子「北洋大臣の設立− 1860年代の総理衙門と地方大官」(近現代中国における社会経済制度の再編:京都大学人文科学研究所附属現代中国研究センター研究報告・2016.9.30.)

127)天津居留民團編『天津居留民團二十週年記念誌 』(天津居留民團・1930.5.29.)p.248.　国立国会図書館 DC158コマ(最終閲覧日:2023.4.3.)

128)陽其二編『清官履歴涯略 』(製紙分社・1880.12.24.)資料番号特　30-789　国立国会図書館 DC41コマ(最終閲覧日:2023.4.3.)なお編者の陽其二は長崎の唐通事出身。

129)『支那派出復命書』東京国立博物館デジタルライブラリー　資料番号 QA-843　資料名『清国

派出復命書』但し題簽は『支那派出復命書』（最終閲覧日:2023.4.3.）

130）『官員録 明治十一年六月』（日暮忠誠編・拡隆舎） 国会図書館 DC20 コマ

131）陳錚編『黄 遵憲全集』（中華書局・2005.3.）p.586.

132）『日本雑事詩』 中国近代化を目指した改革派の黄遵憲が、滞日当時の見聞を漢詩に詠んだ。

133）蔡毅「黄遵憲と日本漢詩」（「中國文學報」[京都大學中國語學中國文學研究室]71・2006.4.）に蔡毅自身が『黄遵憲全集』を調べたところ、黄遵憲と交流があった明治の人士だけでも七十九人に上るという。この七十九人のなかに池田寛治の名も見出せる。池田について、陳錚編『黄 遵憲全集』（中華書局・2005.3.）p.586.の註に「池田寛治（？-1881）,名政懋,初名呉常十郎。曾随大久保訪華,任日本駐天津領事,日大藏省少書記官。」（原文簡体字を繁體字に置換）とある。これには「初名呉常十郎」とあって、阿蘭陀通詞時代の名村常十郎を欠いている。また生年を不詳としているが、第四章第二節で述べたとおり、嘉永二(1849)年生まれである。註の内容については、陳錚編『黄 遵憲全集』（中華書局・2005.3.）と陳錚主編『黄 遵憲集』（(中国近代人物文集叢書)・中華書局・2019.6.1.）との間に異同がない。このほか七十九人のうち、「栗木鋤雲」とあるのは「栗本鋤雲」の誤りであろう。陳錚編『黄 遵憲全集』（中華書局・2005.3.）p.710.を見ると「栗木鋤雲(1822-1897),名鯤,字化鵬,號鮑庵。曾継承家業有醫官,後轉爲士籍,設立醫學院,飼育綿羊等。明治初入東京日日新聞社任記者十二年。著有《鮑庵遺稿》、《栗木鋤雲遺稿》。」（原文の簡体字を繁體字に置換）とあり、栗本鋤雲の経歴そのままで、明らかに栗本鋤雲を栗木鋤雲と読み誤った、あるいは原本が「本」ではなく「木」であったと考えられる。この註も陳錚主編『黄 遵憲集』（(中国近代人物文集叢書)・中華書局・2019.6.1.）の註(p.1270.)と異なることはない。

134）『使東述略』 実藤恵秀訳『明治日支文化交渉』（光風館・1943.5.18.）pp.11.-12.

135）鍾叔河編『出使英法俄國日記』（岳麓書社・2008.）

136）前掲『出使英法俄國日記』p.122.

137）『出使英法俄國日記』p.123.

138）前記原敬「懐旧談」に原敬が第三代天津領事に任命されたときには、中国地方にいたのを電報で急に呼び戻され、明治十六(1883)年十一月二十一日頃に帰京し二十六日に天津領事拝命したとある。

139）「池田領事歸朝」（太政類典・第三編・明治十一年〜明治十二年・第十八巻・外国交際・公使領事差遣)国立公文書館[請求番号]太 00622100[件名番号]070

140）前掲『戦前期日本官僚制の制度・組織・人事』p.320.

141）"Japan Weekly Mail" 1879 年 7 月 26 日号の "shipping list(passengers)" を見ると、横浜着の "Per British steamer *Thale*, from Newchwang and Nagasaki" とあるので、天津近くの牛荘から長崎経由で横浜までという航路があったようだ。また、明治九(1876)年五月に三菱会社の敦賀丸が日本初の入港船として天津に来港した。五月十三日付で郵便汽船三菱会社長岩崎弥太郎から神戸・下関・長崎経由芝罘・牛荘に航路を開設のため便宜供与依頼の書簡(三菱社誌刊行会編『三菱社誌 三』（東京大学出版会・1979.10.30.）p.193.を受け、池田は天津牛荘間は採算がとれないので、工夫が必要などの提案を、駅逓頭の前島密に同年十一月二十八日付で回答している。実際に定期航路が実現したのは 10 年後だったようだ。

142）「池田領事昇任ニ付委任状」 （太政類典・第三編・明治十一年〜明治十二年・第十八巻・外国交際・公使領事差遣)国立公文書館[請求番号]太 00622100[件名番号]068

143）前項［請求番号］太 00622100［件名番号］068　DA2 コマ

144）「領事池田寛治熱海温泉入浴発程ノ件」　（公文録・明治十二年・第百七十八巻・明治十二年十月〜十二月・官員）国立公文書館［請求番号］公 02615100［件名番号］077

145）「官員ニ関スル部　明治 13 年／第 2　庶務課文書係事務簿」長崎歴史文化博物館資料番号 146-3 2 に「第五十三号　／長崎縣平民／山崎辰三郎／右者當關ニ採用致度就テハ元御縣四等守卒奉職中不都合之有無并ニ御縣ニ於テ御支障之有無□致樣知度此段及御照會候也／長崎税關長池田寛治／明治十三年六月廿一日／長崎縣知事内海忠勝殿」及び「第五拾九号當關四等監吏補原田敏行於貴縣御採用相成候趣領承致候當關於何等差支無之ニ付貴廳へ出頭可致樣相達置候條此段御回答候也/明治十三年七月十三日　長崎税關長　池田寛治/縣令代理／長崎縣少書記官金井俊行殿」とある。

146）「少書記官池田寛治病死ノ件」（公文録・明治十四年・第二百八十七巻・明治十四年・公文録官員　一月〜三月太政官〜府県）国立公文書館［請求番号］公 03199100［件名番号］025

第 六 章

　—「萬里馳驅英名ヲ四方ニ宣揚シ」池田寛治の遺したもの

太政大臣三条実美から「行ケヤ海 ニ火輪ヲ轉ジ、陸ニ汽車ヲ輾ラシ、萬里馳
驅英名ヲ四方ニ宣揚シ、無恙歸朝ヲ祈ル」と送り出された、岩倉使節団の出発
から九年あまりの明治十四(1881)年一月八日に、四等書記官として随行した池
田寛治は死去した。この時代の日本人としては数少ないアメリカ、ヨーロッパ、
それに東アジアを経験した人間であった。その希有な経験を生かす前に倒れた
池田寛治の死後についてまとめる。

第　一　節　―池田寛治を再び尋ねて

　使節団に四等書記官として随行した池田寛治は明治十四年一月八日に死去し
た。しかし、その墓所がどこにあるかについては、わからないままであった。
そこで、「西海新聞」明治十四年一月十三日付の記事に再度あたることにした。
記事を再掲する。

　　　故長崎税關長池田君の葬送ハ一昨十一日午後四時皓臺寺にて執行はれ税
　　關の官吏一同小禮服にて敬送し内海縣令金井少書記官を始めとし親友の諸
　　君及び銀行諸會社の社員總數百餘名にて盛んなる事にてありし

　とある。この「西海新聞」に葬儀が行われたのは長崎の皓臺寺であったこと
を手がかりにした。そのほかに、「明教新誌」1102 号(明治十四年一月二十四日
付)[1)]に池田寛治の死亡記事と葬儀の記事が掲載されていた。「明教新誌」は明
治七(1874)年から隔日に発行されていた特定の宗派に偏らない仏教系新聞であ
る。それには「又長崎税關長大　倉少書記官池田寛治君ハ久しく肺病にて悩ま
れたりしが遂に過る八日卒去せられ葬儀は十一日午後曹洞宗皓臺寺に於て執行
あり導師は住職高木忍海講義出勤の僧衆五十余名にて内海縣令を始め諸官員以
下親戚故舊おびただしく會葬せらる誠に殊勝なる事なりし由此の如き顯職に居

らるる人々の葬儀を佛門にて営なまるるは絶てなかりしことに此頃は漸く復古の姿にて是も興隆の一端にやと頗る随喜に堪えざるなり」とあり、維新この方神式での葬儀が新政府の役人では多かったのに、池田寛治は長崎の皓臺寺で「僧衆五十余名」にて仏式で行ったと書かれていて、明治維新の混乱のなかの當時の習俗の変遷がわかる。

　池田寛治の墓所はどこにあるかを考えると、地元長崎で死去しているので、葬儀は菩提寺で行ったであろうと推測をした。そのうえで、この「西海新聞」の記事と「名教新誌」の記事に従って、池田寛治の葬儀が行われた長崎寺町に所在する曹洞宗皓臺寺に墓所があると考えた。そして池田寛治の墓所を探したところ、裏山に四坪ほどの広さの池田家の墓所を見つけた。その墓所に池田寛治の墓碑が見つかった。墓域には三基の墓石があり、向かって左側に池田寛治の墓碑がある。中央は池田家の墓、右側に戒名塔がある。石灯籠も二基ある。池田寛治の墓碑の正面には、「池田寛治之墓」と彫られている。墓碑の向かって右側面には下記の通り池田寛治の戒名が彫られていて、その碑文は以下の通りである。

　　　天心院殿従六位寛忠玄治大居士

　「天心（てんしん）」は「天津（てんしん）」にちなんだものであろうと推測できる。「従六位」は死去時の官位「従六位」だと思われる。また、向かって左側面には左記の通り、池田寛治の妻の戒名が彫られている。

　　　霊臺院殿寛相恵仁大姉

　また、墓碑裏面には右側からみてゆくと以下のようにある。

　　　明治廿三庚寅年三月廿三日卒
　　霊
　　　吉雄作之丞長女　寛治室宇良
　　　　　　　　行年四十三 歳
　　　　　　　　　　　マ　マ

　　　明治十四辛巳年一月八日
　　天
　　　池田良藏長男壽満三十三

　以上のように碑面に刻まれている。まずわかることは、池田寛治は、池田良藏の長男だということである。このことは池田寛治が阿蘭陀通詞の名村家（分家）の出身でも唐通事の呉家（呉振浦系）の生まれでもないことがわかる。池田良蔵の実子なのか養子なのかはわからないが、少なくとも池田家の跡継ぎであ

ることは分かる。この長崎の皓臺寺にある池田家の墓所には数代にわたる戒名塔もあることから、長崎に長く住んでいたことが裏付けられるので、旧佐賀藩の出身でもないことが理解できる。

池田寛治は、墓碑の碑面には「池田良藏長男」と彫られていることから、長崎の池田家の出であることを示している。これに基づいて、長崎における池田姓を検討する。管見に入る限りにおいて、瑩域の一番右側に戒名塔があり、碑面に刻まれた没年から十八世紀に入る前あたりから、長崎に居住していたことを示している。「西海履歴」にある「君本姓佐々木氏父良三君池田氏を冒す」とある父は「良三」だが、墓碑のその碑文にある「良藏」とは「三」も「蔵」も「ぞう」と音通するので、事実関係は一致するとみていい。

幕末の長崎地役人のなかで池田姓を探すと、池田寛治が関係していたであろう阿蘭陀通詞及び唐通事には「池田姓」は見当たらない。

さらに池田姓を探すと、池田寛治が生まれた頃の「分限帳」（嘉永二(1849)年)[2]には、以下のようにある。

　　　館内遣用改役　受用高貳貫五百目　池田安之丞

　　　　　　館内遣用改役見習
　　　　　　　　　　　　　　　惣十郎悴
　　無給　　　　　　　　池田展六
　　　　　酉貳拾九歳

この後五年後の「長崎諸役人帳」[3]（嘉永七(1855)年)には池田姓が二人見出せる。

　　　館内遣用改役　受用高貳貫五百目　池田忠之丞

　　　諸家御用町人筑後柳川立花左近将監殿　池田磯次郎

この二人は、いずれも父の池田良三とはつながりがあるのかはわからない。「池田忠之丞」の「館内遣用改役」[4]というのは、貿易で訪れる中国人の居住地区である唐人屋敷の経費を奉行所に取り次ぎ、奉行所の裁可を得て支給にあたった職のことを指す。「池田磯次郎」は長崎地役人ではなく、諸藩に出入りする商人ではあるが、福地源一郎のように医師の子として生まれながら、阿蘭陀通詞名村家（別家）に養子となった例もあるのであり得ないではないので、取り上げてみた。さらに時代が下った慶応元(1865)年の『慶應元年　明細分限帳』[5]には、

　　　銀札改役　受用高二貫五百目　池田忠右衛門

の名前が見える。長崎の地役人として、池田姓は銀札改役の一家しか見出せない。しかし、これらの池田家は苗字はともかく名前が一致しないので、池田寛治の池田家とは関係があるとは言えないだろうと思われる。高島秋帆の妻も池田氏だが、池田寛治と関連があるかどうかはわからない。

　次に、没年齢の検討をする。これは生年にもかかわることなので、検討する。池田寛治の墓碑に「壽満三十三」とあるが、「壽満」は見慣れない言葉で、寺務所に尋ねたところ、初めて見る単語だと言うことで、妻の享年と並んでいることを考えれば、行年もしくは享年に相当する言葉だと思われるとのことだった。初見の用語である。あるいは雅語なのかもしれない。「壽満三十三」というのは、一つには「壽ハ三十三ニ満ツ」とも考えられる。この場合は満年齢とは考えられないだろう。もう一つは「壽ハ満デ三十三」という読み方ができるかとも考えられる。この場合は、年齢を満年齢で計算するとした「年齢計算ニ関スル法律」（明治三十五年法律第 50 号）[6]は、池田寛治が死去してから二十年も後の成立であり、法律はその適用が施行以前には適用しないという不遡及の原則であるから、さらに実際に満年齢が普及したのは戦後のことであることを考えると、これは数え年で表示していると考えるべきだと思われる。それ故に、没したときに三十三歳ということは、逆算すると嘉永二（1849）年の生まれとなり、池田寛治の生年は「西海新聞」明治十四年一月十八日付に「嘉永二酉年長崎に生る」とあるのに符合する。実年齢が数え年三十三歳だったと言うことは、阿蘭陀通詞に採用されたときに年齢を実年齢よりも多く称していたと考えられる。同世代にあたる吉雄辰太郎（永昌）も『慶應元年　明細分限帳』に「辰太郎儀嘉永四年亥年稽古通詞同年相続文久元酉年小通詞末席被仰付當丑年迄都合十四年相勤　丑二十五歳」とあるが、「丑二十五歳」とあるで、慶応元年は丑年で、この丑年に数え年で二十五歳ということから、逆算すると生年は天保十二（1841）年になる。しかし、辰太郎の曾孫である上田はる「曾祖父達の明治」[7]に、辰太郎（永昌）は天保十四（1843）年生まれで実年齢に比べて公称は二歳年上としていたとしている。このほかの例では、阿蘭陀通詞の名村分家二代多吉郎は履歴上公式には十四歳、実は十歳で稽古通詞となっている例もあり [8]、実年齢よりも多い年齢を称するのは実際にあり得ることである。

　以上のことから池田寛治の生年を検討すれば、アジア歴史資料センターの弘化三（1846）年生まれとすると、明治十四年の死去では年齢が三十六歳で墓碑の年齢とまず合わない。また池田寛治死去直後の「西海新聞」明治十四年一月十一日付記事「去る八日午后三時半三十四年を一期として遂に遠行せられたり」とあり、享年を三十四としている。これは、逆算すると嘉永元（1848）年生まれになる。嘉永元年生まれというのは、諸書があげている嘉永元年生まれと同じではあるが、没年齢が数え年で三十四になってしまう。明治十四年一月十八日付西海新聞掲載の「西海履歴」にある池田寛治の生年は嘉永二年生まれであると、享年が数えで三十三となるので、墓碑の碑面の三十三と一致するので、池田寛治の生年は、嘉永二年である蓋然性が高いものだと言える。

　さらにおよそ半世紀後の刊行ではあるが、前記『天津居留民団二十周年記念

誌』には「(引用者註:池田領事は)肺病の爲十二年三月職を退き十四年に僅か三十三歳尚前途春秋に富む身を以て此の世を去れり」[9]とあり、享年三十三を支持しているようである。

　続いて、池田寛治の妻について考察する。墓碑にある池田寛治の妻については、「吉雄作之丞長女　寛治室宇良」とある。上田はる「曾祖父達の明治」には「(吉雄)永昌には四歳下に「うら」、七歳下に「作一永友」がいる」という一文がある。ここの永友は諱である。そして永昌とは、前述岩倉使節団に随行した吉雄辰太郎(永昌。1843-1894)のことで、吉雄作之丞(1817-1851)は吉雄辰太郎の父である。これにより「吉雄作之丞長女　寛治室宇良」とあるので、池田は「吉雄作之丞の長女」と結婚することで、長崎の阿蘭陀通詞の名門吉雄家に連なったことがわかる。作之丞の父吉雄権之助は、吉雄耕牛の息子で阿蘭陀通詞家を引き継いだ。吉雄権之助(1785-1831)は「吉雄耕牛の跡を継いだ、長崎通詞のピカー」[10]と言われ、ニュートン物理学を初めて日本に紹介したり、オランダ語の最初の文法書『和蘭詞品考学』[11]を著したりした志筑忠雄(中野柳圃とも。1760-1806)、オランダ商館長で蘭日辞書『ズーフ・ハルマ』を著したドゥーフ(Hendrik Doeff,1777-1835)[12]にまなび、文政元(1818)年江戸番小通詞、のち長崎の鳴滝塾でシーボルトの通訳をつとめただけでなく、わが国最初の英和辞書『諳厄利亜語林大成』[13]の編集、蘭日辞書『ズーフ・ハルマ』(長崎ハルマ)の編訳にくわわった。

　作之丞はこの吉雄権之助の子であるから、辰太郎は耕牛の曾孫にあたり、宇良も曾孫に当たる。ただ宇良は墓碑では「明治廿三庚寅年三月廿三日卒(略)行年四十三歳」とあるものの、前記上田はる「曾祖父達の明治」によれば、吉雄辰太郎(永昌)は天保十四年八月一日生まれだから、4歳下になる宇良は、弘化四(1847)年生まれと言うことになる。宇良は明治二十三(1890)年に数え四十三歳で亡くなっているので、数え年なら四十四歳で一歳年齢が合わない部分がある。四歳違いという基準の取り方が違うのかもしれず、名前も一致するし、蓋然性は高いと考えられる。

　上田はる「曾祖父達の明治」と『私の史料探訪 2（石橋家の人々）』[14]にある阿蘭陀通詞吉雄家と石橋家の関係者略系図に「うら」の配偶者が池田賢太郎とされているが、墓碑によれば「うら」の夫は池田寛治であることが明らかであり、池田賢太郎は池田寛治と「うら」の長男であるので、これは上田はるが何らかの錯誤をしたのか、明治から伝承される間に何か脱落が生じたためではないだろうか。

　池田寛治は阿蘭陀通詞時代は名村常十郎と称していたが、『慶應元年　明細分限帳』には阿蘭陀小通詞末席に吉雄辰太郎(永昌)とともに名前が出ていて、小通詞末席で一緒だったことがわかる。吉雄辰太郎(永昌)は妹の「うら」を通詞仲間の池田寛治と配したのではないかと思われる。あるいは池田寛治と「うら」がなんらかの結びつきに至るようなことがあったのか、どうか、これは想像の域である。

　しかしながら、イサベル・田中・ファン・ダーレン「阿蘭陀通詞系図（Ⅴ）―名

村家一」¹⁵⁾によれば、池田寛治の養父・名村常之助には娘がいたとしているので、本来は名村家に養子に入った時には、この娘の婿となり、正式に名村家を継承する筈であったのではないだろうか。福地桜痴は同じ名村家に入りながら、「名村家の家付き娘に嫌われて離縁」となったと称していたが¹⁶⁾池田も同じようであったのだろうか。そして通詞仲間からの庇護によって、唐通事の呉碩三郎の家に、厄介になったのではないだろうか。だから通詞・通事集団から排除されたというのではなく、呉碩三郎が引き取り、「厄介」として通詞・通事集団に留まれたのではないだろうか。

　ただ池田が名村家を離れた時期についてははっきりしない。慶応三(1867)年二月には長男賢太郎が誕生しているが、数か月前の時点ではまだ名村常十郎であるし、いつの時点で名村家を離れたのかははっきりしない。そこで、当時の分限帳の類いを時代を追って検討して行く。まずは文久三(1863)年から。

　　　◇「長崎諸役人名前」(文久三年？)¹⁷⁾

　　　　阿蘭陀稽古通詞　名村常十郎

　前記「長崎諸役人名前」(文久三年？)には、稽古通詞筆頭の加福喜一郎から数えて八番目に名村常十郎の名前があり、唐通事には呉常十郎の名はない。ついで前記慶応元年の分限帳。

　　　◇「慶應元年　明細分限帳」

　　　　文久元酉年阿蘭陀稽古通詞元治元子年小通詞末席被仰付當丑年迄都合五
　　　　年相勤無給常之助悴　名村常十郎　丑十八歳

　「慶應元年　明細分限帳」の阿蘭陀小通詞末席十六人の一番最後に「常之助悴
　名村常十郎」の名前が見える。この時吉雄辰太郎(永昌)は同じ阿蘭陀小通詞末席の四番目に名前が見える。

　　　◇「諸役人分限帳　慶応二寅年」¹⁸⁾

　　　　阿蘭陀通詞末席　無給　常之助悴　　　　名村常十郎

　　◇慶応二年七月—同年十二月諸書留③運上所掛¹⁹⁾慶応二年九月十七日条には以下のようにある。

　　　　右者英語并佛語兼学通弁其外共骨折相勤候ニ付月々金百五拾疋宛被下候
　　　　間猶出精可致候九月十七日被仰渡

この時に褒美が出された阿蘭陀小通詞末席四人のうちの一番最後に名村常十郎の名前が出てくる。

　この慶応二(1866)年は、翌年の慶応三(1867)年二月に長男賢太郎が生まれていることから、四月頃には吉雄作之丞の長女・うらと結婚が成立しているのではないだろうか。

　◇「分限帳　慶応三卯四月」20)

　◇慶応三年正月―同年十二月／御用留③／運上所 21)

　書付の日付は欠落しているが、慶応三年六月に提出された書付と比定できる。以下に再掲する。

加藤金四郎
中台信太郎

済美館仏語教授方助呉常十郎儀外国人通詞ニ被仰付度儀ニ申上候書付

運上所掛
濟美館掛

　当節運上所掛通詞之内佛語兼学之者無之ニ付先般済美館佛語教授方助呉常十郎ェ運上所掛被仰付同人儀は学術相応出来御用立候ものに御座候処元来通詞ニ無之候ニ付一体之御用取扱方おゐて仲間内之令聊不行届之場合も有之旁以通詞ェ被仰付候様仕度且当時御用立候通詞は三等御手当被下置候様仕度候

（文意：現在運上所[税関]担当の通訳にはフランス語もできるものはいないので、先日済美館フランス語教授方の呉常十郎へ運上所[税関]担当を命じたところ。同人は学術はちゃんとできて御用の役にはたつと思うが、もともとは通詞職のものではないので、全体の御用の進め方について仲間内のルールには行き届かない面があるけれども運上所[税関]担当の通訳に任命されるようお願いしたい。また現在役に立つ通訳には三等の手当を下されているのでそのまま下されるようお願いいたしたい）

　ここではすでに「仏語教授方助呉常十郎」として顔を見せている。ただ、名村常十郎と呉常十郎が同一人物と考えられる根拠は、前記「慶応二年七月―同年十二月諸書留③運上所掛」のなかにある唐通事を含む「英語并佛語兼学」のもの十三人のなかに、呉常十郎の名前が見られないことである。同日に「右者英語并佛語兼学通弁は勿論御書簡其外飜訳物等引請取扱候ニ付月々金弐百疋宛ッ、被下候間猶出精可致候」にも唐通事を含めて八人の名前が挙がっているが、呉常十郎の名前はなく、英語であればこの当時でもそれなりの人数がいたであろうが、フランス語兼学となると少なくなるので、この名村常十郎が呉常十郎

に名前を変えたと考えることに妥当性があると考えられる。これによって名村常十郎が名村家を離れた時期は、慶応二(1866)年九月十七日以降慶応三年六月までの間となる。この時期は、ちょうど吉雄作之丞の長女宇良が、長男賢太郎を懐妊し、出産する時期に当たっていることは名村家離縁との間に何かしらの関わりがあるのではないかとも思える。因果関係は不明であるが、養父である名村常之助の娘が婚姻することなく、養子をとって家名を継いだというのは、このあたりに原因があるのではないかと思われる。

　　◇「戊辰六月改　分限帳」[22]　（長崎)市史編修部写

　　　上等通弁役
　　　役料米八人扶持
　　　役料金六拾五両　仏学助教江作付（朱字）　呉常十郎

　　◇「分限帳　明治元年六月改」[23]　外国管事務所／編

　　　仏学助教
　　　役料米六拾俵三人扶持役料金参拾両
　　　　　　　外二金拾五両　呉常十郎

　「慶応三年　文書科事務簿　慶応三年御改革申渡留　全」[24]には前述の通り慶応三年七月の日付で「通詞碩三郎厄介」として、「呉恒十郎」の名前が登場する。「常」と「恒」は「つね」で音通するうえに、「仏語世話役」というのは、六月に名前が出た呉常十郎と一致する。

　　　　　　　　　　　　通詞碩三郎厄介
　　　　　　　　　　　　仏語世話役
　　　　　　　　　　　　　　呉恒十郎
　　　　右済美館教授方助申付勤ノ内是
　　　　迄通御扶持方三人扶持被下候
　　　　　卯七月

　　◇「長崎諸役人附安政三年慶応三年明治元年明治三年」[25]

　これは「慶応三年　文書科事務簿　慶応三年御改革申渡留　全」と同文である。

　　◇長崎府職員録　明治元年 [26]

　　　仏学助教　呉常十郎

207

明治元(1868)年以降の分限帳の「戊辰六月改　分限帳」「明治元年六月改
外国管事務所」「長崎諸役人附安政三年慶応三年明治元年明治三年」「長崎府職
員録　明治元年」には、いずれも呉常十郎の名前はあるが、名村常十郎の名前
は見えない。幕末から明治初年にかけて通弁の需要が特に高かった時期に、名
村常十郎の名前が史料から消えるのは何か特別のことがあったと考えられるが、
理由はこれまでのところ分からない。以上のことを一覧表にして下記に示す。

長 崎 諸 役 人 名 前 （ 文 久 三 年 ？ ）	名 村 常 十 郎	
慶 應 元 年 明 細 分 限 帳	名 村 常 十 郎	
諸 役 人 分 限 帳 　 慶 応 二 寅 年	名 村 常 十 郎	
諸 書 留 ③ 運 上 所 掛 慶 応 二 年 九 月 十 七 日 条	名 村 常 十 郎	
慶 応 三 年 御 改 革 申 渡 留 　 全		呉 常 十 郎
分 限 帳 　 明 治 元 年 六 月 改		呉 常 十 郎
長 崎 府 職 員 録 　 明 治 元 年		呉 常 十 郎

　この一覧表を見ると、慶応三年の改革を境として、名村常十郎と入れ替わっ
て登場していることがわかる。これからも、呉常十郎が名村常十郎だと間接的
には証明できたと云えるだろう。
　さらに言えば、幕末に長崎に出張した土佐の人池道之助(1821-1872)の「池
道之助日記」[27]にも名村常十郎は登場する。池道之助は、幕末の長崎に土佐藩
から長崎に派遣された後藤象二郎(1838-1897)の樟脳[防虫剤]の海外売り込み
に従った中浜万次郎[ジョン万次郎として知られる。1827-1898]に随員として
測量術修行のため、長崎に赴いた。「池道之助日記」は慶応二年三月二十五日
から明治元年一月十三日に及ぶ。このなかに「常十郎」の名前が三件見える。

　　（慶応三年）二月二十七日　晩方名村常十郎呼ニ來ル
　　（慶応三年三月）二十一日　常十郎ヘ行
　　（慶応三年）四月朔日　今日大坂ヘ行借舟致大坂迄洋銀三千枚ちん阿蘭陀
　　シキウドの舟船ノ名**黄布**長崎通辭 名村常十郎予兩人ウン用ニ行のりため
　　しの事三字ニ湊出帆向風ニて福田村之沖迄里數五里餘行舟取廻し追風ニ
　　なり帆三ツ引四字三厘ニ元ノ所ヘ帰帆 [28]
　　（文意：四月朔日の文意:今日大坂ヘ行くため、舟を借りる。大坂まで洋
　　銀三千枚を運ぶためで、阿蘭陀人のシキウド [29]の舟で船の名は黄布と
　　いう。長崎通詞の名村常十郎と予の二人で試し乗りした。三字（三時）に
　　湊を出帆し向風なので長崎港外の福田村の沖まで里數にして五里餘りを
　　行った。舟を回転させて追風になったので、帆を三ツ引（四枚帆を三枚
　　にして？）にして四字三厘（四時十五分？）に元のところに戻った）

　この三回現れる常十郎の名前は、三月二十一日は「常十郎」とのみあるが、

やはり阿蘭陀通詞名村常十郎のことであろう。ただ四月朔日のわずか五日後には「四月六日池田恒十郎に行かへり塗中ニて中濱ニ行合」とある。恒十郎とあるので、常十郎とは音通するので、名村常十郎との関係があると考えられる。しかし姓が「池田」となっているので、つながりが気になるところである。ここからは推測でしかないが、この慶応三年四月は、四月二十七日に名村常十郎の養父常之助が死去する月である。名村常十郎は、この時期以降は呉常十郎に改称していることを考えると、常十郎の名村家における立場が四月には揺らいでいる時期だったとも考えられるので、その姓を池田としていた可能性がある。

　このほか呉常十郎が訳した文書を探すと『長崎幕末史料大成2 』（各国往復文書編第2)[30]に、6通が見つかる。いずれもフランス語から訳したものと考えられる。まずは、① 1867 年十二月二十三日（慶応三年十一月二十九日）付佛商人ジュル、セーンから運上所司長宛て、呉常十郎訳、②同年十二月三十一日（和暦十二月九日）付佛商人ジュル、セーンから「地所掛日本士官衆」宛て、呉常十郎訳、③十二月二十八日（十二月九日）付アー、アルトマンからジュー、セーン宛、呉常十郎訳平井義十郎校、④翌 1868 年一月二十六日 （慶応四年／明治元年正月二日）付佛副岡士レークからセーン宛て、呉常十郎訳、⑤同年二月三日（正月十二日）付シュル、セーンから外国人地所掛司長宛、呉常十郎訳、⑥同年四月十五日（三月二十五日）付佛副岡士ゲーマンスから地所掛司長宛、呉常十郎訳の 6 通。いずれも慶応三年の秋以降である。

　これ以外に、『土佐群書集成第 19 巻長崎土佐商會関係文書』[31]には 1868 年五月四日（慶応四四月十二日）付にプロイセン系のエルキニッフル商會から「土佐公之士官岩崎弥太郎并森田晋三君へ」宛ての文書（訳文）に呉常十郎訳がある。この未納金を巡るエルキニッフル(L.Kniffler)商會から土佐藩への未納金催促文書が英文であることから、原文は英語でそれを呉常十郎が訳したと考えられる。英学も兼学したと言うことの証左になるだろうか。

　このエル・キニッフル商会は、1859 年 7 月に長崎でキニッフル(Louis Kniffler, 1827-1888)とギルデマイスター(Martin Herman Gildemeister,1836-1918)が創業したが、福沢諭吉とは関係が深い。福沢諭吉が安政六(1859)年に横浜に行き、「居留地をブラブラ歩く中に、独逸人でキニッフルと云う商人の店に打当たった」（『福翁自伝』[32]）とあり、これが福沢諭吉が蘭学から英学に転換する有名な「英学発心」の端緒だ。しかし、エル・キニッフル商会が横浜に支店を出すのは 1861(文久元)年のことで、この時はまだキニッフル商会は横浜に進出しておらず、しかも日普修好通商条約締結前で、プロシア人のキニッフル(クニフラー)はオランダ人として活動している時期で独逸人と称しているなど、記述には疑義があるとの指摘がある [33]。

　このほか、「長崎地役人分限帳　明治三年」[34]には

　　　　東京□ニ付三人扶持　　呉常十郎

とあるほか、弁官からの同じ呼出状で池田寛治とともに東京に呼び出され大学

南校勤務のため上京したフルベッキが驚くほど西洋数学に優れていた渡邊一郎については、

　　　東京府算術訓導
　　　当分之間家族江三人扶持被下候四月十五日　　　　渡邊一郎

とある。長崎から上京し新政府に出仕していたものには長崎に残っている家族に扶持が支給されていたようだ。

　名村常十郎（池田寛治）が、名村家を相続できなかった理由の一つには、阿蘭陀通詞・唐通事を含む幕末の長崎地役人をとりまく情勢の変化があったと考えられる。嘉永七（1855）年三月の日米和親条約に続いて日英和親条約、日露和親条約が結ばれ、やっと安政二（1855）年十二月にはオランダとの間で日蘭和親条約 35)が結ばれた。これに先だって、安政二年十月にオランダとの貿易の拠点であった長崎の出島もオランダ人の出入りが自由となったほか、安政六（1859）年五月には出島のオランダ商館が廃止され 36)、オランダ領事館が置かれたほか、慶応二年には出島も外国人居留地に編入されるなど大きく変動した 37)。そのうえ安政五（1858）年の五カ国条約に基づき開港された箱館・神奈川（横浜）・新潟・兵庫（神戸）・長崎の五港のうち、長崎は安政六年六月二日にオランダ・中国以外にも開港される。長崎の輸出用品で貿易決済に使われた長崎御用銅の廃止 38)など「鎖国」時代の長崎会所 39)による独占的な貿易は否定されて、長崎会所の貿易収入は激減した。このため、貿易収入をもとにした地役人の収入となる受用銀 40)に大きく影響した。

　慶応三（1867）年七月には地役人改革が行われ、地役人をとりまく状況は大きく変化する。安政五年の開港によって、オランダまたは中国との独占貿易から得られる利益が激減したことから、貿易利益から地役人に支給されていた受用銀の制度は廃止され、幕府の切米・扶持での支給に切り替わった。またそれまでの役職は廃止され、新しい役職に変わった。役職名もそれぞれ変わっている。人員削減と組織の合理化が進められ、世襲制は廃止された。当然、唐通事・阿蘭陀通詞は通詞と変わり、世襲制ではなくなり人数も削減されるなど通事・通詞の体制は大きく変更を余儀なくされた。

　そうしたなか、慶応三年五月二十八日に阿蘭陀小通詞である養父・名村常之助が死去した。先代死去後相続までの時間が通常どれほどなのかはわからないが、かなり古い例だが唐通事の場合をみてみる。長崎における唐通事仲間の執務上の日記と考えられている『唐通事會所日録』宝永元（1704）年三月二十二日条 41)に、二木三郎兵衛名跡相続が奉行から同二十四日条にかけて、名跡相続についての記述があり、相続ができなかった例が挙げられている。

　唐大通事・二木三郎兵衛 42)は宝永元年三月十四日に急死し、三月二十二日に相続を出願しているので没後それほど間をおかずに、三郎兵衛が生前に決めていた養子三十郎に跡目相続を出願していることになる。二木三郎兵衛の場合は、幼いが実子がいたため長崎奉行の判断は、三十郎に相続は認めないというもの

であった。この二木三郎兵衛の子孫である林陸朗は「唐通事の任免や昇進の権限は最終的には奉行にあり、幕府の認証をうけるが、そのもとは唐通事「仲ヶ間」の「内証吟味」にあった」[43]と述べているので、やはり相続には長崎奉行の判断が必要とされていたことがわかる。従って唐通事とは異なる阿蘭陀通詞であっても、相続のあり方は大きくは変わらないであろうから、没後に日をおかずに六月に入って相続の願いを出したと思われる。しかし幕末の長崎の地役人体制の変革の荒波のなかで、名村常十郎の相続はこの改革の潮流の中で、そもそも世襲制の通詞職が廃止になったため、地役人としての公式の相続など必要ないと言うことになった可能性も高いかもしれない。

名村常十郎は阿蘭陀通詞の名門吉雄家から吉雄作之丞の長女「うら」を迎えて、長崎の通詞団の一員となっていることを考えれば、相続の出願にあたって、阿蘭陀通詞仲間から相続を否定されるようなことは考えられないと思われるから、阿蘭陀通詞仲間からの推薦を受けて当然相続の申請をしたであろうから、それは六月中に行われるはずであっただろう。しかし、長崎の地役人制度の大きな変革がすぐそばまで迫っていた。

名村常十郎の養父・名村常之助の没後四十日ほどたった慶応三年七月七日に改革が始動する。のちに岩倉使節団一等書記官となる長崎の唐通事・何礼之の「公私日記」[44]慶応三年七月七日条に以下のようにある。

　　　御改革ニ付地役人之内兩通事
　　　乙名會所役兩組合五役不殘御呼出

改革について長崎の地役人のうち、唐通事・阿蘭陀通詞町乙名長崎会所の役員など五役が残らず奉行所に呼び出された。この時に長崎奉行から「是迄病年ト然共致居名前其侭ニ而有之者不殘退役ト仰付」（これまでは病気や高齢であっても受用銀を出していたがこれからは事情があるものでも残らず役目を退いてもらう）と言い渡されて、地役人の人員整理、これまでの受用銀の廃止など新しい体制へと転換することになる。こうした新しい変化の潮流のなかで、常十郎が名村家の相続を願い出たとしても、直後に起きる変革のため、いわば待ったがかけられて立ち消えになったのではないだろうか。

こうしたなか、名村家を相続できなかった名村常十郎は、どのような関係にあったのか不明であるが、推測するに阿蘭陀通詞吉雄家からの支援があり、それによって呉家に身を寄せることになったのではないだろうか。それは上記上田はる『私の史料探訪 2（石橋家の人々）』[45]が記している明治になってからの長崎の元阿蘭陀通詞たちの交友である。

　　　祖父・助三郎の年始回り先を見ても祖母・なみの縁続きになる志筑[46]
　　　も入っているし、永春氏がいわれるには、政方の弟・成政の養家・西（吉
　　　兵衛）成度の孫の幸雄も曾祖父・吉雄永昌の妹・うらの夫池田賢太郎も祖
　　　父・助三郎とは親しく交際していたそうだ。西幸雄とは祖母・なみの弟

・永壽との付合もあった。私達の二代前までは交流があったことがわか
る。

　ここに出てくる祖父・助三郎とは石橋思案のことで父は石橋政方だが、長崎
の阿蘭陀通詞出身で維新後は外務省の官吏であった。「永春氏」というのは、
吉雄永昌の孫に当たる。また「うら」の夫が宇良の長男である「池田賢太郎」
になっているが、これは池田寛治の誤りである。どこかで錯誤が生じたのであ
ろう。また、西成度はオランダ通詞出身で幕臣となり森山多吉郎と共に幕末の
外交交渉に足跡を残し維新後は大審院長まで上った。しかし、こうした血の濃
い長崎の通詞団に入ったことで、池田寛治の没後もそのネットワークのなかに
いたことがわかる。

第　二　節　―池田寛治の義兄吉雄辰太郎

　ここで、池田寛治の義兄にあたる吉雄辰太郎について、少し触れる。吉雄辰
太郎も岩倉使節団に大蔵理事官随行として随行している。義兄弟で使節団に随
行している珍しい例であると思われるが、吉雄はアメリカで使節団随行を免ぜ
られ、当分の間アメリカに滞在するよう命じられている。吉雄はこの時には、
ニューヨークに滞在し、紙幣の印刷術などを学んでいたが、この吉雄と木戸孝
允との関係が『木戸孝允日記』がわずかではあるが見られる。まず大使・副使
から明治四(1871)年七月に発足した太政官の後身である正院への公信を集録し
た『大使公信』に正院十一号として明治五(1872)年七月一日付のボストンから
正院宛の報告書が収載されていて、このなかに吉雄辰太郎に、ニューヨークに
居残るよう命じた命令が収録されているのでこれを紹介する。

　　　一大蔵理事官随行吉雄永昌義御用之都合有之候間理事官随行差免當分米
　　國エ滞留申付候 [47]

　これは日付が西暦「千八百七十二年第七月廿九日」付ともしており、これよ
り前の『在米雑務書類』[48]には会計担当の田中光顕理事官随行であるのに書記
官が手が回らないので、書記官の補助をするように言いつけられる。

　　　　　　　　田中光顕随行
　　　　　　　　　　杉山一成
　　　　　　　　　　冨田命保
　　　　　　　　　　吉雄辰太郎
　　右者公書日記等筆寫并雑務通辯才當務之外書記官幇助相勤候様被　仰付
　度奉願候也

辛未十二月十八日　　　書記官一同
　　正使閣下
　　副使

尚以本文之儀田中光顕申談候處無差支趣ニ御座候事

　しかし、吉雄たちは余りの業務多端に音を上げてしまう。アメリカは物価が高く、手元不如意になり、留守宅への送金にも支障が出るとして、大副使に泣ついている。その結果、一日にメキシコ銀一弗が追加になる。この時には辰太郎から永昌に名乗を変えているのに気がつく。

　　　　　　　　　檢査大属杉山一成
　　　　　　　　　租税權大属冨田命保
　　　　　　　　　大藏省十一等出仕吉雄永昌
　　右三名共桑港ニ於テ書記官一同ヨリ願出則幇助之儀口達相成引續今以勉強仕居候然ニ孰モ殊之外之御手當少ニテ當國永々之滞在物価高貴之場所別テ困迫仕留守宅宛置候月給等ヲモ取越拝借不仕候テハ難立行仕合旁非常特例ヲ以テ一日一名ヘ墨銀一弗ツ、被増下候樣仕度此段一同奉歎願候以上
　　　壬申六月十七日　　　　田中戸籍頭
　　　　　　　　　書記官一同
　　　大副使公
　　　　　　閣下

　　　　　　　　　杉山一成
　　　　　　　　　冨田命保
　　　　　　　　　吉雄永昌
當務之外書記官之事務手傳候ニ付右御用中之者一日墨銀一弗宛被増下候事
　　　壬申六月十八日　　　　特命全権使 [49]
　（文意:右の三名はともにサンフランシスコ港において書記官一同から業務繁多につき加勢をして欲しいと頼まれ口頭で指令されたので、現在も引き続き命令通りに業務をしている。しかしことのほか手当が不足してアメリカでの滞在が長くなり、当地は物価が高いところなので、困窮して留守宅に送金している分も借りなくてはやっていけない情況になっている。特例で一日に一人頭メキシコ銀一ドルずつ増給してくれるよう嘆願します。／手伝っている間はメキシコ銀一ドルずつ増給する）

　吉雄ははじめの頃の文書では辰太郎としていたが、後半では永昌を名乗るようになっている。吉雄永昌は英語の通弁ができて、幕末神奈川詰めの通詞であった経験があり、書記官事務などもこなせたと言うことであろう。
　吉雄永昌の知られざる一面であるが、大使一行が渡英したあと、ニューヨー

クに残留していた吉雄が、木戸孝允にアメリカから書物を送っていることが、『木戸孝允日記』に見える。

　　（明治五年八月）十二日 [50]
　　吉尾ニューヨルクより書物を送れり

　吉雄を「吉尾」と誤記しているが、これは誰しもままあることである。吉雄永昌は木戸にアメリカから書籍を送付しただけではなく、十月にはイギリスに渡っていたことがわかる記述が『木戸孝允日記』に見える。

　　（明治五年十月）二十七日 [51]
　　吉尾□□米へ今日より歸れり

　木戸はこの時在英で、吉雄がアメリカから渡英したということは『木戸孝允日記』には見えない。吉雄辰太郎は何か使節団に用務があって渡英したのだろうが、その内容は全く不明である。『木戸孝允日記』はただ吉雄がロンドンからアメリカに戻るという記述をしているのみである。あまり気付かれることのなかった吉雄永昌と木戸孝允の接点である。

　　　　　　第　　三　　節　　　―池田寛治は甦るか

　井上毅が伊藤博文宛に出した明治十八（1885）年の四月四日付と推定されている書簡 [52] がある。この書簡では、この時期天津領事だった竹添進一郎からの書信を回達したのに対する礼状である。竹添の書信は、李鴻章がすすめる洋務運動の一環として建設しようとしている鉄道建設の費用に外債を充てようとしているが、難航すると述べているのに対して、井上は鉄道の権利を担保にすればヨーロッパ人は貸し付けに応じるだろうと述べている。
　井上は現在の中国における北京と上海（別称:滬）を結ぶ京滬線のルートに鉄道建設するのは「縦令李少荃（少荃 は李鴻章の字）が喉を焦して建言するととも、現今之支那政府にては完成覚束なしと存候」と述べて、李鴻章が声を嗄らして建言しても現在の清朝政府では完成は覚束ないと分析してみせる。さらに「小生は独り嘆す。李氏か衰運之際に立而猶慷慨奮作、希世之偉業を創立するを以而自ら任し毫も敗撓退屈之気なし」と清朝の黄昏に李鴻章が不撓不屈の精神であたっていると李鴻章の人物像を描いてみせる。
　引用が長くなったが、書簡の末尾に「池田寛治嘗云、我国に李鴻章なしと」と結んでいる。この書簡で判ることは、池田寛治は死後四年たっても、やはり使節団で副使であった伊藤博文にも何の説明もなく理解できる人物であったこと。そして、井上毅とも帰国後も交流があり「我国に李鴻章なし」と伝えてい

214

る間柄であること、それだけに「我国に李鴻章なし」といえるほど李鴻章に食い込んでいたと言うことではないだろうか。

　死後 4 年たっても忘れ去られることのなかった池田寛治ではあるが、後世には忘れ去られていたため、西海新聞「故長崎税關長池田寛治君の履歴」（明治十四年一月十八日付）について 23 項目にわけて、『百官履歴』と公文書の「故少書記官池田寛治祭粢料下賜ノ件」ほかを照合すべき資料として検討してきた。そして長崎・寺町所在の曹洞宗海雲山皓臺寺[53]に所在する「池田寛治之墓」の墓所を見つけ、その碑文についても検討してきた。

　特に池田寛治の生年については諸説あり、嘉永元年が主で弘化三年もあるが、西海新聞の「池田寛治君履歴」によれば、池田寛治の生年はこれより 1 年遅い「嘉永二酉年」である。これまでの検討ではこの池田寛治履歴の信用性は高いうえに、「池田寛治之墓」墓碑の「壽満三十三」とあることを考えれば、数え年では「嘉永二酉年」生まれがもっとも説得性のある生年だと思われる。さりながら生年までは確定できるものの、月日まで特定できる史料を発見できなかった。今後の課題である。

第 1 項 目	○	父親は池田姓・長崎生まれ
第 2 項 目	×	高島秋帆塾で学ぶ（記事の確認はとれない）
第 3 項 目	○	名村氏養子・阿蘭陀小通詞・呉家に移る
第 4 項 目	○	フランス語習得
第 5 項 目	○	済美館教導・運上所掛
第 6 項 目	○	広運館仏語教授方
第 7 項 目	○	呉政懋・大学少助教
第 8 項 目	○	外務省中訳官
第 9 項 目	○	大学少助教・中助教・大助教
第 10 項 目	○	副島種臣に随行・日露樺太国境画定交渉
第 11 項 目	○	岩倉使節団随行四等書記官
第 12 項 目	○	パリに滞在三か月
第 13 項 目	○	文部省七等出仕・池田寛治に改名
第 14 項 目	○	大蔵省七等出仕
第 15 項 目	○	内務省七等出仕
第 16 項 目	○	台湾出兵の北京交渉で大久保利通全権に随行
第 17 項 目	○	内務省六等出仕
第 18 項 目	○	天津副領事
第 19 項 目	○	正七位・肺病発症
第 20 項 目	○	領事に昇任
第 21 項 目	×	帰朝命令
第 22 項 目	○	従六位・熱海療養
第 23 項 目	○	長崎税関長

　西海新聞の池田寛治の履歴を 23 項目に分けて、その記述が確実なものなの

かについて、検討を重ねてきたが、その結果を○は合致、×は一致しないとして上の一覧表にまとめた。

その結果、高島秋帆の塾に学んだという第2項目については、高島秋帆に関しては、事実関係が異なる。高島秋帆は池田寛治の幼少期には、長崎を離れていて、長崎に戻ることはなかったのだから、池田寛治が高島秋帆の塾で学ぶということはありえないことだと思われる。

また、第21項目についてみると、天津からの帰国時期について齟齬があり、「西海履歴」と『百官履歴』及び「故少書記官池田寛治祭粢料下賜ノ件」の間に整合性はない。とはいうものの、天津からの帰国という事実については、基本的に変わりがないことを考えると、許容範囲内と言えるかもしれない。それでも、これまで見てきた23の項目のうち、あわせて21の項目について「西海履歴」は『百官履歴』と「故少書記官池田寛治祭粢料下賜ノ件」に一致し、この記事が全体としてかなり信憑性が高いことを示している。

これによって、池田寛治の生涯は、ほぼ概略が解明できたと思われる。

さらに西海新聞掲載の「池田寛治君履歴」を23項目に分けて、確実性があるかどうかにについて、検討を重ねてきたが、そのうち21の項目については、『百官履歴』などと西海新聞記事とはほぼ一致している。しかしながら、高島秋帆の塾に学んだという第2項については、高島秋帆に関しては、事実関係が異なる。高島秋帆は池田寛治の幼少期には、長崎を離れていて、長崎に戻ることはなかったのだから、池田寛治が高島秋帆の塾で学ぶということはありえないので、「西海履歴」には疑問を呈せざるを得ない。錯誤の範囲内なのかは判断がつきかねる。

また、第21項についてみると、天津からの帰国時期について齟齬があり、「西海履歴」と『百官履歴』及び「故少書記官池田寛治祭粢料下賜ノ件」の間に整合性はない。とはいうものの、天津からの帰国という事実については、基本的に変わりがないことを考えると、許容範囲内と言えるかもしれない。それでも、これまで見てきた23の項目のうち、あわせて21の項目について「西海履歴」は『百官履歴』と「故少書記官池田寛治祭粢料下賜ノ件」に一致し、この記事が全体としてかなり信憑性が高いことを示している。

これによって、池田寛治の生涯は、ほぼ概略が解明できたと思われる。

第2項と第21項以外で、出自の件は比較検討が難しいが、第1項目「君本姓佐々木氏父良三君池田氏を冒す」について考えると、「冒す」というのは他家の姓を名乗る、または他家を継ぐことだから、池田寛治の父親・良蔵は佐々木氏の生まれで、池田家を継いだと考えられる。そこで池田良蔵が生きた時代に近い『慶應元年　明細分限帳』[54]をみると、長崎の地役人のうちに佐々木姓は三家ある。そのうち二家は「唐人番筆頭／高七石弐人扶持／外受用銀壱貫七百目／佐々木久之丞」と「唐人番／高七石弐人扶持／外受用銀壱貫七百目／佐々木文蔵」がある。もう一家は「普請方／受用銀壱貫八百目／内助成百目／佐々木龍三」である。いずれであるにしても父親がこの唐人屋敷住まう中国人た

ちの雑用や監視などを務めた唐人番[52]の役職を務める家の出あれば、推測であるが、池田寛治が名村家を離れたあとに、唐通事の呉家に「厄介」になることができたのは、こうした縁によるものではないかと考えられる。

また父親の良蔵が長崎にある各藩の蔵屋敷勤務の藩士の子ということも考えられる[56]。幕末に長崎海軍伝習所に派遣されていた薩摩藩の五代友厚が長崎で娘を儲けた例もある[57]。のちに大阪商法会議所頭取にもなる五代友厚の場合は娘だったが、男子であれば他家へと養子に行くことも考えられる。その場合であれば実父の姓として佐々木氏だとか名乗ることもできる。このほか父親が長州出身の儒医で地役人ではなかった福地苟庵(1795-1862)[58]の息子である福地源一郎(桜痴)の例を見ると、一時的にではあるが阿蘭陀通詞名村八右衛門(1802-1859)の養子にもなっているので、ありえないことではない。

しかし、先述したように墓碑から池田寛治は呉家の出身ではなく、少なくとも池田家であることは、確実だと言える。墓碑がすべて信頼に堪えうるかどうかはともかくとして、それだけでなく池田寛治が身を寄せた呉碩の子どもたちが維新後もそのまま呉姓を名乗っているにもかかわらず、池田寛治は維新後の明治四年頃までには呉姓から池田姓に変えていることからも明らかだと考える。呉碩の養子大五郎は長崎の島田茂の次男で呉家に養子に入り[59]、維新後も呉碩没後に家督を継いだ呉啓太及びその子彰雄の籍[60]に入っていて呉姓を名乗っていることからも[61]明らかだろう。それは西海新聞に載せる履歴には「名村氏に養わる」とあるのに対して、「名村氏を去り呉氏に寄る」とあって、「寄る」には「仮住まいする」の意があることを考えれば、「養わる」とは使い分けていることが了知できる。このことを顧慮すれば、池田寛治は呉家出身とは言えないだろう。もともとの呉家出身であれば、名村姓から戻っても呉姓のままであり、呉家の生まれであれば西海新聞記事も「呉氏に寄る」ではなく「呉氏に戻る」とするのではないだろうか。池田寛治が呉姓を変えた理由はそのころに実父が死去し[62]、家督を相続する必要があったからではないかと思われる。池田寛治はもともと池田姓であると考えるほうが整合性がある。つまり池田寛治は、池田(幼名)→名村常十郎→呉常十郎→呉政懋→池田政懋→池田寛治と名前を変えていったと考えるとわかりやすいだろう。

池田寛治の生涯を概観すると、①池田(幼名)のころは幼少から利発で阿蘭陀通詞名村家分家三代の名村常之助の養子になり②名村常十郎として、稽古通詞三年で阿蘭陀小通詞にすすんだ。早い昇進だったが、慶応三年五月に養父常之助の死去と同時に、阿蘭陀通詞の制度自体が廃止になり、養家を継ぐことなく終わったが、阿蘭陀小通詞時代に同じ阿蘭陀小通詞仲間の吉雄辰太郎の妹うらと結婚。唐通事の呉振浦系の呉家に身を寄せて④呉常十郎となり、フランス語を習得する。新政府に出仕し、大学助教となり⑤呉政懋と称して樺太日露雑居問題の日露交渉に携わったり、台湾出兵事件の処理の為の外交に関わるなど外交の前面に出た活躍している。そして⑥池田政懋の名前で岩倉使節団に四等書記官として参加し、大久保利通の知遇を得、帰国後はフランス語文献の翻訳で大久保利通に貢献し、大久保利通の反「征韓論」に影響を与える。帰国後は⑦

池田寛治と改姓した。そして、中国天津に領事館が開設されるのに伴い、天津の副領事に転じた。清朝の大官であった李鴻章に繋がりを持ち、西南戦争を側面から援助するなどしたが、当時不治の病だった肺病を発症した。天津領事に昇任したのちに、故郷の長崎税関長に転じて生涯を終えた。天津領事から長崎税関長に転じることができたのは、やはり維新政府の高官たちに配慮をさせるようなものが池田寛治にあったのではないだろうか。

　最後に池田寛治の家族について考えると、池田家が長崎の地役人でないだろうと思われるが出自ははっきりしなかった。しかし、その墓碑から妻は吉雄作之丞の長女・うら［宇良］であり、ここで吉雄耕牛の曾孫・宇良と結ばれ、阿蘭陀通詞の名門に連なっている。しかも、結婚は慶応二年の早い時期だと推定できるので、同じ阿蘭陀小通詞末席仲間だった吉雄辰太郎（永昌）が取り持った縁と推定できるだろう。のちのことではあるが、阿蘭陀通詞・石橋庄次郎（政方）とも縁続きになっている。夫婦には慶応三年二月生れの長男賢太郎、次男定治がいた。

　また、池田寛治の兄弟については「明治六年六月新街私塾生徒名前」[63]に「第四大区一小区 [64]、十善寺郷 [65]　兄池田寛治　池田虎次　十三歳四ヶ月退塾申三月廿日」とあり、池田寛治の弟に池田虎次という弟がいたらしいことがわかる。明治六（1873）年には池田寛治は帰朝していて、父親はすでに死亡し母親しかいないという状況であれば、池田寛治が保護者として名前を連ねた可能性はあると思われる。池田虎次のその生涯については不明である。

　「崎友会写真帳」[66]という名の写真帳が、長崎歴史文化博物館に所蔵されている。「崎」とは長崎の「崎」をとったものであろうが、崎友会とはもともとは、明治十二（1879）年に在京の長崎出身者が集まって、長崎を偲んだというのが会の始まりだと、福地源一郎が巻頭言（明治二十六（1893）年十一月二十日付）で書いている。この写真帳はその福地も亡くなった後二十年近く過ぎた、しかも二十世紀に入った明治四十四（1911）年五月の刊行だった。このなかには、福地源一郎をはじめとして、本稿で言及した呉永寿や吉雄永壽それに志筑高久だけでなく、大日本帝国憲法の起草者の一人伊東巳代治、現在世界的な綜合機械メーカーになっている株式会社 IHI の前身の一つ石川島造船所の創始者である平野富二らの肖像写真も収載されている。長崎の通詞・通事たちは、オランダ語や南京官話などの中国語だけでなく、東アジアの変動にあわせて幕末には英語、フランス語にロシア語などにもその語学の幅を広げつつあった。現在の北海道利尻島に上陸した英語母語話者のラナルド・マクドナルドに学んだ森山栄之助ら十四人だけでなく、長崎の通事・通詞たちは幕末の変動や維新後の激動に対応することになった。こうしたなかで最後の光芒の一人ともいえるのが、池田寛治だったのではないだろうか。生年もはっきりせず、短命だったためその事績も埋もれたままなってきた池田寛治であるが、本書によってその経歴に少しは曙光が射したであろうか。

　池田寛治が肺病にかかることなくその後も健康に過ごして、東アジアの天津だけでなくヨーロッパを含めた外交の舞台で活躍をしたかもしれないことを想

像することもできるかもしれない。あるいは、池田の後任の竹添進一郎が、朝鮮駐在弁理公使となって明治十七(1884)年十二月に甲申事変[67]に関与するようなことになっていたかもしれない。しかし、あり得べき未来の話はともかく、池田寛治の生涯を振り返れば、維新以後に新政府に出仕し、樺太(サハリン)の国境画定交渉、岩倉使節団随行、征韓論論争、台湾出兵、琉球処分、西南戦争など、維新後の日本が直面した案件にほとんど傍観者ではなく直接間接に主体的に関わっていることがみてとれる。内政だけではなく、外交官としても清朝末期の実力者である北洋大臣直隷総督の李鴻章に食い込み、池田寛治は主演級役者ではないが、助演役者としては、新政府の枢機に加わっていたと言えるだろう。

　池田寛治、池田政懋、呉政懋、呉常十郎、名村常十郎に関する史料はまだまだ各地の文書館などに遺っていて、発掘されることを待っているだろうし、閲覧可能な史料に挟み込まれた文書など目につかなかったものも多くあるに違いない。これらに出会うことが可能になれば、池田寛治の輪郭はもっとはっきりするだろう。池田寛治が明治十四(1881)年に没して以来、令和五(2023)年には142年になるが、その人物像の構築や評価に取り組むべき時代を迎えたのではないだろうか。

註)

1)「明教新誌」　明治七(1874)年から明治三十四(1901)年まで 4,603 号に亘って続いた仏教新聞で、当初は『官准教会新聞』、後に『明教新誌』に変更。当初より特定の宗派に偏らない編集方針を採用。この新聞の主宰は、著名な仏教運動家でジャーナリストとしても知られた大内青巒(1845-1918)。その下にのちに著名な東洋史学者となる内藤虎次郎（湖南，1866-1934)も。*cf.* 佛教大学図書館 HP:https://bird.bukkyo-u.ac.jp/collections/titles/meikyoshinshi/

2)「分限帳」（嘉永二年)東京大学史料編纂所　架蔵番号　外 156

3)「長崎諸役人帳」（嘉永五年・内閣文庫)国立公文書館[請求番号]152-0124　DA28　コマ及び 49 コマ

4)簱先好紀『長崎地役人総覧』（長崎文献社・2012.10.1.)には「館内費用改役」「館内遺用改役」「銀札改役」とも見えないが、町年寄の加役として「館内遺用方」がみえる。p37.に「館内遺用方」は「宝暦十三年(一七六三)までは銀札方と称す。同年正銭渡しとなり、唐人屋敷での生活費として一船一ヵ月定式三十貫文とす。通事・唐人屋敷乙名を経て提出された唐人の願書を奉行所へ取次ぎ、裁可を得て長崎会所に支給を命じ、一月毎に日用売込高勘定帳突き合わせて残高を奉行所の奉仕所に書類で報告」とある。

5)長崎歴史文化協会/越中哲也編『慶應元年明細分限帳』（長崎歴史文化協会/越中哲也・1985.3.1.)

6)「年齢計算ニ関スル法律」（明治三十五年法律第 50 号）で年齢は出生の日から起算するものとなった。これ以前は「明治六年二月五日太政官布告第 36 号」で「自今年齢ヲ計算候儀幾年幾月ト可相数事／但舊□□中ノ儀ハ一干支ヲ以テ一年トシ其生年ノ月数ト通算シ十二ヶ月ヲ以テ一年ト可致事」としていたが、いずれも義務ではなかった。

7)上田はる「曾祖父達の明治」（洋学史研究[洋学史研究会]20・2003.4.25.)

8）石原千里「オランダ通詞名村氏 −常之助と五八郎を中心に−」（英学史研究[日本英学史学会]21 号・1988.10.1.）

9）天津居留民團編『天津居留民團二十週年記念誌 』（天津居留民團・1930.5.29.）p.248.　国立国会図書館 DC552-553 コマ（最終閲覧日:2023.4.3.）

10）杉本つとむ「蘭学資料『免帽降乗録』の小察−吉雄耕牛・同俊蔵を中心として−」（「国文学研究」[早稲田大学国文学会] 52・1974.02.20.）

11）『和蘭詞品考学』　志筑忠雄のオランダ語文法書で、志筑の一連のオランダ語学に関する著作によって日本のオランダ語理解はで従来の漢文訓読風の読解から飛躍的に進歩することになった。

12）『ドゥーフ・ハルマ』　もともとは商館長ドゥーフが通詞の能力向上にフランソワ・ハルマ（オランダの出版業者、Francois　Halma,1653-1722)編『蘭仏辞典』を訳していたが、初稿ができあがったあと、幕命を受け通詞の語学力の向上のためフランソワ・ハルマ編『蘭仏辞典』をもとにドゥーフおよび吉雄権之助ら通詞 11 人の協力で蘭日辞典『ドゥーフ・ハルマ』の編纂をすすめた。完成はドゥーフの離日後。同じ『蘭仏辞典』をもとにした簡便な「江戸ハルマ」に対して「長崎ハルマ」という。

13）『諳厄利亜語林大成』　本木庄左衛門（正栄）が中心になって編纂した日本初の英和辞典。文化十一(1814)年に完成した。文化五(1808)年の英艦フェートン(HMS Phaeton)号による事件に衝撃を受けた幕府は英語の必要に迫られ、オランダ語通詞らに英語習得 を命じ、編纂させた。

14）上田はる『私の史料探訪 2（石橋家の人々）』（上田英三・2004.6.1.）

15）イサベル・田中・ファン・ダーレン「阿蘭陀通詞系図（Ⅴ）−名村家−」（日蘭学会会誌 55・2007.12.25.）

16）「櫻癡居士直筆小伝」　東京朝日新聞明治三十九年一月六日〜二十日掲載のうち一月六日付に「加之名村氏内の折合も悪しく将来その妻たるべき女子にも嫌はれたれば」とある。この記事は櫻癡がこのとし一月四日に死去した後に掲載されたもので、野崎左文（土佐藩出身、長崎で英語・大学南校に学び、のち新聞記者,1858-1935)が明治十八(1885)年頃に櫻癡自身に書いてもらった略伝だという前文付。

17）朝長敬一郎「史料紹介 矢嶋七郎太日記[Ⅱ]」（「長崎総合科学大学紀要」42-1・2・2001.12.10.）所収の「矢嶋七郎太日記」（長崎裁判所に属する西洋式軍隊である振遠隊として維新後に長崎から奥羽戦争に従軍した矢嶋七郎太の日記）の紙背文書「長崎諸役人名前」（成立は、阿蘭陀通詞では文久三年(1863)に小通詞末席に　なる志筑龍三郎がすでになっていること、さらに翌年の文久四／元治元年(1864)に小通詞末席になる名村常十郎がまだ稽古通詞であるうえに、唐通事では文久三年に小通事助となる中山玄三が「長崎諸役人名前」ではすでに唐小通事助で、元治元(1864)年に小通事并になる神代時次がまだ唐小通事末席なので、文久三年の遅い時期ではないかと推定できる）による。

18）「諸役人分限帳　慶応二寅年」　長崎歴史文化博物館資料番号 13 1392

19）森永種夫校訂『長崎幕末史料大成　四』（長崎文献社・1971.3.25.）p.466.

20）「分限帳　慶応三卯四月」　長崎歴史文化博物館資料番号 11 2158

21）森永種夫校訂『長崎幕末史料大成　五』（長崎文献社・1971.7.1.）p.57.

22）「戊辰六月改　分限帳」　長崎歴史文化博物館資料番号 310-102

23)「分限帳　明治元年六月改」(外国管事務所／編)長崎歴史文化博物館資料番号 14 3-7

24)「慶応三年 文書科事務簿　慶応三年御改革申渡留　全」　長崎歴史文化博物館　資料番号
B)14 49-4)

25)「長崎諸役人附安政 3 年慶応 3 年明治元年明治 3 年」　長崎歴史文化博物館　資料番号　テ
14　104

26)「長崎府職員録　明治元年」　長崎歴史文化博物館資料番号 14 49-1

27)武市佐市郎編「土佐史談」53 号(土佐史談会・1935.12.20.)pp.129.-131.

28)武市佐市郎編「土佐史談」53 号(土佐史談会・1935.12.20.)p.131.

29)長崎県立長崎図書館編『幕末・明治期における長崎居留地外国人名簿』Ⅱ(長崎県立長崎図書
館・2003.3.31.)p.149.に「九番シキユート商会／蘭　シキユート」とある。次ページには p.150.
には「大徳寺止宿／米　フエルベーキ」とあり、フルベッキが大徳寺に止宿していたことが分
かる。

30)森永種夫校訂『長崎幕末史料大成　二』(各国往復文書編第2)(長崎文献社・1970.1.10.)① pp.
301.-302.② pp.311-312.③ pp.312.-313.④ p.313.⑤ p.314.⑥ p.329.

31)高知地方史研究会編『土佐群書集成第 19 巻　長崎土佐商會関係文書』(高知市立市民図書館・
1969.10.25.)p.54　国立国会図書館 DC39 コマ(最終閲覧日:2023.4.3.)

32)富田正文校注解説『福翁自伝』(慶應義塾・2010.4.1.)p.96.

33)生熊文編訳『ギルデマイスターの手紙−ドイツ商人と幕末の日本−』(有隣堂新書 38・1991.3.15.)pp.
32.-34.及び石原千里「『福翁自伝』の英学史関連記述について 」(英学史研究[日本英学史学
会]27・1994.10.1.)

34)「長崎地役人分限帳　明治三年」　長崎歴史文化博物館　資料番号テ 14 102

35)日蘭和親条約　安政二(1855)年十二月に締結した和親条約。嘉永七(1854)年に日米和親条約
が締結されたことを受けたもの。この条約によってオランダ人は出島から長崎市街への出入り
が認められるようになるなどオランダ人に対する種々の拘束も解けることになった。

36)オランダ商館廃止・オランダ領事館設置　安政五年日蘭通商条約の成立によりオランダ商館
は廃止、代わりに総領事館が設置された。総領事は最後のオランダ商館長であったヤン・ヘン
ドリック・ドンケル・クルティウス(Jan Hendrik　Donker Curtius,1813-1879)が就任した。ク
ルティウスは長崎海軍伝習所の設置を幕府に提案し、海軍伝習は安政二年から始まった。その
第二次教師団としてオランダ海軍のウィレム・ヨハン・コルネリス・リデル・ホイセン・ファ
ン・カッテンディーケ(Willem Johan Cornelisridder Huijssen van Kattendijke,1816-1866)を招き、
勝海舟、榎本武揚などの幕臣に、航海術・砲術・測量術など近代的海軍教育を施した。カッテ
ンディーケとともにヨハネス・レイディウス・カタリヌス・ポンペ・ファン・メールデルフォ
ールト (Johannes Lijdius Catharinus Pompe van Meerdervoort, 1829-1908) は長崎を訪れ、日本初
の系統だった近代医学を長崎奉行西役所医学伝習所において開始した。その開始した安政四年
九月二十六日(1857 年 11 月 12 日)は、近代西洋医学教育発祥の日となっている。また、万延
二(1861)年には長崎に日本で初めての近代西洋医学による教育病院である「小島養生所」(ベ
ッド数 124)を開設し、身分に関係なく治療に当たった。

37)出島も外国人居留地に編入開港後、安政六年、まず長崎の南側の大浦海岸が埋め立てられ、
続いて背後の東山手、南山手の丘陵部に居留地が造成され、出島も慶応二年に外国人居留地に
編入された。

38) 長崎御用銅の廃止　長崎御用銅とは輸出用の銅ことで、銅は幕府の流通統制のもとにおかれており、輸出用の価格は、市場価格より低く抑制されてた。全国の銅山から集められた銅を大坂の精錬業者が精錬して中国やオランダとの貿易決済に使われていた。日本で生産された銅は半分以上が海外に輸出されていた。

39) 長崎会所　長崎市役所編『長崎市史地誌編名勝旧蹟部』（長崎市役所・1937.3.15.）p.680.に「長崎会所は唐貿易及び阿蘭陀貿易に関する輸出金品調達輸入品引請分配と長崎市及び長崎代官支配地に係わる官公吏俸禄租税等金銀一切の出入を総轄する官庁である」とある。

40) 受用銀　貿易の利潤から長崎会所から支給される役料。

41) 東京大学史料編纂所編『唐通事會所日録　四』（東京大学出版会・1962.3.30.）pp.6.-9.

42) 二木三郎兵衛　1668-1704。林公琰系の唐通事三代目。大通事に昇る。二木は林姓の長崎奉行が赴任してきたため、憚って二木姓名乗った。cf.林陸朗『長崎唐通事　大通事林道栄とその周辺　増補版』（長崎文献社・2010.1.25.）

43) 林陸朗『長崎唐通事　大通事林道栄とその周辺　増補版』（長崎文献社・2010.1.25.）p.8.

44) 何礼之「公私日記」　東京大学史料編纂所所蔵「長崎唐通事何礼之関係史料」所収。子孫の何俊郎氏より寄贈されたもので、文久二(1862)年から大正十(1921)年までの日記類・岩倉使節団関連史料・明治政府からの辞令原本・系譜類など文書史料 351 点古写真 95 点の全 446 点からなる。デジタル画像も閲覧可能。

45) 上田はる『私の史料探訪 2（石橋家の人々）』（上田英三・2004.6.1.）pp.421.-422.

46) 志筑　この志筑は、志筑高久(1833-?)のことと推定できる。志筑高久『日本名所遊覧圖解』（明光社・1892）に著者の住所が「京橋区弓町一番地」とあることから、また子息である志筑岩一郎(1856-?)の住所は「工学会々員名簿」（工学会事務所・1892.12.22.）に「志筑岩一郎　京橋区弓町一番地」とあるので、高久か岩一郎かは確定できないものの住所が「弓町」であることは一致している。志筑岩一郎は明治十七(1884)年に工部大学校化学科卒業、明治二十(1887)年に帝国大学工科大学応用化学科助教授(cf.「志筑岩一郎工科大学助教授ニ任叙ノ件」（国立公文書館[請求番号]任 A00147100）。明治二十七(1894)年に退官。(cf.「工科大学助教授　志筑岩一郎依願免官ノ件」（国立公文書館[請求番号]任 B00039100）。後明治三十六(1903)年四月に石川県立工業学校長に就任(cf.「志筑岩一郎石川県立工業学校長ニ被任ノ件」国立公文書館[請求番号]任 B00332100）。「志筑岩一郎工科大学助教授ニ任叙ノ件」によれば、父は東京府平民の志筑高久で、志筑高久は福島県の安積疎水を開削したオランダ人の技師ファンドールン(Cornelis Johannes van Doorn,1837-1906)の通弁を勤めている。「官員録明治 7 年毎月改正」（西村隼太郎編・西村組出版局・1877[国立国会図書館 DC]）に「内務省土木寮八等出仕　ナガサキ志築高久」と同名で現れる。明治七(1874)年七月十七日付の「7.17　土木頭皇城内設置の上水樋筋為見分ファンドールン外出張の件申進」(JACAR(アジア歴史資料センター)Ref.C09120176600)に「皇城内ニ設置スル上水樋筋為見分当雇庸長エ□ファンドールン通弁官志筑高久外一人相添来二十日午前第九時出張為致候間都合差支之義無之様其筋江御達有之度此段申進至候也／七年七月十七日林土木頭／宮内大少丞御中」とあり、「通弁官志筑高久」とある。cf.原田博二「阿蘭陀通詞志筑家について」、及びイサベル・田中・ファン・ダーレン「オランダ史料から見た長崎通詞ー志筑家を中心にー」いずれも志筑忠雄没後 200 年記念シンポジウム実行委員会編『志筑忠雄没後 200 年記念シンポジウム報告書蘭学のフロンティアー志筑忠雄の世界』（長崎文献社・2007.11.1.）所収。また上田はる『私の史料探訪 2（石橋家の人々）』p.383.には吉雄永春の言葉

として「志筑岩一郎に吉雄永昌の姉が嫁いでいる」とあるが、池田寛治の妻・宇良は、墓碑には長女とあるので、宇良以外に娘がいたことになる。

47）「単行書・大使書類原本大使公信」国立公文書館［請求番号］単 00321100　DA32 コマ

48）「単行書・大使書類原本在米雑務書類」国立国会図書館［請求番号］単 00325100　DA5-6　コマ

49）「単行書・大使書類原本在米雑務書類」国会図書館［請求番号］単　00325100　DA25-26　コマ

50）前掲『木戸孝允日記　二』p.233.

51）前掲『木戸孝允日記　二』p.280.

52）伊藤博文関係文書研究会編『伊藤博文関係文書　一』（塙書房・1973.1.30.）p.356.

53）曹洞宗海雲山皓臺寺　長崎市寺町所在。慶長十三（1608）年創建。

54）註 5）と同じ。

55）唐人番　山本紀綱『長崎唐人屋敷』（謙光社・1983.2.10.）p.237.に「元禄元年二年に亘って二十名の浪人を召抱え、唐人屋敷大門及び二ノ門に勤番して出入を検し、兼ねて唐人屋敷警衛に任じ、唐人外出を護衛した」とある。

56）長崎県史編集委員会編『長崎県史　対外交渉編』（吉川弘文館・1986.3.1.）によると、蔵屋敷を設けた諸藩は、九州一円は勿論、中国筋の備後福山に及ぶ」といい、「正確な意味での蔵屋敷は」秋月藩・長州藩・柳川藩・小倉藩・薩摩藩・五島藩・久留米藩・対馬藩・大村藩・島原藩・佐賀藩・熊本藩・平戸藩・唐津藩の十四家が蔵屋敷をおいていた。佐賀藩の諫早・武雄・多久・深堀の諸家も独自の用邸を持っていた。

57）日本経営史研究所編『五代友厚伝記資料』第 1 巻（東洋経済新報社・1971.1.25.）所収の「贈正五位勲四等五代友厚君伝」（片岡春卿編輯）p.15.には「文久三年癸亥六月二十二日、庶子治子生る。君二十九歳。治子は、長崎東浜町徳永廣子の産む所、故有りて五代家籍に編せず」とある。

58）亀田一邦「福地苟庵小伝—長府に生まれた桜痴居士の父—」（『幕末防長儒医の研究』（pp.259.-278.）所収・知泉書館・2006.10.20.）

59）人事興信所編『人事興信録』第 4 版（人事興信所・1915.1.10.）及び人事興信所編『人事興信録』第 5 版（人事興信所・1918.9.15.）には「明治 11 年 10 月養はれて呉家に入り同四十二年分かれて一家を創む」とある。養父・呉碩の兄・島田（旧姓・呉）彌三次について『唐通事家系論攷』に「東浜町の島田治八の養子になった。その子久米太郎が継いだ」とあるので、この島田氏との関係がありそうだ。ところで島田粂太郎の名前は、三井文庫編『三井事業史資料篇 4 上』（三井文庫・1971.8.10.）p.131.の「三井商店理事会議事録」に見える。

60）人事興信所編『人事興信録』第 4 版（人事興信所・1915.1.10.）及び人事興信所編『人事興信録』第 5 版（人事興信所・1918.9.15.）に、呉大五郎は「東京府士族呉彰雄の叔父にして」とある。

61）呉大五郎の死亡広告（東京朝日新聞大正十二（1923）年三月二十七日付）には、喪主として子息の呉祐吉と西村大介の名前が書かれていて、祐吉は呉姓を継承している。国立国会図書館収集・書誌調整課のご教示による。

62）池田寛治の父・良蔵は、戒名塔によると、明治二（1869）年に死去。

63）「明治六年六月新街私塾生徒名前」　長崎歴史文化博物館資料番号へ 1　1 100

64）長崎県第四大区一小区　大区小区については、明治四年四月の基づき、翌明治五年に長崎県内は 101 の大区、755 の小区に分けられた。明治六（1873）年に区画を整理し、35 の大区となったが、長崎県文化振興課によると、この前期の大区小区の区画がわかる資料はみつかってお

らず同定は困難だとのこと。

65）十善寺郷　唐人屋敷を囲んでいた地域で現在の館内町、稲田町、中新町、十人町にあたる。

66）「崎友会写真帳」長崎歴史文化博物館所蔵は「資料番号18　86」と「資料番号チ18　3」の二種類を所蔵しているが、全く同じものではなく、写真の異動が多少ある。

67）甲申事変　光緒十年十月十七日（明治十七(1884)年十二月月四日、冊封を受けていたため清の年号を使う)に朝鮮で起こった急進開化派によるクーデター。親清派勢力の一掃を図り、日本の援助で王宮を占領し新政権を樹立したが、清国軍の介入によって3日で失敗。

あ と が き

　明治三十三年十月十日夜半 [1]に北ドイツ・ロイド汽船会社のプロイセン号(Pr
eussen ／ 5,615tons)が長崎港に投錨した。プロイセン号は横浜とドイツ・ブレ
ーメンを結んでいた。この船にはイギリス留学のためロンドンに向う夏目金之
助(漱石)、いづれもドイツ留学の藤代禎輔(ドイツ文学者,1868-1927)、稲垣乙
丙(農学者,1863-1928)、芳賀矢一(国文学者,1867-1927)、戸塚機知(陸軍軍医,18
68-1910)のあわせて5人が乗船していた。5人にとっては、長崎が最後の日本
本土になる。11日に漱石は下船し長崎県庁を訪問している。その日記には次の
ように記されている。

　　　十一日長崎上陸縣廳ニテ馬淵鈴木二氏ニ面會ス筑後町迎陽亭ニ至リ入浴
　　午餐ヲ喫ス四時半歸船兩氏及池田氏ニ送ラル [2]。

　漱石はイギリスからの帰国には日本郵船の貨客船博多丸(6,151tons)で帰国し
ているが、長崎に立ち寄ったかは詳らかではない。この日が漱石にとって唯一
回の長崎訪問かも知れない。そこで日記に出てくる「馬淵鈴木二氏」と「池田
氏」の三人が誰なのかを探る。この三人ついて1966年版の『漱石全集』[3]では
漱石と関係がある人物なのかを示す註はない。そこで、漱石と同航した芳賀矢
一「留学日誌」[4]と照合してみる。

　　　九月十一日(火曜)四時、眠醒むれば船已に長崎に在り。八時、朝餐を終
　　へて直に上陸し、一行車を聯ねて、馬淵鋭太郎氏を県庁に訪ふ。参事官鈴
　　木兼太郎氏、亦大学の出身なり。談話半時許、一行は迎陽亭に入り、湯沐
　　し、午餐を喫す。和洋折衷の料理にして、頗る(二字抹消)甘味口に適す。
　　三時、同亭を辞し、大波止場にいたる。馬淵、鈴木氏、亦送り来り、県庁
　　の小汽艇を艤して、本船に至る。(以下略)

　これで一行は県庁の馬淵鋭太郎を目指して尋ねたことがわかる。「参事官鈴
木兼太郎」は「鈴木兼次郎」の誤りだろう。「職員録・明治三十四年四月(四
月一日現在)・職員録(甲乙)」[5]の長崎県分には知事以下、書記官馬淵鋭太郎
に参事官鈴木兼次郎と技師池田賢太郎の三人の名前が見える。これらのことか
ら漱石日記の「馬淵鈴木二氏」のうち、馬淵は、馬淵鋭太郎(内務省官僚,1867-
1943)のことで書記官(現在の副知事か)。漱石と同年の生まれ。しかも一高で
も同級生だった。鈴木は鈴木兼次郎(内務省官僚,1871-1945)のことで参事官(現

在の県部長級か）。大学は漱石とは入れ違いなので漱石と面識があったかはわからないが、芳賀矢一『留学日誌』では「参事官鈴木兼太郎氏、亦大学の出身なり」という扱いである。そして「池田氏」については、芳賀矢一は触れていない。とはいうものの、池田賢太郎は漱石とは一高で同級生だったし、この時長崎県技師だったが、それだけでなく夏目の相婿鈴木禎次（1870-1941）とは造家学科の同級生である。また漱石が一時は建築家を志したこともあることが思い浮かぶ [6]。漱石と池田賢太郎の関係がありきたりのものではなかったということを示唆しているだろう。この日漱石は長崎に上陸して、長崎県庁で大学の同級生を訪ねて留学の挨拶をしたのだろう。

　漱石は芳賀矢一と違って名前を逸することができなかった池田賢太郎とは、何者だろうか。慶応三年生まれで漱石とは同年の生まれだ。父は本稿で取り上げた池田寛治である。工部大学校から第一高等中学校に入学し、文科と工科で違うが落第した漱石と同級生になった。のちに池田賢太郎は、落第して後輩になるが、工科大学造家学科（現、建築学科）を明治二十九年に卒業。賢太郎は三年次に一度退学しているので、伊東忠太（1867-1954）、長野宇平治（1867-1937）、同級生は野口孫市（1869-1915）、遠藤於菟（1866-1943）、一年後輩には武田五一（1872-1938）と近代建築草創期の建築界の綺羅星のような建築家が並ぶ。卒業後、賢太郎は長崎税関嘱託、長崎県技師、陸軍技師となり、台湾、関東州、朝鮮などで軍関係の建築に当たった。建築士と言うだけではなく、学生時代は尾崎紅葉や石橋思案それに山田美妙らが作った文学結社・硯友社の同人でもあった [7]。尾崎紅葉には明治十八年五月から『我楽多文庫』筆写回覧本第一集から掲載した紀行文『江嶋土産滑稽貝屏風』[8] があるが、前年の石橋思案、賢太郎とともに江ノ島遊んだことを描いており、翌十九年『我楽多文庫』活版非売本発行時の同人六人のうちの一人でもある。雅号は研池、別号に瓢亭木栗子、氷山 [9]。作品発表は狂句二句と落語一話のみだった [10]。また、尾崎紅葉の「金色夜叉」の主人公間貫一の親友荒尾譲介のモデルの一人だといわれる [11]。硯友社に誘ったのは賢太郎とほぼ同じ時期第一高等中学校（大学予備門）と帝国大学に在学していた石橋思案（1867-1927）だろうが、石橋は父親が長崎の阿蘭陀通詞で外務省勤務である石橋政方で、父池田寛治とは長崎以来の古い付き合いであるうえに、賢太郎の従姉妹の夫でもあった。またボート部で一高時代から大学時代にかけて活躍し、対校戦の先駆けと言われる一高対高商戦の第三回（明治二十二年四月十日）では池田は舵手、中村是公は整調（コックス）で出場し、東京高商（現、一橋大学）に勝利している [12] が、この中村は漱石の親友である中村是公（旧姓柴野、のち南満洲鉄道総裁、東京市長など,1867-1927）のことである。

　池田寛治の次男は定治だが、寛治が岩倉使節団で海外渡航中の明治五年に生まれ、中等教育終修了後に入る東京工業学校窯業科 [13]（3 年制の専門学校。のち東京高等工業学校、官立東京工業大学などを経て令和六（2024）年に東京科学大学）を明治二十六年に卒業。兵役を経て大蔵省青森税務管理局技手を務めていたが 29 歳で明治三十四（1901）年に没している [14]。定治の詳しい履歴はほと

んど分からない。池田寛治の子ども世代までは曲がりなりにも追跡できたものの、次の世代以降は追跡が困難であった。

　以上本文では触れられなかった池田寛治の次の世代について述べたが、池田寛治について資料や記録類を探し始めた頃は、まだ各資史料館などは自由にアクセスができ、資史料を手に取り閲覧することが可能であった。しかし、令和二（2020）年から新型コロナウイルスの蔓延のため、関係の各館では休館が相次ぎ、原資史料にあたるのは困難な事態に陥った。新型コロナウイルスの流行は依然として続いているが、現在は多少の制限付きであってもかなり閲覧については原状に戻りつつある。とは言えこのところは、デジタルアーカイブで閲覧することが多くなったことは御寛恕願いたい。

　資史料となる古文書や記録類の探索と言えば、かつては書庫で埃にまみれながらの作業というイメージだったと思う。筆者も学生時代に、大学図書館で目的の書籍を探すために、棚の本を動かすと降り積もった歳月が重なったような埃が舞い上がり、その埃で咳き込むことがしばしばであった。しかし、このところのインターネットの発達に加え、この十年ほどのあいだに国立公文書館デジタルアーカイブやアジア歴史資料センター、それに国立国会図書館デジタルコレクションを始め公的な歴史資料データベースが飛躍的に充実し、かつてとは比較にならないほどに簡単に資料の所在の確認や閲覧が行えるようになった。このことが今回のコロナ禍でも資料と記録類を探すのに恩沢を齎している。当原稿も当然ながらその恩恵の上に成り立っている。

　またこのところ大学のアーカイブスも充実してきていて、こうした傾向が一層進めばさらに資料や記録類の発掘が進むだろうと期待している。しかしながら、これらのデジタルアーカイブの向こう側には当然だが、まだまだ書庫の棚に眠っている無数の資史料が閲覧を待っているはずである。こうしたことを踏まえて本稿を書き上げたことをご理解を願う次第である。

　実は本書の執筆中に思い込みを排してと言いながら、その陥穽に落ち込む事態が起きた。それは六月十日が「写真の日」をめぐることである。第二章に書いたフルベッキを囲む集合写真二種類を撮影したのは、日本最初期の写真師と言われる上野彦馬であることは先に述べた。上野彦馬は池田より十歳ほど年上であり、坂本龍馬などの写真を撮影したことで名高く、日本最初期の職業写真師で長崎の出身。この上野彦馬の父・俊之丞のことで気になることがあった。上野俊之丞については、「天保十二（1841）年六月一日に銀板写真器（ダゲレオタイプ）[15]を薩摩藩に献上し、世子島津斉彬を撮影したことで有名」で、その日が「写真の日」になっていると思い込んでいて、書き始めていた原稿にも書いていた。

　たまたま読んでいた本に「長崎の商人上野俊之丞」[16]と書かれていたのが気になった。それは上野俊之丞が長崎奉行所の「御時計師」（この職名は『慶應元年　明細分限帳』に載っている）ということを知っていたので、「長崎の商人」ではありえないだろうと思った違和感が原因だ。この「長崎の商人」の出典を調べているうちに、「天保十二（1841）年六月一日に銀板写真（ダゲレオタ

イプ）を薩摩藩に献上し、世子島津斉彬を撮影したことで有名」というのは、根拠がないことを知る羽目になった。それは、「商人」の根拠を補充するために、金丸重嶺「日本写真渡来考」[17]を読むと、天保十二年にはオランダ船は長崎に来航していないうえに、島津斉彬が江戸に在府なので鹿児島で撮影されることはありえないので、ダゲレオタイプの写真機が齎されることはないとのことであった。これで上野俊之丞と写真の日を結ぶ根拠はなくなってしまった。そこで、写真の日を定めた公益社団法人日本写真協会のホームページ[18]を閲覧した。

　　その制定根拠とした『東京日の出新聞』1902（明治35）年4月6日から27日まで19回にわたって連載された鈴木天眼筆の「日本写真の起源」で、上野彦馬に関する写真事歴に「天保12年にオランダ人から長崎にもたらされ、島津斉彬を写した…」および、1907（明治40）年の松木弘安筆の『寺島宗則自伝』に「天保12年上野俊之丞と鹿児島に同行し、6月1日に島津斉彬を撮影…」との記述を基に制定されたが、その後の調査でこれらの事柄が誤りであることが確認さている。（中略）なお、わが国に写真が渡来したのは嘉永年間とされ、最初にダゲレオタイプ（銀板写真）の撮影が成功したのは、1857（安政4）年9月17日に、薩摩藩士の市来四郎、宇宿彦右衛門らが藩主島津斉彬を撮影したもの

とある。『東京日の出新聞』[19]とあるのは、長崎で鈴木天眼が創刊した『東洋日の出新聞』のことだと思われる。また『寺島宗則自伝』は国立国会図書館サーチでは見つからなかったが、戦前の昭和十一年に伝記学会から刊行された雑誌「伝記」四月、五月、六月号に連載された「寺島宗則自叙伝」にはこのような記述はないし、天保十二年に寺島宗則（当時は松木藤太郎）は十歳で、寺島宗則の年譜の天保十二年には「当時ノ太守斉興公ニ初偈ノ禮ヲ行フ」[20]とあるが、上野俊之丞を引き連れて藩主公に謁見したとは記載がない。

　また「日本写真渡来考」には上野俊之丞について「薩藩の御用商人」と書かれていたので、このあたりが「長崎の商人」の淵源かどうかをあたってみた。上野俊之丞の裔孫である上野一郎「上野俊之丞－彦馬の父－市井の科学者－」[21]などでは、上野家はもともとは佐賀藩に仕えていたが、俊之丞の曾祖父の頃は一時長崎の地役人も勤めていた。この曾祖父、祖父、父とともに画業に優れていた。俊之丞は、長崎奉行所の御用御時計師で血縁関係がある幸野家が絶えようとしたときに、幸野家を相続し、御時計師になったとのことである。絵画を嗜み、時計の製作・製造だけでなく化学にも詳しく、火薬の原料になる硝石の製造、彫金などに巧みであったという。特に硝石の製造は、日本では硝石を産出しないため、軍事的な需要は大きかったであろう。

　「薩藩の御用商人」というのを、考えてみる。薩摩藩の記録に「此時（引用者註:天保十二年）長崎之人上野俊之丞ナル者製煉或ハ時辰器等ノ製造有名ナルヲ以テ斉興公之ヲ傭ヒ製煉所ヲ創設シ製薬館ト唱フ或ハ人造硝石ヲ開キ或ハ時

計製造或ハ洋種ノ草木栽培ノ道モ開カレタリ」[22]とあることから、「製造有名ナルヲ以テ齊興公之ヲ傭ヒ」とあるのを考えれば、商人として薩摩藩にとって上野俊之丞は「商人」という認識であったとは考えにくい。「人造硝石ヲ開キ或ハ時計製造」とあることを考慮すれば、これは技術者として齊興公は上野俊之丞を雇ったと言うことであろう。

　またほかの薩摩藩の記録からは、前記島津斉彬の写真を撮ったという市来四郎の伝記（「市来四郎君自叙伝」）によれば、「天保八九年の間、齊興公長崎の人上野俊之丞と云へる者を召し、時計製造を開かる、（中略）上野ハ元来時計工人にして、傍ら医薬製煉に長したり、上野俊之丞は一小工人なりと雖も、漢・蘭の学識あり、西洋の砲術兵制をも学ひ、高島四郎太夫の教を受け、大砲を鋳造するに長したるのミならす、化学を好ミ製煉に長す」[23]とある。高島四郎太夫は幕末の西洋砲術家高島秋帆のことで、「天保八九年の間」というのは前記「天保十二年」と齟齬しているが、薩摩藩が上野俊之丞をどのように見ていたかについては、「元来時計工人」あるいは「一小工人」とあって、技術者か生産者ではあっても商品を取り扱う商人とは認識されていないといえるだろう。

　さらに、寺島宗則の養父である薩摩藩医師の松木雲徳は長崎での医学修行が長く、出島にも出入りし、上野俊之丞の家に間借りしていたようである。その松木雲徳の「松木雲徳履歴書」天保十二年の項[24]に「上野俊之丞ト共ニ鹿児島ニ来舶西洋機器薬物類製造ノ命ヲ受ク」とある。「西洋機器薬物類製造ノ命」を受けたというのであれば、商人ではこうした事柄は遂行できないので、商人ではなくやはり技術をもった人間と考えていいのではないか。

　このほか「日本近代統計の祖」と称され、長崎生まれだった杉亨二の回想に「九歳、十歳の頃、父母に死に別れ、孤独となつたので、祖父に懇意の人達が相談して上野俊之丞と云ふ人の處へ預けられた、上野は公儀の時計師で器用な人であつたから時計の外に寒暖計、晴雨計、測量機械等を造り、側ら薬剤も製した」また「上野では西洋の細工物を色々拵へたから、大阪の緒方洪庵など、云ふ長崎に遊學した人々が上野と懇意になつてよく來た」[25]と、丁稚奉公のように上野俊之丞と暮らしていた杉亨二からみても、上野俊之丞を指して「商人」という言葉は出てこない。加地成雄は『杉亨二伝』[26]のなかで「上野舶来店」と述べて上野俊之丞を商人として見ているが、根拠は示されていない。

　商人とは生産者と消費者の間を仲介する存在だと考えれば、上野俊之丞の存在は、製造が中心で販売は後についてくる製造販売だろう。硝石を製造するなどした蘭学者・技術者であり、あるいは輸入業者であったとも言えるだろう。薩摩藩に出入りをしていて扶持をもらっていたから、「御用商人」と認識したのか、その理由はわからない。少なくとも長崎奉行所御用御時計師として幸野家を相続し、「御用御時計師」を勤めた時期までが、「御用商人」ということはあるまい。

　恥を忍んで言えば、調べ直すことによって思い込みは極めて危険だと言うことを改めて学んだ。思い込みを可能な限り打ち消しながら、資史料や記録の探索にあたった。池田寛治の生涯の調査を通して事実に肉薄することの大事さを

改めて感じた。常識と言われていることを疑えば、新しいことに気がつくことも多い。蒙を啓くような本との出会いもある。一次史料にあたることの大切さを再認識することも多々あった。

　筆者が出会った池田寛治に関する史料は、片々たる一部に過ぎないだろうと思う。まだまだ国立公文書館、長崎歴史文化博物館、国会図書館、外務省外交史料館などをはじめとする各地の史（資）料館などの書架のどこかに、あるいは史料の間に挟み込まれたままになっていたり、書棚のどこかで紙魚に食べられていたりしているであろう。また、少なからぬ本のなかにひょっこりと顔を出して気づかれるのを待っていると思う。古い文書だけでなく、web サイトの隅にも池田寛治についての資史料は埋もれているだろうし、今後さらに誰かがそれを見出すことを期待しているだろうと思う。

　著者が微力であることから、池田寛治が考えていたことや将来に向け志向していたことについては膚接することができなかった。しかも、崩し字を十分に読みこなすことが自在に出来ないうえに、筆者がフランス語ができないなどの語学の壁もあり、十分に意を尽くせなかったところが多い。さらに資料の読み誤りも少なくなく、誤解も多々あるものと思われ、忸怩たるものがある。御指教を乞う次第である。

　本編を書き起こすに当たっては、畏友である古屋昭弘早稲田大学元教授の懇切丁寧な指導をはじめ多くの方々に温かくも鋭いご指導を賜り、返す返すもお礼の言葉もない。また、本編が形をなした頃に、岩倉使節団に詳しい菅原彬州中央大学名誉教授に、ご高評をお願いしたところ、中央大学の卒業生でもない不見転の筆者に丁寧なご指導をいただき、恐懼措く能はざるものがあり、最後となってしまったが改めて衷心からお礼を申し上げる次第である。

註）

1）十日夜半　山田迪夫「漱石の欧州航路体験」（「海事史研究」［日本海事史学会］74・2017.12.30.）には十一日に長崎着としている。

2）『漱石全集』13（岩波書店・1966.11.24.）p.7.

3）『漱石全集』13（岩波書店・1966.11.24.）注解［pp.881.-915.］には、芳賀矢一についての註はあるが、そのほかはない。

4）長島弘明「芳賀矢一『留学日誌』：東京大学国文学研究室蔵本の影印と翻刻」（東京大学国文学論集 14・2019.3.25.）

5）「職員録・明治三十四年四月（四月一日現在）・職員録（甲乙）」　国立公文書館［請求番号］職 A00823100　DA528 コマ。前年の「職員録・明治三十三年四月（四月一日現在）・職員録（甲乙）」国立公文書館［請求番号］職 A00822100（DA496 コマ）にあたると、書記官は寺田裕之で、参事官鈴木兼次郎と技師池田賢太郎の名前は見える。

6）「談話（講演）に「僕は二部の仏蘭西語を択んだ。二部は工科で僕は又建築家を択んだがその主意が却々面白い」とある。『定本漱石全集第二十五巻』（岩波書店・2018.12.21.）p.185.

7）丸岡九華「硯友社文學運動の追憶」（野崎左文編『明治文學全集 98 明治文學回顧録集（一）』

（筑摩書房・1980.3.30.）所収）p.174.

8）『紅葉全集第九巻』（岩波書店・1994.9.21.）pp.412.-440.所収　明治 18 年 5 月 2 日「我楽多文庫」（筆写）第 1 集～明治 19 年 5 月 25 日「我楽多文庫」（筆写）8 のまきに掲載。

9）山田有策/谷喜美枝/宇佐美毅/市川紘美/大屋幸世編『尾崎紅葉事典』（翰林書房・2020.10.28.）の「池田研池」の項（p.150.）では、生没年不詳となっている。

10）前註に同じ。

11）江見水蔭『水蔭講演全集』第 2 巻（江水社・1934.6.25.）p.68.

12）宮田勝善『ボート百年』（時事通信社・1966.9.1.）p.138. 国立国会図書館 DC187 コマ

13）前身の明治十四（1881）年創立の東京職工学校では、陶器玻璃工科。明治二十三（1890）年に東京工業学校改称後は途中から窯業科、明治三十四（1901）年に東京高等工業学校となり、窯業科。昭和四（1929）年官立東京工業大学に昇格後は窯業学科。その後、無機材料工学科を経て物質理工学院材料系 C 群］。cf.無機材会 HP　https://ceramni.matrix.jp/

14）池田家墓碑銘塔による。

15）ダゲレオタイプの写真機　銀板写真とも。フランスのルイ・ジャック・マンデ・ダゲール（Louis Jacques Mandé Daguerre, 1787-1851）により発明された世界初の実用的写真撮影法。銀メッキした銅板を感光材料として使うもので、露出時間は 30 分程度に短縮された。　cf. canon global　https://global.canon/ja/technology/kids/mystery/m_03_01.html（最終閲覧日:2022.1.10.）

16）斎藤多喜夫『幕末明治横浜写真館物語』（歴史文化ライブラリー［吉川弘文館］175・2004.4.1.）p.5.

17）金丸重嶺「日本写真渡来考　誤っていた天保 12 年（1841）の渡来説 」（「日本写真学会誌」［日本写真学会］31-2・1968.8.25.）https://doi.org/10.11454/photogrst1964.31.69（最終閲覧日:2023.4.5.）

18）（益）日本写真協会 HP　http://www.psj.or.jp/gekkan/about/gekkan2003.html（最終閲覧日:2023.45.）

19）『東洋日の出新聞』　明治三十五（1902）年長崎で創刊。昭和九（1934）年廃刊。

20）寺島宗則研究会編『寺島宗則関係資料集』下（示人社・1987.2.20.）p.38.

21）上野一郎「上野俊之丞−彦馬の父−市井の科学者−」（鈴木八郎／小沢健志／八幡政男／上野一郎監修『写真の開祖上野彦馬』（産業御能率短期大学出版部／上野一郎・1975.6.1.）所収

22）鹿児島県歴史資料センター黎明館編『鹿児島県史料 島津斉宣・斉興公史料』（鹿児島県歴史資料センター黎明館・1985.1.21.）pp.258.-261.

23）鹿児島県維新史料編さん所編『鹿児島県史料　忠義公史料 7』所収「市来四郎君自叙伝 2」p.920

24）寺島宗則研究会編『寺島宗則関係資料集』下（示人社・1987.2.20.）p.31.

25）河合利安編『杉亨二自叙伝』（杉八郎・1918.5.18.）pp.7.-8.

26）加地成雄『杉亨二伝』（葵書房・1960.10.1.）p.16.

主要参考文献と論文

・赤瀬浩『鎖国下の長崎と町人　自治と繁栄の虚実』（長崎新聞社・2000.8.25.）

・井戸田博史『氏と名と族称－その法史学的研究－』（法律文化社・2003.11.20.）

・石塚裕道『明治維新と横浜居留地　英仏駐屯軍をめぐる国際関係』（吉川弘文館・2011.3.1.）

・井上篤夫『フルベッキ伝』（国書刊行会・2022.9.8.）

・上田はる『私の史料探訪 2（石橋家の人々）』（上田英三・2004.6.1.）

・人事興信所編『人事興信録』第 4 版（人事興信所・1915.1.10.）同第 5 版（人事興信所・1918.9.15.）

・頴川君平『譯司統譜』（私家版・1897.9.1.）

・尾脇秀和『壱人両名　江戸日本の知られざる二重身分』（NHK ブックス・2019.4.25.）

・尾脇秀和『氏名の誕生－江戸時代の名前はなぜ消えたのか』（ちくま新書 1567・2021.4.10.）

・郭廷以/尹仲容/陸寶千『郭嵩燾先生年譜』（下）（中央研究院近代史研究所・1971.12.）pp.565.-567.

・柏原祐泉編『真宗史料集成』11 維新期の真宗（同朋舎・1975.7.20.）所収『松本白華航海録』

・霞会館華族資料調査委員会編『東久世通禧日記』上巻（霞会館・1992.1.27.）下巻（同・1993.3.25.）別
　巻（同・1995.3.25.）

・片桐一男校訂『鎖国時代対外応接史料』（日本史料選書［近藤出版社］9・1972.6.1.）

・片桐一男／服部匡延校訂『年番阿蘭陀通詞史料』（日本史料選書［近藤出版社］14・1977.9.10.）

・片桐一男『阿蘭陀通詞の研究』（吉川弘文館・1985.2.25.）

・片桐一男『江戸時代の通訳官　阿蘭陀通詞の語学と実務』（吉川弘文館・2016.3.20.）

・金井之恭編『使清辨理始末』（［原著］官版・1875.1.17./［覆刻］『明治文化全集』11 外交編・明治
　文化研究会・日本評論社・1968.3.25.）

・神奈川県立図書館編「旧官員履歴」（『神奈川県史料』8 附録部一（神奈川県立図書館・1972.2.20.）

・嘉村国男『長崎町づくし』（長崎文献社・1986.7.1.）

・川邊眞藏『福地櫻痴』（三省堂・1942.5.20.）

・木戸孝允関係文書研究会編『木戸孝允関係文書　一』（東京大学出版会・2005.10.25.）

・北里闌『高崎正風先生伝記』（私家版・1959.8.28.）

・木村直樹『〈通訳〉たちの幕末維新』（吉川弘文館・2012.2.10.）

・木村汎『新版日露国境交渉史－北方領土返還への道』（角川選書 386・2005.10.26.）

・旧工部大学校史料編纂会『旧工部大学校史料・同附録』（合同出版・1978.7.1.）

・倉沢剛『幕末教育史の研究 1 －直轄学校政策－』（吉川弘文館・1983.2.25.）

・W.E.Griffis "Verbeck of Japan; a citizen of no country; a life story of foundation work inaugurated by
　Guido Fridolin Verbeck"（New York, Fleming H.Revell Co・1900）

・W.E.グリフィス／松浦玲監修・村瀬寿代訳編『新訳考証 日本のフルベッキ－無国籍の宣教師フルベッキの生涯
　－』（洋学堂書店・2003.1.28.）

・古賀十二郎『長崎洋学史』（上）（下）（長崎文献社・1966.3.1.）

・古賀十二郎『長崎洋学史』（続編）（長崎文献社・1968.4.10.）

・古賀十二郎『徳川時代に於ける長崎の英語研究』（九州書房・1947.7.15.）

・フレデリック・クレインス（Frederik Cryns）編『日蘭関係史をよみとく（下）運ばれる情報と物』
　（臨川書店・2015.6.30.）

・アン・ジャネッタ（Ann Jannetta）『種痘伝来－日本の〈開国〉と知の国際ネットワーク』（廣川和花/木曾明
　子訳・岩波書店・2013.12.18.）

・修史局編『百官履歴』（下）（日本史籍協会・1928.2.25.）

・菅原彬州『岩倉使節団と銀行破産事件』（中央大学出版部・2018.10.22.）

・對支功勞者傳記編纂會編『對支回顧録』（下）（對支功勞者傳記編纂會・1936.4.18.）

・田中彰校注『特命全権大使米欧回覧実記』（岩波文庫・［一］1977.9.16.［二］1978.10.16.［三］1979.12.17.
　［四］1980.8.18.［五］1982.5.17.）

・田中彰『岩倉使節団『米欧回覧実記』』（岩波現代文庫・2002.12.13.）

・天津地域史編集委員会編『天津史－再生する都市のトポロジー－』（東方書店・1999.6.30.）

・東京大学史料編纂所編『保古飛呂比　佐佐木高行日記　一』（東京大学出版会・1952.4.18.）

・東京大学史料編纂所編『唐通事会所日録　一』（東京大学出版会・1962.3.30.）

・竇宗一編『李鴻章年（日）譜：近代中國血涙史實紀要』（友聯書報発行公司・1986.6.）

・富田仁『仏蘭西学のあけぼの－佛学事始とその背景－』（カルチャー出版・1975.6.10.）

・鳥飼久美子『通訳者たちの見た戦後史　月面着陸から大学入試まで』（新潮文庫 11454・2021.6.1.）

・長崎県立長崎図書館編『オランダ通詞会所記録安政二年　萬記帳』（長崎県立長崎図書館・2001.3.31.）

・長崎県立長崎図書館編『郷土の先覚者たち－長崎県人物伝－』（長崎県教育委員会・1968.10.23.）

・長崎市小學校職員會編『明治維新以後の長崎』（長崎市小學校職員會・1925.11.10.）

・長崎市役所編『増補訂正幕府時代の長崎』（長崎市役所・1903.10.7.・［覆刻］臨川書店・1973.7.5.）

・長崎縣教育會編『長崎縣人物傳』（長崎縣教育會・1919.5.5.）

・長崎歴史文化協会/越中哲也編『慶應元年　明細分限帳』（長崎歴史文化協会/越中哲也・1985.3.1.）

・日本経営史研究所編『五代友厚伝記資料』第 1 巻（東洋経済新報社・1971.1.25.）

・日本史籍協会編『大久保利通日記　二』（日本史籍協会・1927.4.25.）

・日本史籍協会編『大隈重信関係文書　三』（日本史籍協会・1933.12.25.）

・日本史籍協会編『木戸孝允日記　二』（日本史籍協会・1933.3.25.）

・簱先好紀『長崎地役人総覧』（長崎文献社・2012.10.1.）

・林陸朗『長崎唐通事　増補版　大通事林道栄とその周辺』（長崎文献社・2010.1.25.）

・原敬全集刊行会編『原敬全集』（上）（原敬全集刊行会・1929.7.10.［覆刻］（原書房・1969.4.1.）

・萩原延壽『北京交渉　遠い崖－アーネスト・サトウ日記抄 11』（朝日新聞社・2001.1.20.）

・二葉憲香／福嶋寛隆編『島地黙雷全集』5（本願寺出版部・1978.10.10.）

・米欧亜回覧の会／泉三郎編『岩倉使節団の群像－日本近代化のパイオニア－』（ミネルヴァ書房・2019.
　2.10.）

・本間貞夫『貿易都市長崎の研究』（九州大学出版会.2009.4.5.）

・松方冬子編『日蘭関係史をよみとく（上）』（臨川書店・2015.6.30.）

・松田敬之『次男坊たちの江戸時代　公家社会の〈厄介者〉』（吉川弘文館・2008.1.1.）

・松田清／ロバート・キャンベル／堀川貴司／杉下元明／日原傳／鈴木健一／堀口育男／齋藤希史
　／「航西日記」を読む会校注『新日本古典文学大系明治編 5　海外見聞集』（岩波書店・2009.6.26.）

・三谷博『ペリー来航』（吉川弘文館［日本歴史叢書 62］・2003.10.10.）

・ヴォルフガング・ミヒェル/鳥井裕美子/川嶌眞人編『九州の蘭学－越境と交流－』（思文閣出版・2009.
　7.1.）

・宮田安『長崎墓所一覧　風頭山麓編』（長崎文献社・1982.6.20.）

・宮田安『唐通事家系論攷』（長崎文献社・1989.12.10.）

・フランシスク・マルナス（Francisque Marnas）『日本キリスト教復活史』（久野桂一郎訳・みすず

　　書房・1985.5.24.)

・森永種夫校訂『長崎幕末史料集成　四』（長崎文献社・1971.3.25.）『長崎幕末史料集成　五』（同
　　・1973.12.20.)

・箭内健次監修『九州文化論集 2　外来文化と九州』（平凡社・1973.2.24.）

・箭内健次編『鎖国日本と国際交流』（下）（吉川弘文館・1988.2.20.）

・山本紀綱『長崎唐人屋敷』（謙光社・1983.2.10.）

・山脇悌二郎『長崎の唐人貿易』（吉川弘文館［日本歴史叢書 6］・1964.4.15.）

・横山伊徳『開国前夜の世界』（吉川弘文館・2013.3.10.）

・雷禄慶『李鴻章年譜』（臺灣商務印書館・1977.10.）

・呂實強『丁日昌與自強運動』（中央研究院近代史研究所・1972.12./1987.5.)p.228.

・Charles Lanman "The Japanese in America"（New York:University publishing company・1872）

・立教大学日本史研究室編『大久保利通関係文書　一』（吉川弘文館・1965.1.25.）

・早稲田大学大学史資料センター編『大隈重信関係文書　1』（みすず書房・2004.10.19.）

・渡辺庫輔『阿蘭陀通詞加福氏事略』（長崎学会叢書　第二輯・長崎学会・1956.9.5.）

・渡辺庫輔『阿蘭陀通詞志筑氏事略』（長崎学会叢書　第四輯・長崎学会・1957.11.12.）

・渡邊庫輔『崎陽論攷』（親和銀行済美会・1964.8.25.）

・生熊文『ギルデマイスターの手紙―ドイツ商人と幕末の日本』（有隣新書［有隣堂］38・1991.3.15.）

・片桐一男『阿蘭陀通詞今村源右衛門英生　外つ国の言葉をわがものとして』（丸善ライブラリー　145・1
995.1.30.)

・片桐一男『江戸の蘭方医学事始　阿蘭陀通詞・吉雄幸左衛門耕牛』（丸善ライブラリー　311・2000.1.20.）

・片桐一男『出島』（集英社新書 58・2000.10.22.）

・加藤祐三『黒船異変』（岩波新書（新赤版）13・1988.2.22.）

・門松秀樹『明治維新と幕臣』（中公新書 2294・2014.11.25.）

・小山文雄『明治の異才　福地桜痴―忘れられた大記者』（中公新書 743・1984.10.25.）

・島田久美子注『黄遵憲』岩波書店［中国詩人選集二集］・1963.2.22.

・杉山伸也『明治維新とイギリス商人』（岩波新書（新赤版）290・1993.7.20.）

・田中彰『明治維新と西洋文明　岩倉使節団は何を見たか』（岩波新書（新赤版）862・2003.11.20.）

・中西啓『長崎のオランダ医たち』（岩波新書（青版）942・1975.10.20.）

・沼田次郎『幕末洋学史』（刀江文庫［刀江書院］13・1951.7.10.）

・森永種夫『幕末の長崎』（岩波新書（青版）588・1966.3.22.）

・芳賀徹『大君の使節』（中公新書 163・1968.5.25.）

・深瀬泰旦『わが国はじめての牛痘種痘　楢林宗建』（出門堂［肥前佐賀文庫 2］・2006.5.30.）

・横浜開港資料館編『ホームズ船長の冒険―開港前後のイギリス商社』（杉山伸也／ H・ボール・ハチェ
　　ット訳・有隣新書［有隣堂］48・1993.11.30.）

・毛利敏彦『江藤新平　急進改革者の悲劇　増訂版』（中公新書 840・1997.7.20.）

・上田はる「曾祖父達の明治」（「洋学史研究」［洋学史研究会］20・2003.4.25.）

・尾脇秀和『近世『名前』の終焉と近代『氏名』の成立―官位の通称利用の破綻とその影響―』（「明治
　　維新史研究」［明治維新史学会]16・2019.1.31.）

・亀田一邦「福地苟庵小伝―長府に生まれた桜痴居士の父―」（亀田一邦『幕末防長儒医の研究』（知泉
　　書館・2006.10.20.）所収）

・石原千里「オランダ通詞名村氏 —常之助と五八郎を中心に—」（英学史研究［日本英学史学会］21 号・1988.10.1.）
・蔡毅「黄遵憲と日本漢詩」（「中國文學報」［中國文學會〈京都大学〉]71・2006.4.）
・菅原彬州「岩倉使節団のメンバー構成」（「法學新報」［中央大学法学会]91-1/2・1984.6.30.）
・菅原彬州「岩倉使節団の成立と副使人事問題 （一）」（「法學新報」［中央大学法学会]97-9/10・1991.5.25.
・菅原彬州「岩倉使節団の成立と副使人事問題 （二・完）」（「法學新報」［中央大学法学会]97-11/12・1991.6.20.）
・菅原彬州「岩倉使節団の従者と同航留学生に関する追考」（「法學新報」［中央大学法学会]104-1・1997.11.5.）
・菅原彬州「岩倉使節団の編成 —「事由書」をめぐって—」（「法學新報」［中央大学法学会]109・1/2・2002.4.5.）
・菅原彬州「岩倉使節団出発後の追加メンバーについて （一）」（「法學新報」［中央大学法学会]128・3/4・2021.10.15.）
・菅原彬州「岩倉使節団出発後の追加メンバーについて(二・完)」（「法學新報」［中央大学法学会]128・5/6・2021.12.10.）
・菅原彬州「岩倉使節団の従者について」（法學新報［中央大学法学会]129・1/2・2022.8.4.
・杉谷昭「明治初年における長崎府考」（竹内理三編『九洲史研究』（御茶の水書房・1968.6.10.）所収）
・添田仁「近世中後期長崎における都市運営と地役人」（「ヒストリア」［大阪歴史学会]199・2006.3.20.）
・添田仁「幕末・維新期にみる長崎港市社会の実像」（「民衆史研究」（特集号「近世港湾都市における文化と社会」）76・2008.12.20.）
・添田仁「〈開港場行政〉の形成と長崎」（ヒストリア［大阪歴史学会]218・2009.12.20.）
・イサベル・田中・ファン・ダーレン「阿蘭陀通詞系図（V）—名村家—」（日蘭学会会誌 55・2007.12.25.）

【著者紹介】

渡邉志郎(わたなべ しろう)

1951年、香川県生まれ.
長崎県立長崎東高等学校、早稲田大学第一文学部を経て早稲田大学大学院
文学研究科博士前期課程中国文学専攻修了、元放送局勤務.
主な著作:詩集『秋庭歌』(檸檬書館・1983年)、詩集『球陽通信』(紫陽社・
1986年)など.

行ケヤ海ニ火輪ヲ轉ジ
岩倉使節団四等書記官池田政懋略伝

2024 年 5 月 26 日　発行

■ 編者　　渡邉志郎
■ 発行者　尾方敏裕
■ 発行所　株式会社 好文出版
　　　　　〒162-0041　東京都新宿区早稲田鶴巻町540　林ビル3F
　　　　　Tel. 03-5273-2739 Fax. 03-5273-2740
　　　　　http://www.kohbun.co.jp/
■ 制作　　日本学術書出版機構（JAPO）